이 책에 쏟아지는 찬사

"결핍의 시대에서 풍요의 시대로 옮아가고 있는 상황에서, 큐레이션은 인터넷의 다음 장을 장식할 주요 동인들 중 하나가 될 것으로 보인다. 콘텐츠 제작자와 마케팅전문가 등이 점점 더 중요해져 가는 큐레이션을 활용할 방법을 찾고 있는 가운데, 이 책 『큐레이션 실전편』은 그들에게 말할 수 없이 소중한 가이드북이 될 것이다.

—**스티브 케이스**, AOL의 전 회장 겸 최고경영자, 레볼루션 LLC의 회장 겸 최고경영자

온갖 지혜가 담겨 있고 흥미진진하며 긴장감 넘치는 이 책은 미래에 일어날 일들에 아주 관심 많은 한 미래 개척자가 쓴 책이다.

—**세스 고딘**, 『이카루스 이야기』의 저자

큐레이션의 고안자요 왕인 로젠바움이 마침내 일견 미친 짓 같아 보이던 네트워크의 무한성을 찾아내고 수집해 그 맥락을 따지는 일 뒤에 숨겨진 노하우를 공개한다.

—**더글라스 러쉬코프**, 『현재의 충격: 지금 모든 일이 일어날 때』의 저자

예전에는 잡지가 그리 많지 않았다. 예를 들어 20가지가 있었다고 치자. 그중 가장 많이 팔린 잡지는 〈리더스 다이제스트〉였는데, 이 잡지의 구독자들은 다른 19개 잡지들을 읽어본 뒤 이 잡지를 골랐다. 사람들이 그 20개 잡지를 다 꼼꼼히 훑어볼 수 있었던 것이다. 그러나 지금은 어떤가? 정말 셀 수도 없이 많은 미디어 자료들이 있다. 과잉 공급이라는 이름의 질병. 큐레이션이 그 치유책이다. 닥터 로젠바움을 찾으라.

—**밥 가필드**, 저자이자 미국 공영라디오NPR의 온 더 미디어 프로그램 진행자

우리는 너나 할 것 없이 정보가 차고 넘치는 세상에 살고 있다. 이 책 『큐레이션 실전편』을 통해 우리는 큐레이션을 이해할 수 있을 뿐만 아니라 큐레이션이 왜 중요한지, 또 우리가 어떻게 우리 자신과 다른 사람들에게 모호성을 제거하고 명료성을 줄 수 있는지를 알 수 있다.

—**크레이그 뉴마크**, 중고물품거래소 크레이그리스트 설립자

복잡한 콘텐츠 및 전자상거래의 세계를 로젠바움만큼 잘 꿰뚫어보고 있는 사람도 거의 없다. 그가 큐레이션에 쏟아 붓고 있는 노력과 열정을 보고 있노라면, 그처럼 헌신적인 큐레이터들이 없다면 우리는 차고 넘치는 정보의 바다에 빠져 허우적대다 말겠구나 하는 생각이 든다.

—**메릴 브라운**, 몬트클레어 주립대학교 커뮤니케이션학과 학과장, 전 MSNBC 편집장

도처에 소프트웨어가 널린 오늘날과 같은 자동화 시대에, 로젠바움은 맥락과 취향과 관점의 중요성을 너무도 잘 알고 있다. 큐레이션은 무한정한 정보와 아이디어들의 바다를 헤쳐 나가는데 꼭 필요한 기술이다. 이 책『큐레이션 실전편』은 큐레이션이 어떻게 진화하고 있는지를 이해하게 해줄 귀중한 자원이다.

－제이슨 허쉬호른, 인터리스트 리믹스 컴퍼니의 최고경영자

"세상은 풍요로운 보물들로 넘쳐나고 있다." 언젠가 작가 헨리 밀러가 한 말이다. 정보가 상상을 초월할 정도로 급증하고 있어, 당신은 거대한 쓰레기 더미를 보고 있는 듯한 기분일 것이다. 이 책『큐레이션 실전편』은 그 거대한 쓰레기 더미 속에서 다시 보물들을 찾아내 즐길 수 있는 툴들을 제공해 준다.

－로렐 토우비, 미디어비스트로닷컴 설립자

만족스런 큐레이션을 위한
실전적인 가이드북

큐레이션 실전편

만족스런 큐레이션을 위한
실전적인 가이드북

큐레이션 실전편

스티븐 로젠바움 **지음** | **엄성수** 옮김 | **임헌수** 추천·감수

『큐레이션』의 저자 겸
웨이와이어닷컴Waywire.com의 수석 큐레이터

이코노믹북스

CONTENTS

"큐레이터들은 콘텐츠를 포장하는 사람들이다.
지금 당신의 친구들은 분당 17만 5,000개의 트윗을 날리는 등
매일 콘텐츠를 큐레이트하고 있다."

−미아 쿠아글리아렐, 플립보드

Part 1
지금 왜 큐레이션이 뜨고 있는가?

Part 4
각종 툴과 기법들

Part 5
황야에서의 큐레이션

Part 6

준비. 설정. 큐레이션

우리는 네트워크다

작가 겸 디지털 분석가 겸 인간 브라이언 솔리스

나는 2000년대 중반부터 스티븐 로젠바움을 알고 지내고 있다. 우리는 여러 해 동안 함께 일했고, 그러면서 더없이 좋은 친구가 되었다. 그런데 현실 세계에서 직접 만나기 전부터 나는 스티븐를 좋아했으며 그가 출연한 〈MTV 뉴스: 언필터드〉 프로의 팬이었다. TV 프로에 나와 내게 지대한 영향을 주었던 인물이 계속 기존 관습들에 도전하고 새로운 영역을 개척하면서, 내가 이토록 감탄하고 존경하는 인물이 될 줄은 나도 정말 몰랐다.

〈MTV 뉴스: 언필터드〉는 흔히 볼 수 있는 뉴스 프로그램이 아니었다. 그 프로는 크라우드 소싱 방식(대중을 제품이나 창작물 제작 과정에 참여시키는 방식-역자 주)으로 제작되어, 아이들과 젊은이들은 매일 중요한 정보들을 토대로 직접 큐레이션을 할 수 있었다. 내 경우 그것은 사용자가 직접 콘텐츠를 제작하는 세계에 대한 첫 경험이었다. 그 프로를 만들고 제작한 스티븐은 콘텐츠 및 독창적인 프로그래밍에 능한 마스터 큐레이터였다. MTV 세대를 카메라와 음성으로 무장시킨 채, 우리는 '15분간 유명해질 수 있는 사람들'("미래엔 모든 사람이 15분간은 세계적으로 유명해질 수 있을 것이다."라는 미국 팝 아티스트 앤디 워홀의 말에서 나온 말-역자 주)이 말하는 '인기 방송을 받아들이지 않는 세상' 속으로 걸어 들어갔다. 이 모든 게 오늘날 우리가 당연하게 여기는 유튜브와 기타 모든 소셜 미디어가 나오기 한참 전의 일이었다.

스티븐 로젠바움은 당신이 사람들을 향해 마음의 문을 열고 주류 미디어가 우리에게 제공하는 것들과 관계없이 그들에게 관심을 가질 만한 정보들을 제공해준다면, 우리에게 새로운 방식들로 정보를 제공할 수 있을 뿐 아니라 큐레이트가 잘된 흥미로운 콘텐츠 및 사람 중심의 활기찬 커뮤니티들도 구축할 수 있다는 걸 알아냈다. 이 같은 전제는 미디어와 연구 분야에서의 내 작업에 많은 영향을 주게 된다.

또한 스티븐의 비전과 매그니파이닷넷Magnify.net 및 웨이와이어Waywire에서의 그의 활동 덕에 새로운 창업 기업들과 플랫폼들과 미디어 채널들이 생겨나고 있으며, 그걸 통해 많은 전문가들이 매일 네트워크화된 전 세계 콘텐츠 독자들을 위해 각종 콘텐츠를 만들고 또 큐레이트하고 있다. 게다가 콘텐츠 역시 급격한 진화를 거듭하고 있어, 이제는 단순히 콘텐츠를 보고 소비하는 것만으로는 충분치 않다. 또한 네트워크화된 독자들은 이제 다른 사람들의 콘텐츠를 어떻게 공유하고 뒤섞는지 또는 다른 사람들의 콘텐츠에 어떻게 반응하는지 하는 이야기의 일부가 되고 있다. 한때는 콘텐츠의 인상과 느낌 같은 게 중요했으나, 이제는 그런 것만으로 충분치 않다. 인상 내지 느낌이 중요했던 건 과거 프로그램들의 경우이다. 지금은 이런저런 표현들로 변화되는 인상 내지 느낌이 중요하며, 또 자극적이거나 단순하고 재미있지만 그래도 매력적이라고 생각되는 콘텐츠에 대해 사람들이 뭐라고 말하며 어떻게 반응하느냐 하는 게 중요하다.

그게 바로 인간 네트워크의 힘이며, 그것이 또 큐레이션과 방송, 각종 연결, 미디어의 미래를 대변한다.

사람들에 의해 사람들을 위해……

소셜 미디어와 결합된 큐레이션 기술 덕에 이제는 콘텐츠가 사람들에게 전달될 수 있을 뿐 아니라 사람들을 통해 인간 방송 네트워크에 활기를 불어넣을 수도 있다. 그리고 이처럼 활기차고 고도로 효율적인 콘텐츠 보급 채널들 덕에 관련 정보와 그 결과로 형성되는 커뮤니티들을 중심으로 한 새로운 콘텐츠 소비 및 보급, 참여의 시대가 힘을 얻고 있다.

이제 우리는 각자 나름대로의 방식으로 자신의 디지털 채널을 프로그래밍하는 프로그래머이다. 그리고 우리가 연결하는 사람들과 우리에게 연결되는 사람들이 우리의 독자들이다. 우리의 커뮤니티들은 우리가 공유하는 것과 사람들이 공유하는 것에 의해, 그리고 우리가 서로 상호작용하는 방식에 의해 그 성격이 규정된다. 우리는 우리가 말하는 것, 우리가 말하지 않는 것에 의해 규정된다. 우리는 네트워크이다.

　잠시 모든 걸 멈추고 이 모든 걸 생각해 보면, 정말 흥미로운 일이 아닐 수 없다.

뉴스피드 알고리즘 VS 인간 큐레이터

콘텐츠 큐레이터 · 모바일마케팅캠퍼스 소장 임헌수

우리는 지금 수많은 플랫폼 기업들의 추천 알고리즘 시스템에 무방비로 노출되어 있다. 하루에도 페이스북, 유튜브, 인스타그램, 틱톡 등 본인들이 좋아하는 소셜 미디어에서 다양한 알림과 뉴스를 받아보고 있지 않은가? 하지만 조금만 생각해 보면 그것들은 내가 보았던 것들의 취향을 분석해서 보여 주는 것들이고, 이런 것들은 계속해서 나의 생각을 타협하게 만든다. 그래서 상식적으로 맞다고 생각하는 정보들에 대해서도 왜 가장 가까운 가족들과 친구들조차 다른 생각을 가지고 있겠는가? 그것은 당연하게도 내가 보는 것과 그들이 보는 것이 다르기 때문이다. 그래서 콘텐츠를 걸러주는 '인간 필터'의 역할이 더더욱 중요해지는 것이다. 아래 그림을 비교해 보자!

그림2는 필자가 운영하는 회사의 단톡방에 매일 아침 '하루 5분 마

〈그림1〉 다음 뉴스 화면

〈그림2〉 필자가 큐레이션한 뉴스 글

케팅 뉴스'라고 해서 꼭 읽어야 할 IT, 모바일, SNS, 트렌드, e커머스 관련 기사들을 10개 정도 정리해서 보내주는 화면이다. 바쁜 현대인들이 그림1처럼 플랫폼의 추천 알고리즘에 의해서 무방비로 노출되는 뉴스를 보고 싶어 할 것인가? 아니면 내게 꼭 필요한 정보를 정리해 주는 그림2 같은 정보를 좋아할 것인가? 답은 뻔하지 않은가?

정보화 사회를 넘어
허위 정보화 사회를 사는 우리들의 자세

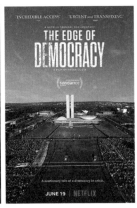

〈그림3〉 소셜 딜레마   〈그림4〉 거대한 해킹   〈그림5〉 위기의 민주주의

　　넷플릭스의 다큐멘터리 3가지를 소개한다. '소셜 딜레마' 와 '거대
한 해킹' 그리고 '위기의 민주주의–룰라에서 탄핵까지.' '소셜 딜레마'
는 전 세계를 장악해 가는 거대 기술 플랫폼 회사들을 이끌었던 사람
들의 인터뷰로 구성된 다큐멘터리 영화이다. 소셜 딜레마가 우리에게
던지는 메시지는 아주 명확하다. 소셜 미디어는 기업들이 광고주로
부터 돈을 벌기 위한 플랫폼이고, 여기서의 상품은 우리다. 기업에게
가장 중요한 것은 우리(유저)의 관심을 끌어 최대한 오랫동안 머물게
하는 것이다. If you're not paying for the product, then you are the
product. (상품의 대가를 치르지 않으면 네가 상품이다.) 소름 끼치지 않는
가? 내가 상품이라니? 소셜 미디어 사용 시간을 늘리기 위해, 기업들
은 우리의 심리를 파고든다. 우리가 좋아할 만한 콘텐츠를 끊임없이

보여 주며, 마치 도박을 하는 것과 같은 중독성을 맛보게 한다. 이때 우리가 좋아하는 것을 알려면 데이터가 필요하다. 따라서 소셜 미디어에서 우리의 모든 행위는 즉각적으로 데이터화되어 저장되고 분석된다. 우리가 어떤 사진을 좋아하는지, 어떤 콘텐츠를 넘기지 않고 오랫동안 머물면서 보는지, 어떤 성향을 가지고 있는지 등을 모두 다 알고 학습하면서 우리의 행동을 예측한다. 머신러닝! 그렇게 점점 개개인에게 최적화된 완벽한 예측 모델을 만들어 간다. 결과적으로 우리는 거대 IT 플랫폼 기업들이 데이터를 기반으로 한 선별된 콘텐츠에 노출된다!

모든 사람들의 피드가 각각 그들만의 세상으로 설계된 것이다. 하루에 몇 시간씩 사용하는 소셜 미디어에서 끊임없이 추천되는 콘텐츠를 보면서 '이게 정답이며, 모든 사람들이 나와 동의한다'는 생각에 빠지게 되는 셈이다. 가끔씩 너무나 극단적인 믿음을 가지고 있는 사람들을 주위에서 만나게 될 때가 있다. 이것은 각자의 피드에 다르게 제공되는 소셜 미디어의 정보 때문이며, 이러한 것들이 더욱더 가짜 뉴스를 퍼뜨리고 사회를 혼란에 빠뜨리게 한다.

10년 동안 SNS를 연구하는 필자에게는 '소셜 딜레마'의 내용이 너무나 충격적이어서 앉은 자리에서 5번이나 돌려보게 되었다. 이 시대를 사는 사람들이라면 꼭 봐야 할 영화가 아닌가 싶다. 여기에 덧붙여 '거대한 해킹'과 '위기의 민주주의'를 함께 보면 거대 기술 기업들과 어떤 세력들에 의해서 사회가 극단으로 치닫게 되는지 그 모습을 생생하게 그리고 있다. '소셜 딜레마'에서 시작된 것이 현실의 삶과 정치에 어떤 영향을 주는지를 알 수 있다.

지난 10년은 모바일의 시대, 소셜 미디어의 시대였다. 공교롭게도 2020년 코로나로 인해서 모든 것이 더 혼란스러워진 시대가 되었다. 이러한 시대일수록 내가 보는 정보들이 진짜인지 가짜인지를 분별해내는 능력이 점점 더 중요해지고 있다. 그래서 '큐레이션' 능력이 이 시대를 사는 생존 능력임을 의심치 않는 것이다. 불필요한 정보를 걸어내고 내 삶에 꼭 필요한 정보들을 선별해서 잘 활용하는 능력! 저자인 '스티븐 로젠바움'은 이미 전작에서 새로운 시대가 왔음을 알렸고, '큐레이션'이 왜 중요한지를 알려주었다.

이번 책에서는 좀 더 구체적으로 어떻게 '큐레이션'을 잘 할 수 있는지를 알려준다. 대한민국의 상황과는 조금 다른 부분이 있을 수도 있지만, 전하는 메시지는 같기 때문에 이 책을 통해서 실제적인 노하우를 많이 얻으셨으면 좋겠다. 그것만으로도 이 책은 소임을 다한다고 생각한다. 모두가 '콘텐츠 큐레이터'가 되어야 하는 세상! 필독을 권한다!

우리는 어떻게
여기까지 왔나?

"큐레이션은 단순히 포장하는 것 그 이상이다. 독자들로 하여금 세상에서 무엇이 중요한지를 알 수 있게 도와주는 것. 그게 바로 큐레이션인 것이다."

―마리아 포포바, 브레인 피킹스

솔직히 말해보자. 우리는 웹을 망가뜨렸다.

어느 한 사람이나 한 기업의 잘못이 아니다. 우리 모두에게 책임이 있다. 우리들이 트윗을 하고 페이스북을 하고 블로그를 하고 플리커를 하고 유튜브를 해, 잔잔한 초록빛 들판 같던 콘텐츠 유토피아가 비트와 바이트로 이루어진 혼돈스런 불협화음의 세계로 변해버린 것이다. 우리의 하드드라이브들이 넘쳐나고 우리의 이메일들도 넘쳐나면서, 결국 우리의 일과 삶은 물론 우리의 건강에까지 영향을 주고 있는 것이다.

엄청나게 많은 콘텐츠가 쏟아져 나오면서 우리는 지금 하늘로, 그러니까 언제든 온갖 정보를 다 접할 수 있는 클라우드(인터넷상에서 이용 가능한 컴퓨팅 서비스 사업자의 서버. 그 서버를 구름 모양으로 표시한 데서 온 말임–역자 주)로 향하고 있다. 얼핏 보기에는 새로운 콘텐츠 유토피아가 도래한 것 같다.

오늘날 클라우드에 저장되는 콘텐츠에 대한 얘기들은 전부 그럴싸하다. 당신이 찾고 싶어 하는 모든 정보, 당신이 듣고 싶어 하는 모든 음악, 그리고 당신이 찍은 모든 사진들이 간단한 링크로 바로 연결된다는 개념은 얼마나 기분 좋은가. 그러나 클라우드에는 그와는 영 다른 비유적인 의미도 있어, 내 눈에는 지금 저 지평선 위의 먹구름들이 보인다. 폭풍을 몰고 오는 시커멓고 불길한 구름들 말이다.

내 저서 『큐레이션』에서 나는 인간 필터들이 꼭 필요해지는 미래를 예견했지만, 그 당시만 해도 '클라우드'라는 개념은 아직 생겨나지도 않았던 때이다. 그러나 경주는 이미 시작됐고, '클라우드'의 대거 활용으로 인해 이제 인간과 로봇 간의 전투는 극도로 치열해지게 되었다. 그 자체가 알고리즘(어떤 문제를 해결하기 위한 절차, 방법, 명령어들의 집합–역자 주)이자 필터들인 디지털 로봇들이 자동화된 과정들을 통해 편집 및 큐레이션과 관련된 인간의 능력을 대체하려 하고 있다. 우리 인간의 프라이버시와 권위와 개별적인 디지털 정체성이 위협받고 있는 것이다. 명확한 이해와 통제력도 없이, 가장 사적이고 은밀한 우리 인간의 세세한 면들까지 죄다 클라우드 안에서 까발려져 노출되고 있으니까.

대체 어떻게 이런 일이 일어난 걸까? 그리고 어떻게 그렇게 빠른 속도로 이런 일이 일어난 걸까?

클라우드 안의 콘텐츠는 우리의 데스크탑 컴퓨터들과 각종 장치들 상의 콘텐츠가 자연스레 진화한 것이다. 그러나 우리의 이메일 받은 메일함을 넘쳐나게 하고 우리의 소셜 네트워크들을 무력화시켜 버린 폭발적인 콘텐츠 범람 현상은 갈수록 많아지는 데이터를 개인 영역에서 공공 영역으로 옮긴다고 해결될 수도 없고, 로봇들에 의해서도 해결될 수 없다.

그런데 지금 요란스럽게 소용돌이치는 사용자 제작 미디어의 혼란 속에서 어떤 의미와 관련성을 찾게 해줄 해결책이 저 멀리 지평선 위에 떠오르고 있다. 그 해결책의 이름은 큐레이션으로, 가공되지 않고 걸러지지도 않은 미디어의 기하급수적인 성장 속에서 뭔가 의미를 찾게 해줄 유일한 희망이다.

우리는 앞으로 많은 의문들에 답할 것이며, 그러면서 다음과 같은 몇 가지 의문을 제기하기도 할 것이다.

- 콘텐츠 큐레이터들이 꼭 지켜야 할 원칙들은 무엇인가?
- 웹사이트들은 콘텐츠 수집과 콘텐츠 큐레이션의 경계선을 어디에 그어야 하는가?

- 콘텐츠 큐레이션이 야기할 잠재적인 책임들과 위험들은 무엇인가?
- 당신은 어떻게 편집 로드맵을 만들어 큐레이션을 콘텐츠 제작 워크플로로 변화시킬 수 있겠는가?
- 당신은 당신의 콘텐츠 믹스를 위해 어떻게 큐레이터 목소리를 낼 수 있겠는가?

그런 다음 우리는 큐레이션 정글 심장부 속으로 들어가 버즈피드와 업워디, 웨이와이어 같은 디지털 미디어 사이트들이 어떻게 큐레이션 모델을 받아들이고 있는지를 들여다볼 것이다. 또한 평범한 사람들을 큐레이션 슈퍼히어로들로 변화시켜 줄 소프트웨어 툴들에 대해 살펴볼 것이다. 사람들의 한계를 넓혀주고 또 그들에게 웹상에서 필요한 콘텐츠를 찾아내 분류하고 공유하는데 필요한 힘을 줄 소프트웨어 툴들 말이다.

『큐레이션』에서 나는 콘텐츠 제작자와 콘텐츠 소비자들 간의 경계가 불분명해지는 미래가 올 거라고 예견했었다. 그로부터 정확히 3년이 지난 지금, 우리는 그 놀랍고 어수선한 미래 세계에 살고 있다. 이 책 『큐레이션 실전편』은 콘텐츠 큐레이션을 위한 실전적인 가이드북 역할을 해줄 것이다. 이 책은 이론을 실천할 수 있게 해주는 책으로, 큐레이션이 패션과 상업, 교육, 사업, 브랜드 마케팅 등을 어떻게 혁신시키고 있는지를 자세히 보여줄 것이다.

큐레이션이라는 개념은 이제 미술관이나 박물관 영역을 벗어나 빠른 속도로 주류 미디어 영역으로 옮아오고 있다. 적절한 틀만 제공된다면, 큐레이션은 웹 편집 분야가 새로운 도전들에 대처하는데 큰 도움을 줄 수 있는 강력한 툴이다.

지금이야말로 디지털 웹이 손쓸 수 없을 만큼 완전히 망가지기 전에 인간적인 면들을 가미할 수 있는 마지막 기회이다.

그러니 이제 배트맨 망토와 타이츠를 꺼내 입고, 언제든 곧 높은 빌딩들을 날아오를 준비를 하라. 큐레이션은 수퍼파워이며, 당신은 이제 곧 그 수퍼파워를 이용해 미디어 혼란에 빠진 고담 시(영화 〈배트맨〉에 나오는 도시로, 소돔과 고모라처럼 타락한 도시—역자 주)를 구원하게될 것이다. (물론 이는 비유이나, 당신이 인정하지 않을 수 없는 재미있는 비유이다.)

이 책의 사용법

"사람들은 알고리즘보다 더 흥미로운 대상이다."

—노아 브라이어, 퍼콜리트

큐레이션은 다소 난해한 말로, 아마 독자에 따라 그 의미가 다르게 다가올 것이다. 그래서 나는 크게 3단계로 나눠 큐레이션 얘기를 풀어가려 한다. 첫째, '폭넓은 의미에서 큐레이션이란 무엇인가? 큐레이션의 원칙들은 무엇인가? 정보 수집 및 정리, 제작의 적절한 비율을 알기 위한 최선의 방법은 무엇인가?' 하는 것들을 살펴볼 것이다. 예를 들어 전자상거래 사이트의 경우, 고객들이 자신의 제품을 어떻게 사용하는지와 관련된 사진 및 비디오 수집의 적절한 비율은 정보 제작 0퍼센트, 큐레이션 100퍼센트라고 생각할 것이다. 반면에 뛰어난 편집 능력으로 유명한 콘텐츠 제작자의 경우라면 그 비율이 완전히 뒤바뀌어 정보 제작 80퍼센트, 큐레이션 20퍼센트가 될 것이다.

둘째, 큐레이션이란 말의 정의에 대해 생각해본 뒤, 우리는 록 스타급 큐레이터들에 대해 간단히 살펴볼 것이다. 물론 이는 무슨 톱 10 리스트가 아니므로, 설사 당신이 좋아하는 큐레이터 이름이 나오지 않는다고 실망하진 말라. 현실 세계에서의 큐레이션 노력들과 그 결과들을 보여 주기 위해 일부 큐레이터의 예를 드는 것일 뿐이니까.

셋째, 그런 다음 우리는 최선의 큐레이션 관행들과 툴들 그리고 물론 계속 관심 있게 지켜봐야 할 단어 '수익 창출monetization'에 대해 깊이 탐구해 볼 것이다. 바라건대 이 장이 당신에게 반복해서 계속 유용하게 쓰이길 바라며, 또 당신이 새로운 큐레이션 툴들을 테스트하며 큐레이션 게임 플랜을 펼쳐나가는 동안 계속 되돌아와 참고하는 장이 되기 바란다.

이 책은 빨리빨리 대충 읽어나가거나 읽던 데를 표시해 두고 건너뛰기도 하는 등 마음 내키는 대로 읽어도 좋다. 이 책의 모든 장이 모든 독자들에게 필요한 건 아니며, 이 책 속에 나오는 모든 툴과 해결책이 당신의 문제들에 도움이 되는 것도 아니다. 이걸 잊지 말라. 큐레이션의 세계는 빠른 속도로 움직이고 빠른 속도로 진화하는 공간이다. 그러니 이 책에서 설명하게 될 어떤 툴들은 대표적인 툴들로 떠오를 것이고, 또 어떤 툴들은 서로 합쳐지거나 사라지게 될 것이다. 매일매일 각종 장치들과 파일 포맷들과 사용자 행동들에 변화가 일어나 모든 게 계속 건축 중인 공간에서 글을 쓴다는 게 그렇다.

1

지금 왜
큐레이션이
뜨고 있는가?

Curation

01 인간 대 로봇

2012년 11월의 어느 날, 미디어계의 여러 거물들과 최고경영자들, 하이테크 기업가들이 한 방에 모여 앉아 토론을 벌이고 있었다. 철학적인 것과는 거리가 먼 토론이었다. "로봇이 인간을 앞지르게 될까? 그리고 그렇다면 어떤 경우들에 그리 될까?"

모나코 미디어 포럼은 열띤 토론의 장이었으며, 존경받는 사상가와 디지털 업계의 리더들이 패널로 참여했다. 토론 진행자는 몬델즈 인터내셔널사의 글로벌 미디어 및 소비자 참여 부문 부사장 보닌 바우였다. 그리고 알고리즘 방식 비디오 추천 기술의 선두주자인 타불라Taboola의 설립자 겸 최고경영자인 애덤 싱골다. 넥스트닷컴Next.com의 디지털 혁신 및 커뮤니티 부문 부사장인 패트리스 슬루포프스키, 프랑스 통신 회사 오렌지Orange, 그리고 인간 큐레이션의 열렬한 지지자로 『큐레이션』의 저자이며 웨이와이어 네트웍스 최고경영자 겸 웨이와이어닷컴Waywire.com 수석 큐레이터인 내가 패널에 참여했다.

보닌 바우, 애덤 싱골다. 패트리스 슬루포프스키와 함께 포즈를 취한 저자

위험하거나 계속 반복되는 일들이 있는데, 그런 일들은 로봇들이 수행하는 게 이상적이라는 데 아무도 이의가 없었다. 그 좋은 예가 현금자동입출금기ATM로, 나는 그것들을 은행 직원들을 대신하는 로봇들로 보고 있으며, 길모퉁이 편의점마다 그런 로봇이 있다는 게 너무 마음에 든다. 기차역이나 영화관의 티켓 판매기 역시 마찬가지이다. 이런 로봇들은 부가가치가 높다. 그러나 트위터에서 누군가를 팔로우할 때 대신 답장을 해주는 로봇인 '트윗봇tweet bot'의 경우 내 생각은 좀 다르다. 트윗봇은 대개 "나를 팔로우해 줘서 고맙습니다."라는 메시지를 보내는데, 그 메시지만 봐서는 그게 인간이 보내는 건지 아니

면 인간 흉내를 내거나 아예 인간 행세를 하려 하는 로봇이 보내는 건지 알 길이 없으니 말이다.

토론 중 불쑥 보닌 바우가 끼어들어, 뭔가 선을 그어야 할 때 직면하게 되는 도덕적 딜레마를 보여 주는 이야기를 꺼냈다. 그 이야기 속에서 그는 위버스라는 사이트를 언급했다. 그 사이트에서는 자동화된 트위터 캐릭터들이 만들어지는데, 그 캐릭터들은 스스로 생명력을 갖게 되어 '트위터버스Twitterverse'(Twitter와 Universe의 합성어로, 트위터가 모든 제품 및 서비스와 연결되는 '트위터 우주'-역자 주) 안을 돌아다니게 된다. 그런데 이 위버스의 트윗봇들은 점차 인격을 갖추면서 트위터버스 안에서 점점 더 그 비중이 커지게 되며, 결국에는 모든 면에서 웹을 만들어낸 인간들을 압도하게 된다.

이쯤에서 나는 앞으로 로봇들은 자신이 로봇이라는 걸 인지해야 하며 절대 인간 행세를 하려 해선 안 된다는 로봇공학의 새로운 원칙 하나를 제안하고자 한다.

로봇이 인간을 대신하길 바라는 사람이 어디 있겠는가? 이는 좌뇌와 우뇌 간의 갈등 문제인지도 모른다. 자동화는 모든 걸 보다 효율적이고 보다 똑같고 보다 따분한 일로 만들어버리지만, 인간은 대체로 뭐든 똑같은 일들은 하려 하지 않는다. 근본적으로 인간의 창조성은 어떤 알고리즘에 의해 정해진 대로 움직이는 게 아니며, 논리적인 면과 비논리적인 면을 두루 갖고 있다.

로봇들로 하여금 인간의 일을 대신하게 할 경우 위험이 따른다. 로봇들이 살아 있는 사람 행세를 할 정도로 발전하게 되면, 소비자들은 로봇이 만든 콘텐츠를 인간이 만든 콘텐츠만큼 괜찮다고 받아들이기 시작할 것이기 때문이다. 제이슨 허천의 일간 소식지 〈미디어 리디파인드〉를 예로 들어보자. 알고리즘을 통해 제이슨의 글 작성 공식을 대체하려 할 수는 있겠지만, 그럴 경우 〈미디어 리디파인드〉 콘텐츠의 20퍼센트는 놓치게 될 거라는 게 내 생각이다. 그 소식지에서 허천은 주류에서 벗어난 특이 현상이나 영국 록 밴드 조이 디비전의 뮤직 비디오 등으로 연결되는 링크를 추가하고 있기 때문이다. 게다가 〈미디어 리디파인드〉를 재미있고 놀랍고 매력적인 콘텐츠로 만드는 건 인간적인 요소이다. 로봇은 그런 일을 할 수 없다. 인간 대 로봇 등식에 변화가 일어나고 있는 건 웹에 엄청나게 많은 콘텐츠가 쏟아져 들어오고 있기 때문이다. 디지털 정보 과잉 현상으로 인해 현재의 추천 엔진들은 제 기능을 못하고 있으며, 그래서 알고리즘 추천이라는 무딘 칼보다는 인간의 글이라는 예리한 칼이 더 좋은 추천 필터로 부각되고 있다.

일례 : 구글의 회장인 에릭 슈미트는 2010년에 한 콘퍼런스에서 이런 말을 했다. "문명의 여명기에서부터 2003년까지 총 5엑사바이트의 정보가 만들어졌습니다. 그런데 현재 그 정도의 정보는 단 이틀이면 만들어집니다."

장편 영화들이나 한 음반 회사 레이블에서 출시된 음반들, 출판사에서 출간된 책 같은 고급스러운 콘텐츠들은 알고리즘 방식으로 제대로 처리될 수 있을지 모르나, 자가 출판된 책들이나 자가 녹음된 음반 같은 방대한 콘텐츠들은 알고리즘 방식으로 처리하기가 점점 더 힘들

"Between the dawn of civilization through 2003 **5 exabytes** of information was created.

Now that much information is now created **every 2 days.**"

Eric Schmidt, Google

어지고 있다.

　아마 앞으로의 변화는 로봇들을 지향하지도 로봇들로부터 멀어지지도 않을 것이다. '특이점Singularity'(인공지능이 비약적으로 발전해 인간의 지능을 뛰어넘는 기점—역자 주)이라는 개념을 신봉하는 사람들이 말하듯, 지금 로봇과 인간이 서로 공동 기반을 찾아낼 시기가 가까워지고 있다. 그런 일이 일어나는 예상 년도는 2029년으로, 거의 코앞에 다가와 있다. 발명가이자 미래학자인 레이 커즈와일은 그날은 이미 예고되고 있다고 말한다. 커즈와일은 미래주의와 트랜스휴머니즘transhumanism(과학 기술을 이용해 인간의 신체적, 정신적 능력을 개선할 수 있다고 믿는 신념 혹은 운동—역자 주)을 공개적으로 지지하고 있으며, 인간과 기술의 결합은 필연적이라고 보고 있다.

　보닌 바우의 경우, 오늘날의 중요한 의문은 이런 것이다. "인간은 어디서 시작되고 로봇은 어디서 끝나는가? 머신 러닝과 로봇 공학은 그게 그것이다. 인간과 로봇의 공생 관계가 점점 현실화되어가는 상황에서, 인간에 대한 이해력 안에서 로봇들은 어디쯤 위치하는 걸까?"

앞으로 당분간은 인간과 로봇이 어느 시점에서 미래에 대해 공동 기반을 갖게 될지 분명치 않을 것 같다. 그러나 적어도 그때까지는 로봇들이 사람 행세를 하지 못하게 하는 게 적절한 선 긋기가 될 것 같다.

로봇들과 편집-왜 인간들이 일하는가?

알고리즘에서 인간 편집으로 바뀐 가장 대표적인 예를 꼽으라면, 아마 가브리엘 리베라가 만든 강력한 두 웹사이트 테크밈Techmeme과 미디어게이저Mediagazer를 꼽아야 할 것이다. 2000년에 만들어진 이 두 웹사이트는 한때 자동화된 콘텐츠 수집 사이트의 전형으로 여겨졌었다. 리베라는 알고리즘을 활용해 주요 기사들을 뽑고 시사성 있는 뉴스 피드news feed(투고된 뉴스의 내용을 한 뉴스 서버에서 다른 뉴스 서버로 전달하는 것-역자 주)들을 전달하기 시작했다. 처음 10년간 이 두 웹사이트는 로봇들에 의해 운영됐으며, 온라인 사용자들로부터 오는 '반응들'을 보고 이야기들을 올리거나 내렸다. 그러나 선택해야 할 콘텐츠의 양이 계속 늘어나는 데다, 명료성에 대한 독자들의 관심이 더 커지고 또 단순히 인기 있는 것들뿐 아니라 중요한 것들을 어떻게 판단하는지에 대한 독자들의 관심 또한 커지자, 리베라는 자신의 사업 모델을 바꿔 불가리아와 호주 등 세계 각지에서 인간 큐레이터들을 채용하기 시작했다.

리베라는 알고리즘은 왜 절대 인간만큼 효율적으로 큐레이션을 할 수 없는지 그 이유를 이렇게 설명한다. "자동화 중심의 접근법으로 모든 걸 해낼 수 있다고 생각하는 많은 사람들은 어떤 뉴스 스토리도 결국 한물간 스토리가 된다는 걸 미처 깨닫지 못한 것입니다." 그러면서 그는 어떤 기사가 설사 수백만 회의 링크와 트윗을 받을 정도로 인기 있다 해도 금방 대체될 수도 있다고 말한다.

오늘날 리베라는 인간 큐레이터들을 활용해 한참 뜨는 주요 뉴스들을 관리하고 뉴스 가치가 떨어진 뉴스들은 끌어내리고 있다. 그 어떤 기술 뉴스 또는 정치 뉴스 콘텐츠 제작자도 늘 똑똑하고 헌신적인 인간 큐레이션을 제공해야 한다는 게 지금 그의 입장이다.

리베라는 소셜 뉴스 역시 마법 같은 해결책은 되지 못한다고 말한다. 페이스북의 당신 친구들은 인간 큐레이터가 하듯 그렇게 적절히 당신이 원하는 걸 이슈화하진 못한다. 리베라의 말을 들어보자. "사람들은 〈뉴욕타임스〉를 사서 1면에 어떤 기사들이 났는지를 봅니다. 신문사 편집자들의 기사 선정 능력을 전폭적으로 신뢰하는 데다가, 다른 사람들도 다 그 기사들을 본다는 걸 알기 때문입니다."

그러면서 리베라는 이렇게 말을 잇는다. "우리는 같은 걸 하고 싶어 합니다. 당신 친구들로부터 떨어져 나오는 건 가치가 있으며…… 나는 차라리 〈뉴욕타임스〉 1면에 실린 기사들을 보겠습니다."

실리콘밸리의 유명한 저널리스트 톰 포렘스키는 오랜 기간 '인간 대 알고리즘' 논쟁을 지켜봐왔는데, 그는 이렇게 말한다. "나는 큐레이션은 한 사람 또는 한 그룹의 사람들이 특정 주제 및 맥락과 관련된 정보들을 선별하고 제시하는 일이라고 정의한다. 그에 비해 수집은 소프트웨어(알고리즘)와 기계들(서버들)을 이용해 특정 주제 및 맥락과 관련된 정보들을 끌어 모으는 것이다."

또한 포렘스키는 수집 툴들은 큐레이터들에 의해 활용될 수 있지만, 큐레이션이라는 인간의 행위는 수집만으로는 제공할 수 없는 가치를 더해준다고 말한다. 그러면서 그는 테크밈 웹사이트의 경우 인간의 큐레이션이 가미되어 기계 수집에만 의존하는 경우보다 더 나은 정보를 제공할 수 있다고 말한다.

실리콘밸리 벤처 커뮤니티는 아주 오랜 기간 콘텐츠의 자동화 및 로봇화를 앞장서 추진해왔으며, 그래서 로봇들이 콘텐츠 제작 분야에 뛰어든 사례가 많다. 퀼Quill이란 플랫폼을 만들어낸 인공지능 기업 내러티브 사이언스의 경우, 퀼을 사용해 각종 데이터를 마치 신문 기자가 쓴 기사처럼 변환시켜, 그 기사들을 읽어보면 마치 진짜 신문 기사를 읽는 것 같다. 그렇다면 지금 대체 누가 이처럼 로봇이 쓴 기사들을 이용하고 있을까? 내러티브 사이언스 측에 따르면, 현재 '로봇 기자들'을 이용해 데이터를 기사화하는 고객사는 30곳 정도 되며, 〈포브스〉지의 경우 지금 로봇 기자들을 이용해 기업 영업 실적에 대한 기사들을 자동으로 만들어내고 있다고 한다.

〈포브스〉지는 이렇게 말한다. "내러티브 사이언스사는 특허를 낸 자신들의 인공지능 플랫폼 퀼을 통해 데이터를 이야기 및 통찰력으로 변환시키고 있다." 그러나 〈슬레이트〉지는 저널리즘 자동화에 대한 기사를 내면서 아주 곤혹스러워 했다. "여기서 이런 아이러니를 간과해선 안 된다. 자동화된 인공지능 플랫폼은 지금 자동화된 거래로 돈벌이를 하고 있는 기업들에 대한 기사를 '쓰고' 있다. 이 기사들은 재정 시스템으로 피드백되어, 알고리즘들로 하여금 훨씬 더 돈벌이가 되는 거래들을 찾아낼 수 있게 할 것이다. 결국 이는 근본적으로 로봇들에 의한 로봇들을 위한 저널리즘인 셈이다. 여기서 단 한 가지 긍정적인 면이 있다면, 그건 모든 금전 거래는 인간들이 담당한다는 점이다."

그렇다. 로봇은 인간보다는 비용이 적게 든다. 〈슬레이트〉지도 그 점은 솔직히 인정한다. 기자들은 인간이고, 인간은 문제를 일으킬 수 있다. "무엇보다, 툭하면 아프고 또 정중하게 대해줄 걸 요구하는 정규직 인간 기자들에 비해 비용이 훨씬 적게 든다." 〈슬레이트〉지의 설명이다. 그러나 실제로 중요한 문제는, 그리고 인간/기계 문제가 대두되는 이유는 가뜩이나 방대한 데이터 및 콘텐츠 제작 분량이 갈수록 더 늘어날 게 뻔하다는 점이다. 〈슬레이트〉지는 이렇게 말을 잇는다. "수백만에 달하는 트윗 글들을 검색하고 처리하고 분석할 정도로 시간이 많은 기자는 거의 없지만, 내러티브 사이언스의 인공지능 플랫폼 퀼은 그 모든 걸 아주 쉽게, 더욱이 그것도 순식간에 해낸다."

솔직히 말해, 수익보고서 발표나 스포츠 경기 결과 보도, 일기예보 같은 일들은 대개 아주 정형화된 리듬과 스타일을 갖고 있다. 따라서 로봇을 훈련시켜 일기예보관 행세를 하게 하는 건 그리 어려운 일이 아닐 것이다. 그러나 각종 뉴스나 정보, 분석 중에서 중요한 것들을 뽑아내 발표하는 것은 단순히 트위터상에서 한창 뜨고 있는 뉴스나 정보 등을 끌어 모아 140자 이내의 트윗 글로 바꾸는 것과는 차원이 다른 일이다.

테크밈사의 인간 편집과 완전히 자동화된 기술인 구글 뉴스의 뉴스피드와 비교해 보자. 구글의 매 페이지 하단에는 구글 뉴스와 관련해 이런 글이 써져 있다.

"이 페이지에 있는 스토리들은 컴퓨터 프로그램에 의해 자동으로 선별 처리된 것들이다."

저널리스트 톰 포렘스키는 인간 큐레이션의 중요성을 이렇게 설명한다. "인간적인 요소는 중요하지만, 비용이 많이 듭니다. 그래서 실리콘밸리의 기술 기업들은 소프트웨어와 기계를 선호합니다. 그리고 실리콘밸리의 투자자들은 확장 가능성이 큰, 그러니까 서버와 소프트웨어만 추가해 확장 가능한 기업들에 투자합니다." 결국 로봇이 인간에 비해 비용이 덜 든단 얘기다. 그러나 온갖 소음으로 가득 찬 이 세상에서, 인간은 그 특유의 목소리와 관점을 보태 당신의 목소리가 경쟁사들의 그 어떤 목소리보다 돋보일 수 있게 해줄 수 있다.

모든 금융 관련 웹페이지들이 똑같이 로봇이 만들어내는 금융 기사들을 내보낸다면, 어떤 웹페이지를 읽든 별 차이가 없게 된다. 포렘스키는 이런 말로 결론을 맺는다. "사람 중심의 기업들은 로봇 중심의 기업 같은 확장성은 없습니다. 더 많은 일을 하려면 더 많은 사람을 채용해야 하죠. 그렇게 되면 복잡성도 늘어나고 관리도 힘들어집니다. 게다가 휴가비와 인건비가 늘 오르게 돼 있죠. 반면에 서버와 소프트웨어들의 경우 비용은 계속 떨어지고 생산성은 계속 늡니다."

엄청나게 북적대는 오늘날의 세상에서, 인간 편집자들을 도와 나무만 보고 숲은 못 보는 우를 범하지 않게 해주는 스마트한 툴들의 중요성은 그 어느 때보다 크다. 당신이 잘 알고 있는 콘텐츠 분야에서 오가는 각종 대화와 포스트와 트윗과 피드들에 적극적으로 귀 기울이는 것도 중요하지만, 아무리 그래도 로봇이나 기계가 인간을 대체하지는 못한다.

포렘스키의 다음과 같은 말이 정곡을 찌른다. "나는 큐레이션은 과학 기술이 필적하지 못할 인간 고유의 특성 및 활동의 일부라고 생각합니다. 그리고 큐레이션의 가치는 인터넷의 유용성과 인터넷 조직을 개선하는데 있다고 봅니다." 그러나 당신이 만일 큐레이션이 인간을 필요로 한다고 믿는다면, 큐레이션이란 대체 무엇일까?

'큐레이터'라는 말은 오랜 세월 쓰여온 말이다. 역사적으로는 주로 미술관과 박물관에서 쓰였다. 미술관이나 박물관 큐레이터들은 작품들을 선정하고 정리하고 전시해 고객들이 감상도 하고 평가도 할 수 있게 해주는 문화적인 작업에 능한 선구자적인 전문가들이었다. 디지털 콘텐츠 큐레이터들은 인터넷에서 각종 정보를 수집해 가장 중요한 정보들을 선정해 간편하게 소비할 수 있는 콘텐츠를 만든 뒤 그걸 다른 사람들과 공유한다는 점에서 미술관이나 박물관 큐레이터들과 비슷하다.

마케팅전문가 로힛 브하르가바는 2009년 큐레이터란 직업에 대해 설명하면서 다음과 같이 간결한 정의를 내렸다.

직업 설명: 콘텐츠 큐레이터
지금 전문가들은 가까운 미래에는 웹상의 콘텐츠 분량이 72시간마다 배로 늘어날 거라고 예측하고 있다. 그러니 알고리즘에 대한 일반적인 분석으로는 더 이상 우리가 찾는 콘텐츠를 찾기 어려워질 것이다.
그 어떤 주제든 멋진 콘텐츠에 대한 사람들의 갈증을 채워주려면, 결국 온라인상에서 개별적으로 작동되는 새로운 범주의 콘텐츠가 필요해질 것이다. 더 많은 콘텐츠를 만들어내기보다는 다른 사람들이 만들어내는 그 많은 콘텐츠를 제대로 파악할 수 있는 사람들이 필요해지는 것이다. 가장 적합성 있는 최고의 콘텐츠를 찾아낼 수 있는 사람들 말이다. 그런 일을 하게 되는 사람들은 '콘텐츠 큐레이터'라 불릴 것이다. 그리고 소셜 웹의 미래는 이 콘텐츠 큐레이터들에 의해 좌지우지될 것이다. 그러니까 콘텐츠 큐레이터들이 다른 사람들이 소비할 가장 우수한 콘텐츠를 수집하고 공유하는 일을 떠안게 되며, 또한 시민 편집자들 역까지 맡아 다른 사람들이 만들어낸 콘텐츠들 중 가장 가치 있는 콘텐츠들을 선별해 제시하게 될 것이다.

어느 정도 시간이 지나면 이 큐레이터들이 소셜 웹에 더 많은 편의성과 더 나은 질서를 가져다줄 것이다. 그리고 그렇게 함으로써 각 조직과 기업들에 자신의 목소리와 관점을 보태, 그 조직과 기업들이 고객들과 연결될 수 있게 해줄 것이며, 또한 고객들을 상대로 단순히 브랜드 중심의 마케팅 메시지들을 전달하기보다는 가치 있는 콘텐츠를 기반으로 전혀 새로운 대화법을 만들어내게 될 것이다.

–로힛 브하르가바

브하르가바는 그야말로 정곡을 찔렀다. 그가 큐레이터라는 직업에 대해 이처럼 전문적인 설명을 내놓은 이후 지금까지, 콘텐츠 큐레이션 툴들, 그러니까 관심 분야의 웹 정보를 찾고 또 그 정보를 정리해 목표 독자들에게 제공하는데 도움을 줄 툴들은 비약적인 발전을 거듭해 왔다. 온라인상의 정보 과잉 현상은 뭔가 해결책을 찾아야만 하는 큰 문제였고, 그 해결책으로 등장한 것이 바로 큐레이션이었다.

Chapter

02 브랜드들, 네이티브 목소리, 큐레이션

온갖 불필요한 '소음'으로 가득 찬 오늘날의 세상에서, '네이티브 광고native advertising'(일반적인 정보나 기사처럼 보이게 제작된 온라인 광고-역자 주)만큼 신경 쓰이는 소음도 없다. 그런데 계속 진화 중인 콘텐츠 및 마케팅 세계의 모든 것들이 그렇듯, 그 소음 때문에 실질적인 기회가 사라지는 경우도 많다.

콘텐츠 '크리에이션'과 콘텐츠 '큐레이션'의 차이는 무엇일까? 그리고 네이티브 큐레이션은 진실성을 가지면서 동시에 브랜드 목소리에 권위와 진실성을 부여해 주는 마법의 묘약이 될 수 있을까?

우선 이 문제를 좀 더 깊이 알아보기 위해 '네이티브native'라는 말의 정의부터 정리해 보기로 하자. 기술적 정의는 이렇다. "관련 콘텐츠 전달을 통해 가치를 제공함으로써 사용자 경험을 증폭시켜 줄 목적으로 행해지는 특정한 수익 창출 방식." 그러나 이런 정의는 네이티브란 말이 갖고 있는 시대정신을 담기에는 너무 차갑고 기계적인 정의 같다. 이런 철학적인 정의도 있다. "광고 성격을 띤 콘텐츠지만 기사로서 큰 가치를 지니며, 그 출처가 명확한 콘텐츠." 실제로 콘텐츠 제작자들이 창의력을 발휘해 광고주의 요구에 맞는 기사성 광고를 만드는 경우가 많아지고 있는 추세이다.

이런 정의들은 동일한 문제점을 안고 있다. 웹이 계속 진화하면서 틈새시장을 노리는 콘텐츠 웹사이트들이 늘어나고 있고, 그처럼 웹상의 콘텐츠 양이 늘어나면서 웹사이트 별로 오리지널 콘텐츠를 제작해야 하는 '네이티브' 광고 전략이 점점 더 힘든 경제적 어려움에 직면하고 있는 것이다. 콘텐츠 제작 비용은 더 올라가지 않겠지만, '소음'의 바다에서 그 상대적 가치는 점점 떨어지고 있기 때문이다.

아마 현재까지 '네이티브'라는 말의 정의를 가장 잘 내린 사람은 뉴욕대학교의 저널리즘 교수이자 미디어 사상가인 제이 로젠일 것이다. 로젠은 한 트윗 글에서 이렇게 말했다. "'네이티브' 광고란 기사들 사이에 섞여 있으면서 다른 기사들보다 더 눈길을 끌고 또 기사만큼이나 읽을 만한 가치가 있는 광고이다." 물론 이는 이런 의문을 제기한다. 네이티브 광고는 꼭 독립된 기사들 속에 섞여 있어야 할까? 아니면 기업들이 자기 혼자 힘으로 큐레이터와 스토리텔러, 즉 이야기꾼이 될 수 있을까?

자 그럼 이제 세 가지 예를 통해, 기업들이 네이티브 광고를 어떻게 받아들이고 있으며 또 큐레이션이 어떻게 그런 추세에 영향을 미치고 있는지를 알아보도록 하자.

IBM-'빅 블루'큐레이터

한때 기업 내 커뮤니케이션은 전부 상의하달식이었다. 각종 메시지들이 고위 경영진으로부터 일반 직원들에게로 밀려 내려온 것이다. 기업의 목표 내지 임무들은 성명식으로 선언됐다. 메시지들은 일방적으로 전달됐다. 각종 기본 방침들 또한 직원들과 파트너들에게 억지로 주어지다시피 했다. 그러나 오늘날에는 각종 커뮤니케이션 툴들과 네트워크들을 쓸 수 있는 기회가 활짝 열려 있다.

기업 커뮤니케이션 세계 안에는 두 가지 유형의 학파가 존재한다. 먼저 철저한 보안과 단속을 강조하는 사람들이 있다. 이들은 허가 없이는 트윗이나 포스팅을 하지 못하게 하며, 승인된 채널들을 이용하지 않고는 문자나 사진 전송도 하지 못하게 한다. 그다음엔 트윗이니 포스팅이니 문자니 하는 이 모든 '소음들'을 활용해 자신들의 브랜드 가치를 높일 방법을 찾으려 하는 사람들도 있다.

그런데 당신은 트렌드라는 게 얼마나 빠른 속도로 변하는지를 알면 놀랄 것이다. IBM의 디지털 전략 및 개발 부서 부사장인 벤 에드워즈는 그것을 이렇게 설명했다. "우리는 지금 직원이 47만 명인데요. 사업 목표를 하드웨어와 소프트웨어 중심에서 하드웨어와 소프트웨어 그리고 서비스 중심으로 바꾸는 역사적인 변화를 꾀했죠. 그래서 현재 비즈니스 컨설턴트가 3만 명이고, 고객들과 함께 현장에서 뛰는 연구원이 3,000명입니다. 우리는 직원들이 서로 연결되고 공유하길 바란다는 걸 잘 압니다. 실제 그런 게 아주 중요하고요."

역사적으로 커뮤니케이션 전문가들은 공식적인 커뮤니케이터들을 통해 공식적인 IBM 콘텐츠를 '제작'한 뒤, 그걸 직원들과 일반 대중에게 내보냈다.

에드워즈는 뒤는 돌아보지 않고 앞만 보며 나아가는 커뮤니케이터이다. 그는 이렇게 말했다. "나는 커뮤니케이션 전문가들이 생각해봐야 하는 새로운 역할들, 잠재력이 큰 역할들이 있다고 생각합니다. 그런 역할들 가운데 제가 지금 많은 생각을 하고 있는 게 바로 이 큐레이션이라는 겁니다."

IBM에서 회사 내부의 목소리는 그들 사이에서 W3라고 불리는 인트라넷을 통해 점점 커지고 있다. 그간 IBM 내에서 전문가 제작 콘텐츠에서 사용자 제작 콘텐츠로의 변화를 이끌어온 게 바로 이 W3이다. 유튜브에서 라간 커뮤니케이션즈를 운영 중인 마크 라간이 기업 커뮤니케이션과 큐레이션 문제를 주제로 에드워즈를 인터뷰한 적이 있다.

당시 에드워즈는 이런 말을 했다. "2009년에 내부에서 공식적으로 W3를 쓰는 사용자는 26만 명이었습니다. 그들이 60만 개의 웹페이지를 만들어냈죠." 그러니까 IBM.com의 경우 그간 15년 넘게 만들어진 웹페이지가 420만 개에 달해, 현재 세계 최대 규모의 기업 사이트들 중 하나가 되어 있다. IBM 직원들은 한 해에만 60만 개의 웹페이지를 만들었다.

IBM의 비전은 자신들의 커뮤니티에서 점점 커져가는 목소리와 지식을 무시하지 않고 엄중하게 받아들이는 데 있다. "우리가 얘기하고 싶은 건 '전문가 제작 콘텐츠 대 직원 제작 콘텐츠' 문제입니다. 만일 그걸 그래프로 그려 여기 이 벽에 걸어 보여 드린다면, 아마 직원 제작 콘텐츠가 전문가 제작 콘텐츠보다 10배에서 15배 정도는 더 많을 겁니다. 전문가들이 제작하는 콘텐츠는 계속 늘다가 최고점에 도달해 정체 상태가 됐고, 그러다 이제 줄어들기 시작하고 있습니다. 우리는 우리가 외부의 관점을 직원들의 관점으로 돌리는 역할을 하고 있다고 생각합니다." 에드워즈의 말이다. IBM이 커뮤니케이터는 물론 큐레이터의 역할까지 맡고 있다는 얘기이다.

아울러 IBM은 지금 '스마터 플래닛Smarter Planet'(더 똑똑한 지구)이라는 강력한 운동을 통해 브랜드 마케팅을 하고 있는 중이다. 스마터 플래닛은 정보기술 기업 IBM이 추진 중인 기업 운동이다. 이 운동을 통해 IBM은 지금 진보적 사고를 가진 전 세계 기업, 정부, 시민단체 리더들이 어떻게 보다 나은 시스템의 잠재력을 활용해 경제 발전과 단기 효율성, 지속 가능한 개발, 사회 발전 등을 이끌어 내는지를 집중 탐구 중이다. 대부분의 마케팅 담당자들이 브랜드 홍보를 위해 많은 돈을 쓰던 시기에 IBM의 마케팅 최고책임자 존 이와타는 전혀 다른 생각을 갖고 있었다. 그는 이런 말을 했다. "우리 브랜드를 홍보할 게 아니라 비전과 스토리를 끌어안읍시다." 때는 2008년이었고 기술주들이 급락하고 있던 시기였지만, IBM은 미래를 내다보며 이렇게 말했다. "스마터 플래닛을 건설하자." 이와타는 그걸 이렇게 설명했다. "기계화와 상호연결성과 컴퓨터 정보를 통해 우리는 지금 세상을 더 살기 좋은 곳으로 만들 수 있는, 역사상 유례가 없을 정도로 좋은 기회를 맞았습니다. 그리고 우리는 이 모든 가능성에 대한 전 세계적인 논의에 불을 당겼습니다."

오늘날 '스마터 플래닛'을 지지하는 움직임은 세계 도처에서 볼 수 있다. 빅 데이터, 모바일, 클라우드 등이 전 세계적인 혁신을 이끌고 있다. 그리고 IBM은 지금 'IBM과 함께 제작'이란 기치 아래 네이티브 콘텐츠를 만들고 있다. 변화를 위한 여행을 떠난 사람들의 목소리가 담긴 50편의 스토리를 제작하고 있는 것이다.

이와타는 이렇게 말했다. "우리는 지금 우리 앞에 놓인 흥미진진한 가능성들에 대한 커뮤니케이션 방법에 변화를 주고 있습니다. 그리고 동시에 고객들에게 더 나은 서비스를 제공하기 위해 우리 스스로 이런저런 도전을 하고 있습니다."

IBM은 카메라맨과 기자들을 동원해 전 세계의 비즈니스 일선에서 뛰고 있는 사람들을 만나 인터뷰를 했다. 개발자에서 최고경영자에 이르는 다양한 사람들과 IBM 사람들도 만났다. 그러면서 그들은 이런저런 스토리를 기록하며 각종 아이디어들을 탐구했다. 기사 성격을 띤 이 같은 보고서에서 소중한 아이디어와 말과 이미지들이 나왔고, 그것들을 통해 스토리들이 만들어졌다. 광고 회사나 사람들의 머릿속에서가 아니라 현실 세계에 대한 탐구를 통해 스토리들이 만들어진 것이다. 그 스토리들은 뉴욕 게놈센터에서도 왔고, 윔블던 스타디움, 포인트 디파이언스 동물원, 블리자드 스키스, 메모리얼 슬로언 케터링 병원에서도 왔다. 고객들의 얘기에 귀 기울이고 자신들의 스토리를 들려줌으로써, IBM은 콘텐츠를 구축했고 네이티브 콘텐츠 소스로서의 이미지 내지 신뢰성도 쌓았다.

그런데 GE는 여기서 한 걸음 더 나아가, 콘텐츠 큐레이션을 핵심적인 기사 차원으로 끌어올렸다.

GE : 미디어 기업인가?

GE는 각종 이슈들과 정책 뉴스들을 중점적으로 다루는 새로운 웹사이트를 갖고 있다. GE에서 운영하는 그 웹사이트 '프레싱Pressing'(http://www.gepressing.com)은 뉴스의 초점이 되고 있는 주요 정책들에 대한 독특한 관점들을 보여준다. VOX, CNN, 폴리티코Politico, NBC 뉴스, 슬레이트, 폭스 뉴스 등이 이 프레싱에 실리는 콘텐츠들을 협찬하는 뉴스 매체들이다. 프레싱에는 〈어틀랜틱 미디어〉의 기사들도 실린다. 그리고 이 프레싱은 현재 콘텐츠 제작 플랫폼인 레벨마우스에 의해 관리되고 있다.

GE는 또한 다른 큐레이션 콘텐츠 운동들도 이끌고 있다. GE 캐피털은 중견 기업들의 문제를 집중적으로 다루는 뉴스 사이트 '펄스Pulse'도 운영 중이다. 이 아이디어는 〈슬레이트〉지가 권유한 것이며, 현재 〈슬레이트〉와 〈비즈니스 인사이더〉, 〈USA 투데이〉 등으로부터 콘텐츠를 받아 운영되고 있다. GE의 글로벌 미디어 관리자인 알렉사 크리스튼은 이 펄스는 사람들의 관점이 아닌 대화를 다루고 있다며 이렇게 말했다. "우리 펄스에서는 좌우익은 물론 중도 노선을 걷는 모든 미국인들이 관심을 가질 만한 대화를 다룹니다."

큐레이션 콘텐츠 웹사이트들은 기업들에게 자기 고객들과 대화할 수 있는 기회를 제공하고 있다. 큐레이션을 활용해 마케팅을 하는 기업들로는 델(테크 페이지 원Tech Page One을 가지고), 제록스(리얼 비즈니스를 가지고), 아메리칸 익스프레스(오픈 포럼을 가지고) 등을 꼽을 수 있다.

알티미터 그룹의 레베카 리브에 따르면, 기업들은 뛰어난 콘텐츠 제작자들과 손잡고 일함으로써 큐레이터로 변신하는데 도움을 받을 수 있다며 이렇게 말한다. "자기 기업 브랜드를 걸고 콘텐츠를 구축하려는 기업들의 입장에서 가장 중요한 일은 콘텐츠를 만드는 것입니다. 뛰어난 콘텐츠 제작자들을 만날 경우 콘텐츠 진입 장벽이 상대적으로 낮아지게 되죠."

Chapter

03

소비자 목소리, 당신은 대화를 큐레이트할 수 있는가?

당신이 탐스 슈즈TOM's Shoes라는 기업을 생각할 때 제일 먼저 떠오르는 이미지는 커뮤니티가 아닐 수도 있을 텐데, 사실 탐스 슈즈는 커뮤니티다. 2006년, 블레이크 미코스키는 '내일의 신발'을 론칭해야겠다는 영감을 받는데, 그렇게 해서 탄생한 신발 브랜드가 탐스TOMS이다. 사람들이 탐스에서 신발을 한 켤레 살 때마다 다른 한 켤레의 신발이 가난한 아이들에게 기부된다.

"탐스는 지속 가능한 방식으로, 그러니까 판매되는 신발 한 켤레당 한 켤레의 신발을 기부하는 방식으로 운영되고 있습니다."

탐스의 디지털 부서 책임자인 지타 카시지가 온라인 미디어 〈미디어비스트로〉와의 인터뷰에서 한 말이다.

당신이 탐스 신발 한 켤레를 구입할 때마다 새로운 신발 한 켤레가 가난한 아이들에게 주어집니다. 한 켤레당 한 켤레씩입니다.

탐스의 마케팅 전략은 다음과 같은 5가지 주요 특징을 갖고 있다.

1. 지역 사회와 연결

"대개 밀레니얼 세대(1980년대 초반부터 2000년대 초반 출생한 세대-역자 주)인 오늘날의 잠재 고객들은 회사와의 직접적인 연결을 원합니다…… 그리고 우리는 디지털, 입소문 그리고 '모셜mocial', 즉 모바일과 소셜에 의존합니다."

카시지의 말이다. 기업은 디지털 대 전통적인 마케팅을 좋아한다.

Mocial=Mobile and Social. 그걸 사랑하라.

탐스는 '자선 여행'을 위해 비영리 단체들과 손잡고 일하고 있으며, 또 다른 지역사회들과의 연결을 위해 LA와 오스틴에 탐스 소매점을 오픈했다.

2. 다차원적인 콘텐츠 제공

"우리는 고객들에게 제품과 서비스를 전달하며, 따라서 우리의 콘텐츠는 본질적으로 또 외적으로 고객들과 관련이 있어야 하며 가치도 있어야 합니다." 카시지의 설명이다. "우리 매장에 온 사람들은 자선 여행을 하는 기분이 됩니다." 탐스는 고객들의 사용자 제작 콘텐츠 비디오 및 사진 콘테스트를 통해, 그리고 고객들로 하여금 영감을 주는 스토리들을 공유하게 함으로써 고객들과의 연결을 꾀하고 있다. 사용자 콘텐츠를 제출해 가장 많은 표를 받은 고객들은 자선 여행에 초대된다.

3. 평생 이어질 고객 관계 구축

"우리는 고객들을 상대로 가장 좋은 친구로, 그러니까 겸손하고 정직한 친구로 다가가려 하며, 또 고객들에게 영감을 주는 인용구들을 제공합니다." 카시지는 계속 말을 잇는다. "우리는 또 고객 서비스를 위해 전념하며 우리의 모든 노력에 브랜드 가치를 심으려 합니다." 그 결과 탐스는 고객들과 긴밀히 연결되어 있을 뿐 아니라, 탐스라는 브랜드를 뛰어넘어 인간적인 차원에서도 굳게 연결되어 있다.

4. 대화의 지속

카시지의 말을 좀 더 들어보자.

"우리 탐스의 소셜 미디어 사이클에는 고객들의 말에 귀 기울이고 그에 따라 대화를 이어가는 과정도 들어 있습니다."

탐스는 매년 '신발 없는 날' 행사를 개최해 고객들에게 행동에 나설 수 있는 기회도 제공한다. '신발 없는 날' 행사는 가난해 신발도 사 신지 못하는 아이들의 문제를 조명하기 위한 행사이다. 아주 강력한 소비자 참여 행사라 할 수 있겠다.

5. 혁신 문화의 조성

탐스는 신발 외에 안경 및 커피 분야에도 진출해 고객과의 연결을 확대함으로써 성장을 꾀하고 있다. 또한 지역사회의 필요에 맞춘 파생 상품들도 내놓아, 적극적인 지역사회 고객들을 끌어들이고 있다.

그러나 기업들이 고객들에게 말을 하고 고객들의 말에 귀 기울이는 방식은 단순한 '플러그 앤 플레이plug and play'(플러그만 꽂으면 바로 작동되는 기능—역자 주) 방식은 아니다. 캐럿Carat사의 소셜 미디어 부서 책임자인 벤 에어즈는 자신들이 온라인상에서 만들려고 하는 사회적 상호작용의 유형들에 대해 잘 알 필요가 있다며 이렇게 말했다. "이익 공동체들은 엄청나게 강력한 힘을 갖고 있으며, 그들과 대화하려면 뭔가 이유가 있어야 합니다. 기업들은 사용자들의 관심을 끌기 위해 그들을 위해 뭔가 가치 있는 걸 만들어야 하는 겁니다. 가치 있는 것이란 엔터테인먼트를 제공하는 것일 수도 있고 어떤 툴이나 서비스를 제공하는 것일 수도 있습니다. 중요한 건 유용해야 한다는 겁니다."

큐레이트된 대화와 관련해 기업들이 꼭 알아두어야 할 중요한 사실은 말하는 걸 중단하고 듣는데 집중하는 게 생각보다 어려울 수 있다는 점이다.

어도비Adobe의 큐레이션 사이트인 CMO.com에 따르면, 고객들로 하여금 소셜 미디어 툴들을 받아들이게 하려면, 기업들은 온라인상에서 고객들의 말에 귀 기울여 마케팅 전략과 영업 활동, 예산 할당, 제품 및 서비스 관련 활동 등에 필요한 통찰력을 끌어 모으는 게 필수라고 한다. 이는 단순히 인턴 몇 명을 채용해 트위터나 페이스북에 올라오는 글들을 예의주시해야 한다는 뜻이 아니다. 요즘은 워낙 많은 소셜 채널들에서 워낙 빠른 속도로 수많은 대화가 오가고 있다. 이 대화들을 모니터링하고 큐레이트하는 과정은 이제 정교한 소프트웨어들의 몫이며, 그래서 그런 소프트웨어들이 계속 발전 중이다. 이제 더이상 사무실 한 구석에 책상 몇 개 갖다 놓는 걸로 끝날 일이 아닌 것이다. 고객들의 말에 귀 기울이는 것이 기업들이 1년 365일 늘 신경써야 하는 실시간 미디어 모니터링의 일부가 된 것이다.

그런 사례를 보여 주는 5개 기업을 소개하자면 다음과 같다.

1. 마스터카드

마스터카드사는 자신들의 소셜 미디어 지휘 본부 격인 '대화 스위트룸Conversation Suite'을 만들었다. 이곳에는 길이 12미터짜리 대형 LED 디스플레이가 걸려 있어, 이 회사의 소셜 대화를 실시간으로 보여준다. 이 모니터링 기술은 웹에 기반을 둔 것이어서, 마스터카드 직원이라면 누구나 이 대화에 참여할 수 있다. 마스터카드는 '대화 스위트룸'을 통해 약 8만 5,000건의 온라인 대화를 분석했으며, 그런 뒤 2012년 이동통신 산업 전시회인 모바일 월드 콩그레스에서 마스터패스MasterPass '디지털 지갑digital wallet'(전자상거래에서 지갑 기능을 하는 소프트웨어—역자 주)의 출시를 선언했다. 고객들의 말에 적극적으로 귀 기울여 얻은 지식에서 나온 마스터카드의 새로운 전략이었다. 대화 큐레이션을 통해 실행 가능한 지식이 나온 것이다.

2. 게토레이

'게토레이 미션관리센터'는 게토레이사의 시카고 본사 안에 자리 잡고 있다. 이 센터는 마케팅 부문 소속으로, 게토레이는 이 센터를 통해 고객들이 게토레이와 경쟁사들에 대해 하는 말들과 관련 소식들을 24시간 내내 청취한다.

정보기술 전문 매체 〈매셔블〉이 이 관리 센터를 견학한 적이 있는데, 그들은 이 센터의 놀라운 정보 수집 능력에 깊은 감명을 받았다. 〈매셔블〉에 따르면, 게토레이는 이 관리 센터를 통한 제품 교육(주로 비디오 교육)으로 조직 참여도를 250퍼센트나 끌어올렸고 고객 이탈률은 25퍼센트에서 9퍼센트까지 떨어뜨렸다. 큰 문제가 발생할 경우 이 관리 센터는 즉각 작전실로 바뀌어, 마케팅 담당자들이 기민하게 소셜 미디어 문제에 실시간으로 대처할 수 있게 된다.

3. 어도비

어도비의 소셜 미디어 지휘센터는 '고객 청음초Customer Listening Post'라 한다. 이 센터에서는 광범위한 고객 접근점에 다가가 고객 경험의 투명성을 높인다. 그러니까 어도비는 고객들의 목소리에 귀 기울여 정보를 얻고, 그 정보를 분석해 실행 가능한 결론들을 내리며, 어떤 조치들을 취해야 고객 경험에 가장 큰 도움이 될지를 결정하는 것이다. 어쨌든 이 '고객 청음초'는 지금 어도비가 고객 경험의 지속적인 개선을 위해 정보를 분석하고 평가하고 각종 기회를 활용하는데 아주 중요한 역할을 하고 있다.

4. 미국 적십자사

미국 적십자사가 '소셜 리스닝social listening'에 관심을 보인 건 그리 오래되지 않았다. 이 단체는 응급 상황에서 신속히 대처할 수 있는 능력이 필요하며, 그래서 자신들이 디지털 환경에서 고객들의 말에 귀 기울일 필요성이 있다는 걸 깨달았다. 그래서 그들은 2012년에 소셜 미디어 지휘센터를 만들었다.

이후 미국 적십자사는 미국 중서부 지방에 토네이도가 불어 닥칠 때마다 이 지휘센터를 활용해 구조대원들을 어디로 보내야 할지 결정

하는데 필요한 정보들을 입수할 수 있었다. 그들은 거기서 한 걸음 더 나아가, 소셜 대화에서 적외선 열지도를 이용해 각종 정보를 좀 더 세밀히 분석하고 있으며, 그 분석에 따라 대처 방법을 달리하고 있다. 지금 미국 적십자사는 긴급 재난이 발생할 경우 이 소셜 미디어 지휘센터를 통해 가장 필요한 지역들에 음식과 물과 대피 시설은 물론 각종 상담 서비스도 제공하고 있다.

5. 에델만 디지털

PR 전문 컨설팅업체인 에델만 디지털은 자신들의 지휘센터에 군대 분위기가 느껴지는 이름을 붙여 '소셜정보지휘센터'(줄여서 SICC)라 부른다. 이 센터는 풀타임 청음초까지는 필요 없더라도, 어떤 일이나 위기 상황이 생겼을 때 소셜 정보 수집 능력을 늘릴 수 있기 바라는 자사 디지털 고객들을 위해 만들어졌다. 에델만 디지털은 온라인 커뮤니티에서 나오는 자기 고객들에 대한 얘기에 귀 기울고 있으며, 그 정보를 분석해 콘텐츠 전략 및 제작, 수집과 네이티브 광고 콘텐츠 제작 계획을 세우고 있다.

04 글로벌 대 로컬

인터넷이라는 개념 자체가 나오기 한참 전인 1962년에 미디어 이론가이자 문화비평가인 마셜 맥루한이 예언한 대로, 웹은 '글로벌 빌리지Global Village'(우리말로 '지구촌'―역자 주)로 커질 것이 너무도 분명해 보였다. 그러나 각종 트렌드들을 보면 지금은 오히려 '글로벌화Globalization'(흔히 세계화라 함―역자 주)에서 '로컬화Localization'(흔히 지방화 또는 현지화라 함―역자 주)로 되돌아가고 있는 듯하다. 이 같은 현상의 배경에는 위성항법장치 GPS 및 다른 장치들의 폭넓은 사용, 전 세계적인 제품 발송에 드는 환경 비용, '현지 특산물 사기'운동 등이 자리 잡고 있다. 온라인 제품과 서비스들이 큐레이트된 클라우드 안에서 글로벌화되는 상황에서, 오프라인 제품과 서비스들은 과연 로컬화될까?『이카루스 이야기』의 저자 세스 고딘은 미래는 분명 그렇게 될 거라고 확신한다. 그러나 물론 그렇게 생각하지 않는 사람들도 많다.

2012년 경제협력개발기구는 보스턴 컨설팅 그룹과 함께 전 세계로컬 단체들이 인터넷에 어떤 영향을 주는지에 대한 조사를 실시했다. 그들은 46개국에서 설문조사를 벌여 온라인 유료 회원들에 대해 살펴봤으며, 또 기업과 소비자와 정부들이 인터넷을 어떻게 활용하는지를 조사했다. 그리고 그 조사 결과 인터넷 경제가 국가마다 다르다는 게 밝혀졌다.

그 조사가 실시되던 당시 온라인에서의 1인당 소비자 지출이 가장 많은 나라는 영국이었다. 그리고 인터넷 연결이 가장 잘되어 있는 나라는 홍콩이었으나, 대부분의 홍콩인들은 오프라인에서 돈을 쓰고 있었다. 당시 보스턴 컨설팅 그룹의 관리책임자 폴 즈월렌버그는 '수백 가지 맛hundreds of flavors'을 가진 인터넷을 예견했다. 그러니까 인터넷이 범세계적인 하나의 거대한 네트워크로 묶이지 않고 나뭇가지처럼 잘게 갈려 '로컬', 즉 현지 내지 지방 중심으로 돌아가는 시대가 온다고 예견한 것이다.

2012년 보스턴 컨설팅 그룹은 보도 자료 형태로 자신들의 보고서 〈G-20에서의 인터넷 경제〉를 발표했다. 그 보고서에서 즈월렌버그는 기업들이 경제 성장을 꾀하는 수단으로, 특히 시장을 개발하는 수단으로 인터넷을 잘 활용해야 한다는 점을 지적했다. 그리고 지난 3년간 기업들이 온라인 소비자들에게 많은 공을 들인 나라들은 인터넷 활용이 제한된 나라들에 비해 경제 성장률이 22퍼센트나 더 높은 걸로 나타났다.

글로컬라이제이션

글로컬라이제이션Glocalization이란 global과 localization의 합성어로, 글로벌화와 로컬화가 동시에 진행되는 현상을 가리킨다. 그러니까 어떤 제품이나 서비스를 로컬 시장에 도움을 줄 목적으로 만들면서 동시에 글로벌 시장을 대상으로 개발하고 유통하는 것이다. 이 용어는 즈윌렌버그의 '수백 가지 맛' 관점과는 다소 상충된다. 전자상거래가 글로벌화와 로컬화 중 어느 쪽 길을 가게 될지에 대해서는 앞으로도 많은 논쟁이 필요할 듯하다.

저널리스트 키스 리치버그는 자신의 블로그에서 "로컬화의 미래는 무엇인가?"라는 의문에 대해 많은 얘기를 하고 있다. 리치버그는 로컬에서 태어나고 자란 브랜드를 가진 기업들이 전 세계를 상대로 사업을 벌이거나 이따금 전 세계 소비자에 의존하는 걸 보며, 로컬이라는 용어의 순수성에 의문을 제기한다. 그는 온라인 커뮤니티들의 속성을 신랄하게 파고들어, 현실 세계에 뿌리를 내리지 않은 채 온라인 상에서만 형성되는 커뮤니티들에 '로컬'이라는 개념을 적용하는 건 무리라고 역설했다.

어쨌든 리치버그는 기업의 핵심 기반은 인터넷 환경 내에서 어디에 놓여 있는 걸까 하는 문제를 파고들고 있는 중이다. 한 기업의 정체성은 그 태생 내지 근원으로 축약될 수 있는 걸까? 그리고 그 기업이 사업 영역을 해외로 넓혀갈 때도 그 태생 내지 근원을 유지할 수 있는 걸까? 리치버그의 이런 문제 제기에 대한 답으로 딱 맞는 기업이 바로 미국 디트로이트 자동차 업계의 핵인 제너럴 모터스, 즉 GM이다. 오늘날 GM은 해외에서 더 많은 자동차를 팔고 있으며, 특히 중국이 가장 큰 고객이다. 리치버그는 글로벌 관점에서 이런 의문을 제기한다. "글로벌화된 기업들이 로컬 지역사회에 대해 져야 할 책임은 무엇일까?"

　로컬 또는 지역이 얼마나 중요한가? 아마존과 구글 간에 벌어지고 있는 치열한 경쟁을 보자. 구글은 지금 비밀리에 개발 중인 프로그램인 'X 실험실'을 통해 제품을 소비자들에게 배달해 주는 드론들을 테스트 중인데, 이 기술은 아마존도 개발 중인 기술이다. 이는 글로벌 기업들이 로컬 지역사회들에 대한 자신들의 직접적인 영향력에 대해, 또 고객 서비스를 개선하기 위한 창의적인 방법들에 대해 어떤 생각을 하고 있는지를 보여 주는 흥미로운 예이다. "자가비행 운송 수단들은 제품 운송 문제에 대한 전혀 새로운 접근 방법들을 제시할 수 있으며……. 우리는 지금 공중 배달을 통해 사람들의 일상생활을 개선할 수 있는 상황들이 또 어떤 게 있는지 알아보려 합니다." 구글 측의 말이다. 이는 의미 있는 수준에서의 소비자 접촉을 구현함으로써, 로컬 지역사회에 대한 기업의 책임 문제에 대한 리치버그의 의문에 대한 한 가지 답이 된다.

　내 친구이자 동료인 브라이언 솔리스는 '하이퍼로컬hyperlocal'('로컬'보다 더 좁은 범위의 특정 지역의—역자 주) 문제를 깊이 파고들었다. 자칭 디지털분석가 겸 인류학자라고 말하는 사람답게, 그는 미래를 보면서 동시에 과거도 본다. 그는 기업들은 로컬에 뿌리를 두고 있어야 한다고 생각하며, 전 세계적으로 유명한 기업들 입장에선 특히 더 그래야 한다고 믿고 있다. 그는 아주 단호하게 말한다. "로컬이 왕입니다." 그러면서 로컬화의 여러 가지 예를 들고 있는데, 그중 하나가 비영어권 국가들에서의 적극적인 고객 참여 전략이다. 2010년에 나온 한 연구 결과에 따르면, 기업들이 사업 영역을 영어권 국가들에 한정시킬 때보다는 비영어권 국가들에 많은 시간과 노력을 투자할 때, 페이스북상에서 본 고객 참여도가 10배에서 15배나 더 높았다. 그 연구에서는 이처럼 사업 영역을 비영어권으로 확대하는 전략을 활용하는 기업들로 스타벅스와 블랙베리를 꼽았다. 솔리스는 한 걸음 더 나아가 언어학 및 번역 전문 웹사이트 트랜스레이티드닷네트Translated.net에서 뽑은 한 가지 흥미로운 데이터를 제시한다. 그 데이터에는 2015년까지 전자상거래를 가장 많이 한 10개 국가들의 명단이 나오는데, 전체 매출에서 온라인 매출이 차지하는 비율이 18퍼센트인 중국이 1위였다. 가장 큰 온라인 매출 잠재력을 갖고 있는 언어들을 보여 주는 도표를 보면, 영어의 온라인 매출 잠재력이 25퍼센트였고 중국어가 약 19퍼센트였다. 이를 통해 우리는 글로벌화를 추진 중인 기업들도 이미 고객 관계가 구축되어 있거나 확대하려 노력 중인 국가들에 보다 큰 관심을 기울여야 한다는 걸 알 수 있다.

하이퍼로컬 & 온라인 마케팅

사업에서 가장 중요한 것은 시장을 확보하는 것인데, 기업들은 종종 글로벌화를 추구하는 과정에서 정작 중요한 시장을 잃는다. 로컬 시장을 무시하다가 자칫 회사의 존재감 자체가 흐려질 수 있는 점이다.

로컬 지역사회에 대한 한 기업의 참여도가 그 기업의 고객 관계를 결정짓지 않으며, 그보다는 해당 지역과 거기에 거주하는 고객들에 대한 인식을 보여 주어야 한다. "어떤 기업이 아주 작은 지역의 요구에 맞춰 '하이퍼로컬' 콘텐츠 마케팅을 펼칠 경우, 그곳 고객들은 자신들의 일상생활과 관련된 관심사에서 그 기업을 떠올리게 됩니다." 레이첼 프리스트가 자신의 저서『하이퍼로컬 콘텐츠 : 온라인 마케팅의 미래?』에서 한 말이다. 그런데 기업이 시간을 들여 고객들의 상태와 관심사를 제대로 알려 애쓸 때 고객층은 한층 더 두터워지고 공고해지지만, 글로벌 기업으로서의 존재와 하이퍼로컬 기업으로서의 존재 간에 균형을 맞춰야 한다는 문제가 발생한다. 프리스트는 아주 작은 지역사회의 요구에 맞춰 일정 시간과 노력을 투자해 '현지 주민들만을 위한 날' 행사 같은 걸 가질 것을 제안한다. 그녀는 또 콘텐츠 마케팅에 대한 노력을 배가해, 글로벌화를 지향하면서 동시에 로컬 지역사회를 위한 콘텐츠를 제작할 수도 있을 거라고 말한다.

오늘날의 분석가들에 따르면, 보다 좁은 시장에 집중하는 것도 기업들이 취할 수 있는 많은 사업 전략들 중 하나이다. 그러나 이에 반대하는 사람들은 좁은 지역에 집중할 경우 지역 상황에 따라 의도치 않은 결과들을 초래할 수도 있다고 경고한다.

2007년 AOL은 〈더 패치〉를 개발했다. 아주 세세한 부분의 뉴스 스토리들과 전문적인 기사형 콘텐츠를 전문적으로 다루는 디지털 신문이었다. 그러나 AOL이 갖고 있는 포털 사이트 이미지가 워낙 강해, 뉴스 자원으로서의 〈더 패치〉의 순수성이 희석된다는 주장들도 많았다. 미디어 컨설턴트 릴라 드 크레스터는 〈더 패치〉가 자신의 목소리를 제대로 내기도 전에 '너무 빨리 너무 커버린 바람에' 희생양이 됐다고 했다. 2013년 AOL은 결국 〈더 패치〉의 지분을 전부 처분했으며, 운영권을 헤일 글로벌사에 넘겼다.

규모가 큰 전국적인 기업과 전 세계적인 기업들이 로컬 문화에 연결하기 위해 믿을 만한 목소리를 갖는데 결정적으로 중요한 역할을 하는 것이 큐레이션이다. AOL의 〈더 패치〉 실험은 너무 때 이른 감이 없지 않았으나, AOL이 〈더 패치〉를 제대로 운영할 기회는 사실 얼마든지 있었다. 보다 넓은 시장이나 좁은 시장을 대상으로 제품이나 서비스를 홍보하기 위해 인터넷과 그 누적 효과를 활용하는 것은 복잡한 전자상거래에서 나름대로 효과가 있기 때문이다.

온라인 케이블 및 TV 프로그래밍 분야 내에서 세분화되고 로컬화된 마케팅으로 계속 성공을 거둬온 넷플릭스(회원제 주문형 비디오 웹사이트로 유명한 미국의 다국적 엔터테인먼트 기업-역자 주)는 로컬 중심의 독창적인 콘텐츠 개발로 브랜드 가치를 키워온 기업의 전형이다. 넷플릭스는 TV 드라마 〈하우스 오브 카드〉와 〈오렌지 이즈 더 뉴 블랙〉 같은 독창적인 콘텐츠들로 유명하다. 콘텐츠 개발책임자인 테드 사란도스는 점점 늘어가는 넷플릭스의 독창적인 콘텐츠들을 뒷받침하고 유지하기 위해 아예 영화 제작사를 하나 인수할 계획이라고 했다.

그러면서 사란도스는 또 자신들은 독창적인 콘텐츠를 대거 만들어내면서도 품질을 유지하기 위해 애쓰고 있다고 했다. 넷플릭스의 입장에서 전통적인 콘텐츠(영화, 다큐멘터리, TV 시리즈 등)들은 부가적인 제품이며, 넷플릭스라는 브랜드의 가치를 높여주는 것은 역시 독창적인 콘텐츠들인 것이다. 넷플릭스는 지금 미래를 향해 전력 질주 중이며, 가장 앞서가는 글로벌 인터넷 TV 네트워크라고 자부하고 있다. 또한 글로벌 관점에서 보자면, 미국 현지에서 제작된 자사 콘텐츠의 10퍼센트에서 20퍼센트를 해외 시장에서 배포하려 하고 있다.

넷플릭스의 사업 모델은 시장에서 먹히는 입증된 사업 모델이며, 넷플릭스 덕에 구독자들은 주문형 콘텐츠 시대에 맞는 다양한 옵션들을 갖게 됐다. 구독자들의 최근 콘텐츠 시청 정보를 토대로 한 고객 맞춤형 콘텐츠 추천은 넷플릭스의 고객 친화적이며 로컬화된 마케팅 방법들 중 하나이다.

진실은 간단명료하다. 글로벌화냐 로컬화냐 하는 주장은 흑백 논리로 답할 수 있는 주장이 아니다. 그 둘 다 중요하기 때문이다. 장소가 중요하고 가까운 게 중요하고 현지 취향이 가치를 더해주는 상황에서라면 로컬화가 답이다. 그러나 지식이 주요 동인인 상황에서라면, 전 세계적으로 연결된 세상이 웹으로 연결된 사용자들에게 보다 넓은 자원 네트워크를 제공할 것이다. 결국 글로벌화든 로컬화든 두 경우 모두 큐레이션이 열쇠인데, 보다 폭넓은 자원들에 접근하려면 인간 필터를 거쳐야 가치와 품질을 찾아내고 구현할 수 있기 때문이다.

간단히 결론을 내리자면 이렇다. 세상은 점점 커지고 있으며…… 동시에 점점 작아지고 있다.

05

빅 대 스몰

텔레비전의 출현 이후 미디어는 세상을 빅big한 쪽으로, 즉 큰 쪽으로 몰고 갔다. 그리고 그렇게 규모의 경제가 구현되면서 보다 큰 기업들과 전국적이거나 세계적인 브랜드가 줄어들고 제품 및 서비스 가격은 떨어졌지만, 이제 온라인 클라우드 기술 덕에 크든 작든 모든 기업들은 디지털 세계 안에서 선반 공간을 공유하게 됐다. 그래서 온라인 클라우드 중심의 세계에서는 규모가 작아도 집중력이 강한 브랜드들이 독창성을 앞세워 큰 브랜드들과 대등한 경쟁을 벌이기 시작했다.

오늘날 마케팅은 특정 경향과 습관은 물론 라이프 사이클까지 갖고 있어 살아 있는 유기물과 아주 흡사하다. 그리고 이런 마케팅의 본성은 수시로 변화하며, 특히 오늘날과 같은 기술의 시대에 그 변화는 사상 유례가 없을 만큼 드라마틱하다.

그리고 소비자들을 향해 엄청난 양의 마케팅 메시지들이 쏟아지고 있어, 이제 기업들은 독특한 메시지로 두각을 드러내기가 점점 힘들어지고 있다. 오늘날의 소비자들은 마케팅 담당자들을 상대로 역사상 유례가 없을 만큼 많은 걸 요구하고 있으며, 바닷물처럼 밀려왔다 밀려가는 마케팅 메시지들을 좌지우지하고 있다. 이 모든 건 대체로 인터넷의 대중화와 그 관련 트렌드들 때문이다. 이처럼 다이내믹한 새로운 시장에서 소비자들이 주도권을 틀어쥐면서, 이제 규모가 작은 기업들은 보다 큰 경쟁자들에 맞서 대등한 경쟁을 하는 법을 배우고 있는 중이다.

그러니까 이제 시장에서 일종의 평등주의가 자리 잡고 있으며, 그러면서 보다 규모가 작은 기업들에게 새로운 기회와 활력을 주고 있다.

인터넷이 더없이 복잡하면서도 강력한 힘을 지닌 세계로 진화되기 전까지만 해도, TV와 인쇄물과 라디오라는 3대 언론 매체를 장악해 경쟁업체들을 무릎 꿇리는 것이 가장 일반적인 마케팅 수법이었다. 규모가 큰 기업들은 자신들의 메시지를 소비자들에게 전하는 데 더없이 유리했다. 그들은 늘상 3대 언론 매체를 통해 같은 메시지를 쏟아냈고, 그 바람에 소비자들은 아예 다른 메시지들은 접할 기회조차 갖지 못했던 경우가 대부분이었다.

3대 언론 매체를 활용한다는 건 기업들의 입장에서 아주 괜찮은 일이지만, 한 가지 큰 문제는 비용이었다.

어떤 업계에 속한 기업이든 다 마찬가지지만, 광고비 부담은 이루 말할 수 없이 크며, 그 부담은 또 광고 구매 조건들에 따라 수시로 달라진다. 어떤 형태의 언론 매체들은 시간 단위로만 구매 가능한 데다가, 광고 게재 허락이 떨어지기 전에 일정 시간 대기까지 해야 한다. 기업들이 원하는 대로 마음껏 자신들의 메시지를 내보내 고객들에게 다가설 수 없게 하는 진입 장벽 같은 게 있었던 셈이다.

이런 유형의 마케팅을 하려면 워낙 막대한 비용이 들었고, 그래서 대기업들 외에는 전혀 활용할 수 없었던 게 현실이다. 그러나 온라인 콘텐츠 중심의 마케팅이라는 마케팅 역사상 전혀 새로운 접근법이 도입되면서 게임 판도가 바뀌었다.

온라인 콘텐츠 마케팅이 더없이 혁신적인 것은 기본적으로 무료이기 때문이다. 기업의 규모나 예산은 이제 더 이상 중요한 요소가 아니었고, 이런 마케팅 개념에 소비자들은 열광했다.

소비자들은 전혀 새로운 스타일의 이 온라인 콘텐츠에 몰려들었는데, 그건 온라인 콘텐츠가 자신들의 요구에 너무 잘 맞는 데다 시간 단위로 조정될 수 있었기 때문이다. 마케팅 분야에 주어진 이 새로운 형태의 자유 덕에 보다 규모가 작은 기업들도 자기 목소리를 낼 수 있게 됐으며 많은 비용이 드는 재래식 광고 방식이 주던 부담에서 벗어날 수 있게 됐다.

어쨌든 이렇게 마케팅 역사상 경험해본 적 없는 전혀 새로운 스타일의 마케팅 채널이 생겨났고, 그 결과 기업들은 자신의 고객 한 사람 한 사람과 관계를 맺고 또 그 관계를 유지할 수 있게 되었다. 기업들의 입장에선 고객들에 대한 접근성이 그 어느 때보다 좋아졌고, 소비자들의 입장에선 자신의 지갑을 열지 않고도 업계에 영향력을 행사할 수 있는 길이 열린 셈이다.

이제 콘텐츠 마케팅 분야에서는 창의력이 새로운 힘이며, 그래서 과거에는 늘 규모가 큰 기업들만 보다 나은 마케팅 자원들을 활용할 수 있었지만, 이제는 규모가 작은 기업들도 간단한 아이디어 하나로 두각을 드러낼 수 있다. 이제는 소비자들이 소셜 미디어나 기타 다른 수단들을 통해 그 아이디어에 접근하고 받아들이는 게 가능하기 때문이다.

소비자들은 기업의 사업 비전이 친근감 있게 다가오길 바라는데, 기존의 TV나 라디오, 인쇄물 광고 매체를 통해서는 그런 친근감을 느낄 수가 없다. 온라인에서는 메시지가 그야말로 순식간에 입소문 나는 걸 감안하면, 우리는 지금 인류 역사상 가장 비용 효율성이 높은 마케팅 방식을 접하고 있는 셈이다.

이런 얘기는 10년 전만 해도 말도 안 되는 소리처럼 들렸겠지만, 이제 온라인 콘텐츠 마케팅은 그야말로 무한한 가능성을 가진 마케팅 수단이다. 지금 기업들은 데이터베이스 관리를 실험 중이며, 매일 콘텐츠 제작 중심의 마케팅을 통해 계속 새로운 마케팅 기법들을 실험 중이기도 하다. 그리고 그 결과는 늘 아주 인상적이다.

이제 그야말로 공평한 경쟁의 장이 마련됐다. 온라인 마케팅 분야에서는 더 이상 큰 기업들이 경쟁우위를 갖고 있지 못하며, 마케팅 계획을 짤 때도 예산은 더 이상 그리 중요한 요소가 아니다. 콘텐츠 마케팅을 통해 소비자들이 계속 반복되던 종래의 상투적인 메시지 대신 보다 창의적인 메시지와 활용 가능성 있는 가치를 요구하게 됨으로써, 마케팅 메시지 소비 방식에 일대 혁신이 일어난 셈이다.

거울을 들여다보라. 그런 다음 소비자들을 보라. 기업들은 이제 권위를 가질 만큼 커야 하며, 그러면서 또 동시에 소비자들에게 직접 다가가 친근감을 줄 수 있을 만큼 작아야 한다. 그리고 이제 큰 기업들도 큐레이트된 콘텐츠를 통해 정직한 목소리도 갖고 신뢰감을 주는 관점도 가져야 한다.

전체적인 트렌드는 분명하다. 고객들의 눈높이에 맞추고 고객들을 일대일로 만나라. 그러면 쉽게 유지하고 공유할 수 있는 비용 효율성 높은 메시지를 통해 많은 결실을 맺게 될 것이다. 광고 자원들에 대한 접근이 쉬워지고 자금 유동성이 높아진 건 늘 좋은 점이겠지만, 그게 한물간 마케팅 방법이라 해도 좋을 종래의 마케팅 방법을 변화시킬 기폭제는 더 이상 되지 못한다. 전혀 새로운 이 트렌드의 경우, 어떤 자원을 가진 어떤 규모의 기업이든 참여 가능하고 적합성을 가질 수 있으며, 특히 중요한 건 이것이지만, 성공을 거둘 수 있다.

2

큐레이션의 핵심 원칙들

Curation

"아이디어는 가장 가치 있는 것이며……

큐레이션은 그 목표에 도달하기 위한 수단이다."

—피터 홉킨스

Chapter

06

당신은 큐레이터인가?
아니면 큐레이터가
될 것인가?

당신은 이 책을 직접 구입했거나 아니면 필요에 의해 다른 사람에게서 받았을 것이다. 따라서 어쩌면 당신은 벌써 마음속으로 큐레이터가 되고 싶다고 마음을 굳혔을 수도 있다. 그러나 너무 앞서 가진 말라. 먼저 큐레이터가 되는데 필요한 자질 내지 특성들에 대해 간단히 살펴보고, 당신이 과연 큐레이터에 적합한지를 알아보도록 하자.

당신은 제작자인가?

길든 짧든 어떤 형태의 콘텐츠든, 당신은 혹 콘텐츠를 만들고 있는가? 당신은 혹

작가거나 시인, 화가, 작곡가, 작사자, 조각가, 저널리스트, 블로거인가? 만일 그렇다면 아주 좋다. 큐레이터들에게 꼭 필요한 자질들 가운데 하나는 갖고 있는 셈이니까. 창작에 대한 열정 말이다. 색다른 관련성이나 눈이 번쩍 뜨일 만한 연결성을 찾는데 꼭 필요한 자질이다.

큐레이션은 엄청 많은 관련 정보와 아이디어들을 가지고 뭔가 새롭고 일관성 있고 의미 있는 걸 만들어내는 기술이다. '기계 큐레이션'이니 '알고리즘 큐레이션'이니 하는 게 없는 것은 큐레이션이 본질적으로 예술적이고 인간적인 작업이기 때문이다. 그래서 당신이 만일 큐레이션을 당신 자신의 창의적인 목소리를 확대하는 일로 본다면, 제대로 본 것이다.

당신은 리더인가?

큐레이션은 방 앞에 서서 사람들에게 당신을 따르라고 말하는 기술이다. 용감하면서 카리스마가 있고 두려움이 없어야 하며, 기꺼이 위험을 무릅쓰거나 실수를 할 자세가 되어 있어야 한다. 위대한 큐레이터들은 구석구석 살피고, 특이하거나 예상치 않은 주제나 자원들을 끌어안거나 드러내며, 자신의 열정 및 믿음과 관련해 대담한 예견도 할 수 있어야 한다. 큐레이터들은 소심하게 행동하거나 너무 조심하거나 느릿느릿 움직여선 안 된다. 웹의 세계는 실시간으로 돌아가며, 그래서 큐레이터들은 자신의 팬이나 추종자들에게 확신을 심어 주어야 한다. 자신이 밤을 새서라도 반드시 뭔가 새롭고 중요한 정보를 찾아낼 것이며, 그 정보를 검증하고 큐레이트하고 맥락, 즉 보다 큰 그림에 맞게 조정해 누구보다 먼저 발표할 거라는 확신 말이다.

당신은 미디어 경계들을 넘나들며 탐구하는가?

이상적인 큐레이터는 다방면에 관심이 있어, 트위터 글들과 텀블러 포스트들, 링크드인Linkedin 페이지들, 플리커Flickr 이미지들, 슬라이드셰어Slideshare 계정들, 페이스북 페이지들, G플러스 그룹스G+ Groups 그리고 새로 생겨난 기타 여러 목소리들과 자원들에서 아이디어와 지혜를 끌어 모을 수 있어야 한다. 이 모든 툴들은 계속 변한다. 이 툴들을 담는 용기들의 모양과 아이디어들의 본질 또한 매일매일 변한다. 바인Vine과 인스타그램 비디오들은 새로운 크리에이터들 모두에게 힘을 실어주고 있다. 핀터레스트Pinterest 보드들은 이제 큐레이션 믹스의 일부이다. 그리고 유튜브, 비메오Vimeo, 메타카페Metacafe는 거대한 비디오 세계에서 빙산의 일각에 지나지 않는다.

당신의 팬과 친구들에게는 인터넷이라는 이름의 동굴 안에서 뭔가 새로운 콘텐츠를 찾아 사람 발길이 닿지 않은 어두운 구석구석까지 탐사할 시간도 툴도 없다. 따라서 만일 당신을 자신들의 큐레이터로 선정했다면, 그들은 자신들 대신 탐험해 달라고 당신한테 모든 걸 맡긴 셈이다. 그러니까 당신은 늘 허기진 사람처럼 어디에 있든 뭔가 새로운 것을 찾아 계속 탐험해야 한다는 뜻이다.

당신은 목록을 짜는 사람인가?

큐레이터들은 단순한 사냥꾼이나 채집꾼이 아니다. 그들은 조직가이다. 그들은 논리정연하고 일관성 있는 틀을 만든 뒤 그 틀 안에서 큐레이트된 결과물들을 제시함으로써, 혼돈에 질서를 부여한다. 당신이 어떤 큰 스포츠 행사나 뉴스 속보, 복잡한 의학 또는 사회 문제와 관련해 기사화할 가능성이 있는 정보를 수천 가지 찾아냈다고 하자. 그럴 때 그것들을 잘 다듬어 소화 가능하고 일관성 있는 기사로 만드는 건 아주 힘든 작업이다.

몇 페이지 안 되는 〈뉴욕타임스〉나 30분밖에 안 되는 〈이브닝뉴스〉 같은 옛날 방식의 언론 매체들은 여러 가지 면에서 물리적 한계가 있어, 기사들을 과감하게 잘라내거나 편집해야 하는 게 필수이며, 그런 한계 때문에 옛날식 미디어 세계에서는 엄격한 편집의 손길이 필요하다. 그러나 새로운 디지털 세계의 경우 "독자들한테 그걸 한 번에 다 보여 주면 어때?" 하는 얘기가 나오기 쉬운데, 그건 사실 디지털 정보 나부랭이나 긁어모으는 채집가의 궁색한 변명에 지나지 않는다. 제대로 된 큐레이터라면 많은 정보들을 편집도 하고 잘 정리해 충실하면서도 집약된 정보로 바꿔야 한다.

당신 집 아니면 내 집?

내 기준에선 옛날이라고 해봐야 5년 전이지만, 어쨌든 옛날에는 웹 콘텐츠 제작자들의 할 일이란 많은 사람을 자신의 홈페이지로 끌어들이는 게 다였다. 많은 사람들이 방문해 주어야 수익 창출이 되고, 재방문하는 사람이 많아져야 홈페이지가 성장할 수 있었기 때문이다. 그러나 이제 그런 시대는 갔다. 이제 방문객들은 각자 나름대로의 소비 패턴에 정착했으며, 그래서 유능한 큐레이터라면 "당신 집 아니면 내 집?"이라는 질문에 대해 공감할 수 있는 답을 내놓을 수 있어야 한다.

큐레이션 작업을 마친 당신의 콘텐츠는 당장이라도 페이스북에서 볼 수 있고 또 공유될 수 있을까? 그렇게 되어야 한다. 방문객들은 언제든 당신의 콘텐츠를 트윗하거나 포스팅하거나 링크를 걸거나 메일 전송하거나 공유할 수 있는가? 좋다. 만일 방문객들이 당신의 벽 안으로, 그러니까 당신의 웹사이트 안으로 들어와 당신의 콘텐츠를 탐구하고 싶어 한다면 어떨까? 그들은 당연히 그렇게 할 수 있어야 한다. 콘텐츠 큐레이터들은 콘텐츠를 배분하고 발표하는 사람들이다. 그들은 콘텐츠를 끌어 모아 모든 정보가 쉽게 공유되는 세상을 향해 자신의 목소리를 내보내며, 독자들이 자신이 만든 콘텐츠를 어떤 식으로든 소비하고 공유할 때 행복해 한다.

당신은 목소리를 갖고 있는가?

좋다. 사실 이 질문은 답하기 곤란한 질문이다. 당신이 만일 미술이나 육아 분야의 큐레이터거나 암 생존자 모임의 큐레이터라면 어떻겠는가? 큐레이터들에게 비디오 게임이나 모험 스포츠와 관련된 기사에서 대담하고 용기 있는 목소리를 내라고 요구하긴 쉽지만 당신의 목소리, 즉 영향력은 독자들의 기대와 당신 자신의 개인 브랜드 모두에 맞아야 한다. 당신은 분명하면서도 기억될 만한 목소리를 가져야 한다. 당신은 이런저런 잡동사니와 소음을 헤쳐 나가 독자들에게 믿을 만한 뭔가를 주어야 한다. 그렇다고 해서 당신이 큐레이트한 콘텐츠에 대해 블로깅을 하거나 평을 해야 한다는 건 아니다. 어쩌면 그건 기사 제목일 수도 있고, 당신의 트위터 목소리일 수도 있다. 그러나 당신의 팬이나 추종자들이 당신은 그저 이런저런 링크들이나 거는 사람이라고 생각한다면, 그들에게 목소리가 가 닿는 누군가가 그들의 마음마저 가져가버릴 수도 있다. 당신은 독자들을 잃게 되는 셈이다.

여기서 한 가지 분명히 짚고 넘어갈 게 있다. 목소리, 즉 영향력을 갖는다는 건 어떤 사람들은 당신의 목소리를 좋아하지 않을 수도 있다는 의미이다. 그러니까 뭔가를 갖기 위해 치러야 하는 일종의 대가 같은 것으로, 일부 독자들은 당신과 뜻이 다를 수도 있다는 사실이다. 그러나 당신이 만일 당신 특유의 목소리를 갖고 있지 않다면, 장기적인 전략을 가진 큐레이터는 못된다. 정보가 홍수처럼 넘쳐나는 세상에서 큐레이터는 명확하고 집중력 있는 비전과 목소리를 갖는 게 필수이다. 지금 당장 목소리를 갖고 있어야 하는 건 아니지만, 머잖아 나타날 목소리를 가지고 위험을 무릅쓰며 앞길을 헤쳐나간다고 생각해 보라. 얼마나 짜릿한가!

무언가를 찾아내고 걸러낼 자신이 있는가?

큐레이터들은 늘 뭔가를 찾는다. 탐색하고 찾고 가차 없이 버린다. 큐레이터는 많은 소음 속에서 의미 있는 신호를 찾아내야 하고, 끝없는 소음들에 자신을 노출할 수 있어야 하며, 또 소소한 것들에 얽매이지 않고 과감하고 신속한 판단을 내릴 수 있어야 한다.

당신이 만일 뉴욕 현대미술관의 큐레이터가 된다고 상상해 보라. 당신은 우선 미술사 박사 학위를 가진 미술 분야 전문가라야 하며, 당신이 큐레이트하게 될 많은 작품들에 대해 해박하고 깊은 지식이 있어야 하고, 많은 비평가와 화가와 역사학자들에게 인정받고 있어야 하며, 또 그들과 친분도 있어야 한다. 그러나 디지털 콘텐츠 큐레이터의 경우는 그런 식으로 스스로 자신의 시야를 좁힐 필요가 없다.

'큐레이션'의 이미지는 종종 불 끄는데 사용되는 소방 호스의 이미지로 나타내지는데, 이는 아주 적절한 비유이다. 디지털 큐레이터들은 빠른 속도로 변화하며 가공되지도 않고 걸러지지도 않은 정보의 홍수 속에 서 있다. 일부 정보는 주류 언론 매체로부터 나왔거나 믿을 만한 정보 소스로부터 나온 것이지만, 상당수의 정보는 소스가 불명확하거나 익명의 트윗 글 또는 포스트에서 나온 것이다. 대체 어떤 게 정확하고 어떤 게 정확하지 않은가? 큐레이터는 믿을 만한 정보들과 비주류 목소리나 관점들 사이에서 균형을 잘 잡아야 한다. 드물게 나오는 기사형 콘텐츠는 아주 도발적이거나 자극적인 경우가 많지만 그만큼 또 아주 위험하다. 이 모든 것들 사이에서 균형을 잘 잡는 것이 큐레이터가 발전시켜 나가야 할 핵심 기술이다.

독자들은 어떤가? 그들에게도 발언권이 있는가?

만일 큐레이터가 강력한 목소리와 관점을 갖고 있다면, 독자들의 참여 문제는 어떻게 다뤄야 할까? 이 질문은 오늘날의 큐레이터들이 풀어야 할 또 다른 흥미로운 수수께끼이다. 독자들은 참여를 원한다. 자신들의 목소리가 반영되길 원한다. 강력한 큐레이터는 리더이면서 동시에 귀 기울이는 사람이다. 큐레이터는 사람들의 참여를 독려하며 또한 그들을 향해 콘텐츠를 제공하고 편집 방향 설정에 도움을 주고 가끔은 허황되기도 한 각종 토론에 동참해줄 것을 권한다. 이처럼 큐레이터들은 자신의 독자들까지 큐레이트하기 때문에, 큐레이션의 본질은 단순한 콘텐츠 차원을 뛰어넘는다. 그리고 뚜렷한 관점과 현실적인 통찰력을 가진 독자들은 더없이 소중한 보물로, 잘 끌어안고 힘을 실어주어야 한다. 아무 절제 없이 아무 말이나 다 해 커뮤니티를 불편하게 만들거나 반감을 사게 만드는 사람들은 한옆으로 소외시키거나 아예 추방해야 한다. 어중이떠중이 모든 사람을 다 참여시킨다는 건 대단한 균형 감각이 필요한 일이니, 명확한 가이드라인과 커뮤니티 규범들을 만들도록 하라. 그러나 콘텐츠와 커뮤니티를 동시에 끌고 갈 상황이 못된다면, 그냥 중력 중심이 바뀌는 순간을 기다리도록 하라.

당신은 섞을 줄 아는가?

혹 술집에서 시중을 들어봤거나 디제이 일을 해봤거나 미술관에서 사진 전시 같은 걸 해본 적이 있는가? 그렇다면 아주 잘된 일이다. 큐레이터는 본질적으로 칵테일을 만드는 사람이니까. 또한 큐레이터는 유행을 만드는 사람으로, 다른 사람들에게 유용한 것들을 끌어 모아 자기 나름의 독특한 비전과 목소리가 담긴 정보들을 만들어내는 일을 전문으로 한다. 섞는 일이 필수인 것이다. 유머도 좀 섞어 넣는다면 더 매혹적일 것이고, 그렇다고 또 너무 요란스런 코미디를 한다면, 큐레이터에게 필요한 균형 감각을 잃는 게 될 수도 있다. 어떻게 섞어야 하는지 그 방법을 알려주는 안내서 같은 건 없다. 알아서 해야 한다. 다만 섞는다는 게 단순히 몇 안 되는 관련 정보를 죽 늘어놓는다는 건 아니라는 걸 알아야 한다. 당신이 아주 근사한 칵테일 바나 열정적인 디제이가 있는 댄스 클럽을 가본 적이 있다면, 어떻게 섞느냐에 따라 천지 차이라는 걸 잘 알 것이다.

워낙 많은 콘텐츠가 넘실대는 세상이다 보니, 뭔가 아주 자극적인 콘텐츠를 만들면 더 큰 영향력을 행사할 수 있지 않을까 하는 생각을 하기 쉽다. 그러나 사람들에게 뭔가를 가르치든 재미를 주든 어떤 문제를 널리 알리는 일을 하든, 콘텐츠 큐레이션은 당신에게 도움이 되는 쪽으로 해야 한다. 왜? 당신이 유용한 필터 역할을 해줄 경우, 당신은 단순한 콘텐츠 소스가 아니라 최종 목적지가 된다. 스스로 소중한 콘텐츠 자원이 되어 독자들에게 도움을 줄 경우, 당신은 황야에서 외치는 외로운 목소리 그 이상의 목소리를 갖게 된다. 다양한 자원들을 끌어 모아 큐레이트함으로써, 당신은 계속 타오르는 불길의 주인, 독특하면서도 가치 있는 자원들의 주인이 되는 셈이다.

세상은 지금 온갖 소음의 바다로 변해, 각종 트렌드들을 알아보고 그걸 의미 있는 목소리에 담아내는 큐레이터의 역할은 점점 더 중요해지고 있다. 단순한 '사실들'을 전달하는 일에서 일정한 패턴들을 찾아내는 일로의 변화가 점점 더 많아지고 또 더 중요해지고 있다.

대화에 기여하기보다 대화의 틀을 만들어냄으로써 큐레이터는 독특하면서도 가치 있는 자원, 그리고 맥락, 즉 보다 큰 그림을 제공한다. 전문가들은 이를 '사고 리더십thought leadership'이라 부르는데, 정말 값어치 있는 것이다. 의심할 여지도 없는 사실이지만, 독자들은 명료성에 목말라 있다. 앞서도 말했지만, 독자들은 더 많은 콘텐츠를 원하는 게 아니라 더 적은 콘텐츠를 원한다. 그들은 아주 집중적이면서 유용한 콘텐츠들을 원하게 된다.

큐레이션을 통해 당신은 소음 속의 한 목소리에서 당신의 독자들을 이끄는 리더로 탈바꿈한다. 그리고 큐레이션을 통해 당신은 대화의 초점을 세우고 대화의 톤을 조정하게 된다. 확고한 관점은 성공한 큐레이터에게 꼭 필요한 요소이다.

　큐레이터인 당신은 중요한 것과 중요하지 않은 것을 최종 결정함으로써 최고 결정권자가 되고 권력의 중심이 되는 셈이다. 당신의 독자들은 콘텐츠를 소비할 시간이 엄청 많은 사람들이다. 그러니 결국 뛰어난 필터로서의 당신 역할이 독자 충성도를 이끌어내게 만든다.

07

편집 기능

인쇄 매체 분야 종사자라면 '큐레이터'를 '편집자'의 최신 버전 정도로 생각하려는 유혹을 느낄 수 있다. 그러나 그건 옳지 않다. 그럼 '편집 기능'이 무엇인지, 그리고 그게 어떻게 큐레이터의 역할을 설명하는 말이 됐는지를 좀 더 살펴보도록 하자.

큐레이터에 대한 블로그 포스트나 기사가 나올 때마다 피곤하다는 듯 한숨을 쉬

며 이런 말로 자기 의견을 밝히는 사람들이 있다. "큐레이터라는 게 결국 편집자를 뜻하는 또 다른 그럴싸한 말 아니에요?"

그럼 이제 바로 이 문제를 짚어보도록 하자.

큐레이터는 편집자가 아니다. 그 이유는 이렇다.

편집자는 그 종류도 극도 다양하다.

원고 검토 편집자acquisitions editor, 기사 편집자articles editor, 과제 편집자assignment editor, 보조 편집자assistant editor, 객원 편집자contributing editor, 부서/특집 편집자department/features editor, 편집 주간executive editor, 편집국장managing editor, 편집장editor-in-chief 등이 그 예이다.

편집자의 이 모든 직책들 중 어떤 것도 큐레이터는 아니다.

편집자들은 전문적인 작가가 전문적인 매체에 발표하려 하는 콘텐츠를 다듬고 개선하는데 필요한 기술을 제공한다.

'편집자'란 말은 여러 관련 분야에 쓰이고 있는데, 그 전부가 콘텐츠와 관련된 것들이다.

우리는 픽션이든 논픽션이든 책 속에서는 물론 잡지와 신문, 영화, 비디오 등에서 편집자라는 말을 보게 된다. 편집자는 콘텐츠에 손을 대 보기 쉽게 만들고 다듬으며, 그런 작업을 통해 저자의 작품을 보다 명료한 스토리를 가진 작품으로 만든다. 그 과정에서 편집자는 주어진 콘텐츠를 과감히 잘라내 독자들이 보다 쉽게 볼 수 있게 해주기도 한다. 그리고 대부분의 경우, 편집자들은 주어진 콘텐츠를 허용된 공간과 시간에 맞춰야 한다.

글로 된 기사들은 허용된 단어 수에 맞춰야 하고, 필름들은 허용된 시간에 맞춰야 한다. 그러나 편집자들이 콘텐츠 편집에 쏟는 시간은 몇 시간에서 몇 달까지 천차만별이다. 필름과 책 편집자들의 경우 대개 장시간 일을 해야 하지만, 신문 편집자들의 경우 기사를 내기까지 주어진 시간이 별로 없다. 웹 편집자들은 거의 늘 초를 다툴 정도로 신속히 움직여야 한다.

또한 편집자의 정의는 분야에 따라 또 달라진다. 저널리즘 분야에서는 편집자의 역할이 아주 다양해, 편집장은 콘텐츠 제작 전반에 걸쳐 편집 목소리를 관리 감독하는 일을 한다. 편집국장은 편집장 아래에서 자사 소속이든 프리랜서든 작가들이 콘텐츠를 만드는 걸 관리한다. 교열 편집자copy editor는 주로 내용의 사실 관계를 확인하고 문법적으로도 이상 없는 기사들을 만드는 일을 한다.

출판 분야에서는 '편집자'라는 직함을 가진 사람들이 전혀 다른 역할을 맡는다. 원고 검토 편집자는 인재, 즉 저자를 찾는 일을 하며 출판 방향에 맞는 원고들도 찾는다. 일부 출판사들에서는 원고 검토 편집자가 계약부터 출판 단계에서 저자의 저작권을 인정하지만, 저자에게 원고비를 주고 저작권은 배제하는 경우도 많다. 개발 편집자development editor는 저술 작업에 직접 개입해, 저자의 원고 작성 과정을 관리한다. 그리고 교열 편집자는 이미 완성된 원고에 손을 대, 사실 관계를 확인하고 문법적으로 잘못된 걸 바로잡으며, 출판사의 특정 스타일 지침에 맞추기도 한다.

이렇듯 편집자들은 직접 콘텐츠에 손을 대지만, 큐레이터들은 대개 콘텐츠 제작 작업과 어느 정도 거리를 두고 작업을 한다. 그리고 편집자들은 대개 보이지 않는 무대 뒤에서 움직이지만, 큐레이터들은 큐레이션을 통해 콘텐츠에 자신의 목소리와 관점을 집어넣어 영향을 주고 또 특정한 맥락을 부여한다.

그리고 편집자들은 저자들이 갖고 있지 않은 지식과 기술들을 콘텐츠에 가미하기도 하지만, 큐레이터들은 콘텐츠 제작과는 거리를 둔다. 큐레이터들은 완성된 콘텐츠를 이용해 새로운 콘텐츠를 만들어내고 제목이나 섬네일thumbnail(그래픽 파일의 이미지를 소형화한 것—역자 주)에 제한적인 수정 작업을 하기도 하지만, 콘텐츠 내의 편집 작업을 하지는 않는다. 편집자들은 그렇지 않지만, 큐레이터들은 어느 면에서는 '크리에이터', 즉 창작자이기도 한 것이다.

큐레이터가 하는 일은 콘텐츠를 끌어 모으는 일에 논리와 의미를 부여하고, 편집 작업을 통해 일정한 맥락과 의미를 제공하는 셈이다. 또한 큐레이터들은 자신의 독자들에게 책임을 지지만, 편집자들은 독자와 저자 모두에게 책임을 져야 하는 경우가 많다.

"편집자는 중재자이다. 저자와 독자 사이에 서서 양측이 서로를 이해할 수 있게 도와야 하는 것이다." 저자들을 돕는 라이터스 헬퍼Writers Helper라는 블로그에 나오는 말이다.

큐레이터들은 여러 면에서 크리에이터들이다.

적어도 뛰어난 큐레이터들은 그렇다. 나이트클럽에서 일하는 디제이들을 생각해 보라. 그들은 모두 노래라는 똑같은 소재를 가지고 시작한다. 어떤 디제이들은 노래를 가지고 리믹스 곡도 만들고 매시업mashup(두 가지 이상의 노래를 합쳐 만든 노래—역자 주)도 만든다. 모든 사람이 새롭다는 데 동의할 정도로 새로운 노래를 만들어내기도 한다. 아티스트 '걸 토크Girl Talk'가 그런 디제이라 할 수 있다.

큐레이터들은 다양한 관점과 때론 이질적인 관점에서 자료들을 찾아냄으로써 완전히 새로운 편집 경험들을 만들어낸다.

또한 큐레이터들은 나름대로의 편집 목표와 관점 그리고 자기 자신의 편집 목소리를 갖는다. 그리고 때론 저자도 되고 수집가도 된다. 큐레이터들은 또 때론 나름대로의 관점을 가지고 자료들을 정리하고 통합해 보다 큰 스토리를 만들어낸다.

결국 편집자가 하는 일이 다른 사람들이 쓴 기사나 글을 다듬고 개선하는 것이라면, 큐레이터는 자기 스스로 저자이기도 하다.

편집자가 어떤 주제를 다듬고 큐레이터는 어떤 주제를 나름대로 규정하는 사람이라 하자. 그런데 그게 지금 왜 중요할까?

우리가 지금 기사의 홍수 속에 살고 있기 때문이다. 키보드와 카메라 그리고 휴대폰을 가진 모든 사람이 '기사'를 만들고 있으며, 그중 일부는 종종 보다 큰 스토리로 부각된다. 큐레이터들은 엄청난 데이터를 쏟아내는 소방 호스로부터 의미 있는 콘텐츠를 걸러낼 수 있는 사람들로, 독자들에게 나름대로의 맥락과 보다 풍요로운 편집 경험을 모두 선사한다.

편집자들은 여전히 중요하지만 그들의 역할은 변하지 않았다는 게 내 결론이다. 그러나 큐레이터는 뭔가 새롭고도 중요한 직업이다. 혼란스런 정보의 홍수 속에서 의미 있는 콘텐츠를 찾아내는 전혀 새롭고 꼭 필요한 직업 말이다.

유리 밀너는 자신의 회사를 통해 페이스북과 그루폰Groupon, 징가Zynga 등에 투자를 하고 있는 러시아 출신의 인터넷 투자자인데, 그는 지금 자신이 새로운 투자처로 생각하는 분야가 바로 큐레이션 분야라며 이렇게 말한다. "콘텐츠가 계속 증가하고 있고 18개월에서 24개월마다 정보가 배로 늘어나는 상황에서, 내가 생각하는 다음 큰 투자처는 큐레이션 분야입니다."

밀너는 그간 투자를 아주 잘해왔다. 따라서 그가 편집자들에게 투자를 한다면 모를까, 그게 아니라면 큐레이션 분야가 안전한 투자처라고 말해주고 싶다.

08 법적/윤리적인 문제들

좋다, 얼핏 보기에 콘텐츠 큐레이션이란 일은 좀 이상하게 느껴진다. 그러니 많은 사람들이 "내가 정말 그 일을 할 수 있나요?"라는 질문을 하는 것도 충분히 이해할 만하다. 있을 수 있는 질문이다. 과연 당신이 다른 사람들의 콘텐츠를 가지고 큐레이션이라는 걸 할 수 있을까? 법은 늘 사회적 트렌드나 업계의 트렌드를 제대로 따라가지 못한다는 걸 상기할 필요가 있다. 그래서 법률 조문들이 있고 또 업계의 표준으로 떠오르는 최선의 관행들이 있는 것이다.

저작권, 공정 이용 그리고 윤리

이 문제를 다루기에 앞서, 우리는 먼저 다음과 같은 사실을 제대로 이해할 필요가 있다. 규모가 작은 온라인 사이트나 창업 기업 또는 커뮤니티 사이트는 기존 관행들에서 벗어나는 걸 더 선호할 것이고, 막대한 콘텐츠 자산을 보유하고 있는 큰 기업이나 미디어 기업 또는 잠재적 소송 당사자를 '돈줄'로 보는 기업은 계속 기존 관행들에 머물려 있게 된다. 어느 쪽에 더 만족하느냐 하는 건 순전히 각자가 결정해야 할 사항이다.

큐레이션은 다리 세 개가 떠받치는 삼각의자와 같아, 콘텐츠 제작자와 큐레이터와 소비자가 전부 관심 및 가치가 어떻게 분배되어야 하는가 하는 문제에 대해 발언권을 갖고 있다.

제작자

콘텐츠를 만드는 사람이다. 이 제작자가 만일 규모가 큰 기업에서 일한다면, 경제적인 목적 하에 콘텐츠를 만든다. 그런 경우 제작자는 자기 회사를 널리 알릴 콘텐츠를 찾게 되며, 광고 성격이 강한 콘텐츠를 제공하기도 한다. 콘텐츠 제작자가 규모가 작은 기업에서 일한다면, 대개 수익 창출을 위한 콘텐츠보다는 브랜드 가치를 높여줄 콘텐츠를 만들려 한다. 어떤 경우든, 아마 콘텐츠 제작자는 공정하게만 다뤄진다면 자신의 콘텐츠가 큐레이터인 당신의 큐레이션 작업에 쓰이길 바랄 수 있다.

큐레이터

바로 당신이다. 당신은 최고 중에 최고인 콘텐츠를 찾아 당신의 독자들에게 제공하며, 특정 포스트의 조회수를 높이거나 링크 트래픽(서버에 전송되는 데이터의 양—역자 주)을 늘리거나 가치를 높이는데 도움을 준다. 그리고 물론 당신의 독자들이 당신이 큐레이트한 콘텐츠에서 가치를 찾기 바라며, 그걸 통해 당신 자신의 브랜드 가치를 높이기 바란다.

소비자

최고 중에 최고인 콘텐츠를 찾아 정리하고 공유하기 위해 당신을 찾는 사람들이다. 그들은 당신이 큐레이트한 콘텐츠를 원하기 때문에 당신을 찾는다. 따라서 당신이 만드는 콘텐츠가 자신에게 더 잘 맞는다면, 그들은 그 콘텐츠를 보러 몰려오게 된다. 그들 스스로 선택을 하는 것이다.

자, 이제 많은 사람들을 끌어들일 가장 좋은 큐레이션 관행 7가지를 소개하고자 한다.

1. 발췌. 도용하진 말라.

콘텐츠를 당신 것으로 만드는 게 중요하다. 그러니 어떤 포스트나 기사의 일부를 취하라. 절대 통째로 잘라서 옮기진 마라. 그건 도용이다. 그러나 몇 가지 예외는 있다. 먼저 트윗 글. 길어 봐야 140자밖에 안 되지만, 그래도 대개 의미는 어느 정도 통한다. 그리고 비디오의 경우 제작자에게 허락을 받아 전체를 쓴다면 괜찮다.

2. 출처

콘텐츠 제작자를 밝히는 건 옳은 일이며 의당 그렇게 해야 한다. 누군가 당신의 콘텐츠를 가지고 큐레이트한다면, 당신 역시 그 사람이 출처를 밝혀주길 바랄 것이다.

3. 맥락

큐레이트된 자료에 전후관계를 밝히는데 도움이 될 맥락, 즉 보다 큰 그림을 부여하는 건 중요하며 편집 과정에서 꼭 해야 할 일이다. 그러나 단순히 다른 사람들의 콘텐츠에서 끌어온 관련 자료들을 제공한다 해서 맥락이 부여되는 건 아니다. 이걸 잊지 말라. 당신의 독자들이 당신을 찾는 건 당신 나름대로의 독특한 관점 때문이며, 당신의 콘텐츠가 그들에게 가치가 있는 건 당신이 적절하면서도 관련 있는 자료나 논평을 제공할 때뿐이다.

4. 출처에 링크 연결

그렇게 하는 게 올바른 처신이며, 방문객들은 원상태 그대로의 콘텐츠를 보고 싶어 할 것이기 때문이다. 어떻게 링크를 걸 것인가 하는 건 당신이 결정할 사항이지만, 어떤 형태로든 출처에 링크를 걸어주어야 한다.

5. 이미지

이미지를 쓸 경우 저작권 내용을 확인하라. 그리고 가능하다면 플리커, 빙Bing, 구글 이미지 등에서 고급 검색advanced search 기능을 이용해 CC 마크Creative Commons mark(일정한 기준 하에서는 창작물을 마음대로 활용해도 좋다는 저작물 이용 허락 표시-역자 주)가 붙어 있는 이미지를 사용하도록 하라. 그렇지 않다면 조그만 섬네일 이미지를 사용하고, 링크를 걸어 보다 크고 선명한 원래의 이미지를 볼 수 있게 해도 좋다. 그러나 저작권이 있는 이미지를 풀 사이즈로 사용했다가는 큰 곤욕을 치를 수 있다.

6. 원칙을 따르지 않는 건 금물

이상과 같은 원칙들을 따르지 않고 남의 콘텐츠를 쓰는 건 도용이다. 올바른 행동이 아니니, 절대 그런 일은 하지 말라.

7. 발췌는 발췌

발췌는 비교적 간단해야 한다. 즉, 당신이 재포스팅하려는 기사의 분량이 6페이지라면, 발췌문은 한두 단락 정도에 그쳐야 한다. 당신은 지금 다른 사람의 기사를 요약해 요점을 말하려는 것이지 통째로 훔치려는 게 아니다.

공정 이용 문제는 어떤가?

'공정 이용Fair Use'(저작권 침해가 되지 않는 기준과 범위 내의 콘텐츠 이용-역자 주) 문제는 한마디로 뭐라 정의하기가 힘든 문제들 중 하나이다. 일부 콘텐츠 제작사들의 경우 공정 이용의 정의는 명확하다. 그리고 또 긴급 속보에 해당하는 기사의 경우 그 정의가 다소 명확하지만, 다른 기사들의 경우 그렇지 않다.

내 친구이자 동료 큐레이터인 쿠라타의 최고경영자 파완 데스판데는 공정 이용에 대해 이렇게 말하고 있다.

다른 사람이 만든 콘텐츠의 공정 이용과 큐레이션 문제가 중요한 이슈로 부상되고 있다. 콘텐츠 제작자와 큐레이터의 이해관계가 서로 겹치는 데가 많아, 콘텐츠의 공정 이용과 큐레이션 문제가 제대로 다뤄지지 않을 경우 여러 가지 문제가 발생하기 때문이다. 콘텐츠 제작자와 큐레이터는 모두 같은 파이의 한 조각, 즉 사이트 트래픽과 방문객 수 증가 및 유지를 원한다. 따라서 큐레이션에 문제가 있을 경우, 큐레이터만 이득을 보고 콘텐츠 제작자는 아무 이득도 보지 못하게 된다. 그러나 양측이 공생하는 쪽으로 큐레이션이 제대로 될 경우, 그야말로 윈윈 게임이 되어 콘텐츠 제작자와 큐레이터는 물론 궁극적으로 독자들까지 이득을 보게 된다.

법률적인 관점에서 본 공정 이용과 고려해야 할 4가지 고려 사항은 다음과 같다.

법률 107항에는 특정 작품의 복제가 공정하다고 볼 수 있는 다양한 목적들이 열거되어 있는데 비평, 논평, 뉴스 보도, 교육, 학문, 연구 목적 등이 바로 그것이다. 107항에는 어떤 사용이 공정하고 어떤 사용이 공정하지 않은지를 결정짓는 4가지 요소도 나와 있다.

1. 작품 사용의 목적과 특성, 그리고 그 사용이 상업적인 성격을 갖고 있는지 아니면 교육적인 비영리 목적을 위한 것인지
2. 저작권이 있는 작품의 특성
3. 저작권이 있는 작품과 관련해 전체 분량에서 사용된 양과 정도
4. 저작권이 있는 작품의 사용이 잠재적 시장 또는 그 작품의 가치에 미칠 영향

공정하게 사용된 경우와 저작권법에 위배되는 사용의 경우는 늘 그 구분이 명확하거나 쉽게 판단할 수 있는 건 아니다. 또한 구체적으로 몇 단어, 몇 행, 몇 단락까지 승낙 없이 사용할 수 있는지도 명확치 않다. 그리고 저작권이 있는 자료의 출처를 밝히는 것과 사용 승낙을 받는 것은 엄연히 다르다.

결국 간단히 요약하자면, 저작권이 있는 작품을 공유함으로써 원저자에게 피해를 주어서는 안 되며, 작품의 너무 많은 부분을 공유해도 안 되고, 단순히 출처를 밝히는 것만으로는 충분치 않다는 점이다.

파완 데스판데의 관점은 간단명료하다. 물론 큐레이터의 관점은 입장에 따라 이와 다를 수도 있다. 예를 들어 규모가 큰 콘텐츠 제작사의 경우, 공정 이용에 대한 생각이 보다 보수적일 수 있으며, 다른 사람

들이 저작권이 있는 자신들의 콘텐츠를 좀 더 자유롭게 사용하는 것에 대해 반대할 수도 있다. 규모가 큰 기업들은 자신들의 콘텐츠를 큰 돈 줄로 생각하는 경우가 많으며, 그래서 소송을 좋아하는 개인들의 표적이 되기도 한다. 여기서 위험한 것은 기업들이 큐레이터나 저자들에게 그저 모든 건 허가를 받고 써야 한다고 말함으로써, 합법적이며 공정한 콘텐츠 사용에 자꾸 제동을 거는 것이다.

이 문제를 다룬 가장 권위 있는 책은 아마 패트리샤 아우프데르하이데와 피터 야스지의 공저인『공정 이용 되찾기: 저작권 문제에 균형을 취할 방법』일 것이다.

아우프데르하이데는 저작권 공정 이용 문제에 관한 한 가장 영향력 있는 전문가이자 열정적인 지지자 중 한 사람으로 인정받고 있다. 그녀는 지금 아메리카대학교 내 커뮤니케이션 대학 소셜 미디어센터에서 '공정 이용과 언론 자유' 연구 프로젝트를 이끌고 있다. 또한 풀브라이트 장학금과 존 사이먼 구겐하임 장학금을 받고 있으며, 선댄스 영화제에서 심사위원을 맡고 있기도 하다.

아우프데르하이데는 큐레이터들은 콘텐츠 생태계의 신천지나 다름없는 큐레이션 분야에서 활동할 자격이 충분하다며 이렇게 말한다. "나는 큐레이터들이 편집자들이나 박물관 또는 미술관 큐레이터들과 마찬가지로 창의적인 사람들 대열에 서 있다고 생각한다. 그들은 제작 세계를 잘 알고 있으며 표준들을 시행하고 많은 지식과 뛰어난 판단력으로 뭔가 의미 있는 새로운 맥락 속에서 나름대로의 작품을 보여준다."

그녀의 책에는 다음과 같이 공정 이용을 강력 지지하는 목소리가 담겨 있다. "나는 모든 문화는 늘 리믹스 문화였다고 생각한다. 창작자들의 작품이 완전히 독창적이라고 생각하는 건 착각, 그렇다 그저 착각이다. 그리고 나는 큐레이터들 또한 여기저기서 좋은 자료들을 수집해 새로운 콘텐츠들을 만들어낸다고 믿는다. 지금은 인류 역사상 가장 생산적이고 참여적인 문화 표현의 시대이다."

아우프데르하이데의 말을 좀 더 들어보자. "큐레이션 작업으로 인한 수익 창출의 조짐이 보이는 건 고무적인 일이다. 앞으로는 보다 높은 수준의 노력을 기울인 작품들이 보다 높은 수익을 창출하게 될 수도 있다. 나는 지금 이 분야에 대한 규제 필요성을 얘기하는 게 아니다. 그보다는 현재 큐레이션에 대한 인식이 너무 낮은데, 그 인식이 개선되고 큐레이션의 가치를 제대로 평가하는 방법들이 등장할 경우, 수익 창출이 큐레이션에 대한 유용한 촉진제가 될 거란 얘기를 하고 싶다."

그렇다면 공유하고 리믹싱하고 기존 미디어에서 새로운 작품을 만들어내는 게 왜 중요한 것일까? 아우프데르하이데는 이렇게 설명한다. "새로운 시장은 그 속에 공유 가능성을 담고 있다. 동시에 지금은 기존 미디어 기업, 특히 물리적인 타워와 안테나와 인쇄 기계 등을 보유한 미디어 기업들에게 아주 괴로운 시대이다." 그러나 아우프데르하이데에 따르면, 기존 사업 모델들이 많은 어려움을 겪고 있긴 하지만, 우리는 지금 아주 흥분되면서도 중요한 기로에 서 있다.

아우프데르하이데는 끝으로 이런 말을 덧붙인다. "공유 가능성을 제한한다는 건 이 새로운 시장에 뛰어드는 걸 가로막는 것이나 다름없다. 확장성 높은 큐레이션 분야의 수익 창출이 더 활발해지면, 점점 더 많은 사람들이 저작권법 하에서 자신들의 권리가 제약받고 있다는 사실에 관심을 갖게 될 것이고, 동시에 자신의 작품을 만들기 위해 공정 이용에 대한 권리를 필요로 하게 될 가능성이 많아진다. 그렇게 되면 창작자들은 저작권 균형의 양쪽 측면을 다 알 필요가 있다. 우리 대부분이 그 양쪽 측면을 다 원하고 필요로 하기 때문이다."

다음 웹 주소를 찾아가면, TEDx Poynter Institute에서 행한 아우프데르하이데의 비디오 프레젠테이션을 통해 좀 더 자세한 얘기를 들을 수 있다. http://bit.ly/FairUseTEDx.

이 책이 공정 이용에 대한 책은 아니지만(그 내용의 책을 읽고 싶으면 패트리샤 아우프데르하이데의 책을 볼 것), 아우프데르하이데와 미디어 및 소셜 영향 센터가 공유하고 있는 기본 원칙들이 있으며, 그 원칙들이 저작권이 왜 절대적인 것이 아닌지를 설명해준다.

1. 공정 이용이란 무엇인가?

저작권법 공정 이용 조항은 다른 사람들이 보유한 저작권 있는 자료들까지 자신의 작품에 통합시키길 원하는 콘텐츠 제작자들의 권리를 보호한다.

'공정 이용'이란 어떤 면에서는 논문을 쓸 때 다른 자료들을 인용하는 것과 비슷하다. 인용. 그게 바로 공정 이용의 핵심인 것이다. 일반적으로 공정 이용이란 다른 누군가의 작품을 이용해 새로운 관점이나 아이디어를 만드는 걸 뜻한다.

2. 공정 이용이 왜 중요한가?

저작권법의 공정 이용 항목에 따르면, 설사 내가 어떤 작품을 만들고 그 작품이 저작권 보호를 받는다 해도, 다른 사람들이 언제 어떻게 그 작품을 이용하는가 하는 문제를 완전히 내 마음대로 할 수 있는 건 아니다. 그러니까 사람들이 내 승낙을 받지 않고도 그 작품을 이용할 수 있는 때도 있는 것이다.

3. 왜 저작권법은 공정 이용을 허용하는가?

미국 수정 헌법 1조에 나오는 언론의 자유 때문이다. 말하자면 검열을 방지하는 안전밸브 같은 것이다.

공정 이용은 기존 문화를 비판하거나 환영받지 못할 관점을 가질 수 있는 창작자의 권리를 보호해준다. 또한 우리 모두 다른 사람들의 도움에 힘입어 살아간다는 걸, 그러니까 우리 모두 다른 사람들이 만든 작품에서 영감을 얻기도 하고 또 그 작품의 도움으로 다른 작품을 만들기도 한다는 걸 인정해준다.

또한 저작권법은 사람들이 늘 염두에 두어야 하는 4가지 '요소들'도 분명히 밝히고 있는데, 그 요소들은 그 중요성 면에서 같은 비중을 차지할 필요는 없다. 그 4가지 요소는 새로운 작품의 본질, 원작품의 본질, 가져다 쓴 콘텐츠의 양, 그리고 그게 시장에 미치는 영향이다.

09

큐레이션이
SEO에 미치는 영향

SEO(Search Engine Optimization의 줄임말로 '검색엔진 최적화'로 해석됨−역자 주)라는 말은 웹마스터들의 등골을 오싹하게 만드는 말로 잘 알려져 있다. 당신이 당신의 웹사이트를 어떻게 최적화해야 인터넷 검색 엔진들에 의해 잘 검색될 수 있을까? 이 대목에서 중요하고 복잡한 역할을 하는 것이 바로 큐레이션이다. 한때는 구글 같은 검색 엔진들에서 창작자들의 오리지널 콘텐츠가 가장 높은 '페이지 랭크'(구글의 순위 알고리즘에 따라 구글 검색 결과에 나타나는 웹페이지의 중요도−역자 주)와 가장 나은 검색 결과를 받았다. 그러나 이제 웹상에 콘텐츠가 과잉 공급되면서, 점차 창작과 큐레이션이 동시에 행해지는 웹사이트들이 가장 나은 SEO, 즉 검색 엔진 최적화 결과를 보고 있는 추세이다.

오늘날에는 콘텐츠 큐레이션이 검색 엔진 최적화 노력에 지대한 도움을 준다는 게 일반적인 견해이다.

지금 우리가 이렇게 콘텐츠 큐레이션에 많은 관심을 보이는 것은 균형 감각을 유지하기 위해서이다. 모든 사람이 분량이 많은 오리지널 콘텐츠를 전부 볼 수 있을 만큼 시간이 많은 건 아니다. 사람들은 지금 바쁜 일정 속에 살아가고 있으며, 시간과 돈 그리고 기타 다른 자원들에 한계가 있다. 그래서 사람들은 많은 시간을 뺏기지 않고 볼 수 있는 적절한 분량의 고급 콘텐츠를 원한다. 오늘날 콘텐츠 큐레이션이 각광받는 이유가 바로 이것이다. 많은 단체들이 사람들이 원하는 정보 내지 콘텐츠를 제공하려 애쓰고 있지만, 안타깝게도 그 일에 필요한 수단들이 없다. 이때 콘텐츠 큐레이션을 활용할 경우, 필요한 대부분의 관련 정보를 받을 수 있고, 웹사이트 트래픽을 늘릴 수 있으며, 높은 검색 엔진 최적화 결과도 볼 수 있다.

다음은 콘텐츠 큐레이션의 5가지 유형이다.
- 응집
- 증류
- 승격
- 매시업
- 연대순

브루스 클레이 연구와 그 연구가 시사하는 것

브루스 클레이 연구는 아마 현존하는 자료들 가운데 검색 엔진 최적화와 관련해 콘텐츠 큐레이션의 힘과 효율성을 보여 주는 가장 유명한 자료이다. 브루스 클레이Bruce Clay, Inc는 인터넷 마케팅 최적화 기업으로, 검색 엔진 최적화(SEO) 서비스, 클릭당 지불pay-per-click(PPC) 광고 관리, 검색 엔진 최적화를 위한 웹 디자인, 정보 설계, 소셜 미디어 및 전환율 최적화 서비스 등을 제공하고 있다.

브루스 클레이 연구팀은 큐레이션 작업이 된 콘텐츠와 오리지널 콘텐츠를 세 가지 방식으로 조합했을 때 어떤 검색 결과가 나오는지를 관찰했다. 첫 번째 포스트는 자동 생성된 요약 글들로 되어 있었고, 그 글에 큐레이션 링크들이 걸려 있었다. 두 번째 포스트는 큐레이션 편집 작업이 가미된 포스트로, 200자 조금 넘는 독특한 논평들로 되어 있었다. 그리고 세 번째 포스트 역시 큐레이션 편집 작업이 가미된 포스트로, 오리지널 포스트에서 가져온 실제 문장과 각종 링크들로 되어 있었다.

결과 : 첫 번째 조합은 페이지 랭크가 눈에 띌 정도로 낮았고(기본적으로 복제 콘텐츠였으므로), 두 번째 조합은 페이지 랭크가 살짝 떨어지는 정도였다. 마지막으로 세 번째 조합은 페이지 랭크 면에서 오리지널 포스트와 맞먹을 정도였다(그중 가장 독창적인 콘텐츠였으므로).

잊지 말라. 큐레이트된 콘텐츠는 검색 엔진 최적화 면에서 상당히 유리하지만 독창성과 가치, 적합성 등도 잘 살려야 한다(다시 말해 큐레이션을 잘해야 한다).

검색 엔진 최적화 면에서 긍정적 영향을 줄 수 있는 뛰어난 콘텐츠 큐레이션의 열쇠들은 다음과 같다.

1. 독창성 있는 콘텐츠

브루스 클레이 연구에서도 알 수 있듯, 큐레이트된 콘텐츠는 독창성이 있는 경우 검색 엔진 최적화에 긍적적 영향을 준다. 독창적인 콘텐츠의 분량은 대략 독창적인 단어 수 200자가 조금 넘는 수준이다. 당신의 콘텐츠가 독창적일수록 사람들이 당신의 웹사이트를 재방문하거나 당신의 콘텐츠를 공유할 가능성 또한 더 높아지며, 그 결과 웹사이트 트래픽도 더 늘어난다.

2. 고급스럽고 다양한 정보들

당신이 만일 인터넷에 정보를 올렸다가 신뢰할 수 없는 정보를 올렸다는 비난을 받게 될 경우, 당신의 권위와 정체성은 그야말로 몽땅 땅에 떨어지게 된다. 그러나 당신이 신뢰할 만한 정보들을 올린다는 입소문이 날 경우, 점점 더 많은 사람들이 당신의 콘텐츠를 공유하게 되고 또 그 사람들의 독자들이 다시 또 그 콘텐츠를 공유하게 되면서, 인바운드 링크inbound link(다른 웹사이트나 페이지로부터 해당 웹사이트로 유입되는 링크-역자 주) 또한 계속 늘게 된다.

3. 다양한 콘텐츠 제작

이는 똑같은 콘텐츠를 가지고 반복해서 계속 복사 또는 공유하진 말란 뜻이다. 사람들은 트렌드에 맞는 신선하고 새로운 콘텐츠를 보고 싶어 하며, 그런 콘텐츠가 있어야 공유하려 한다는 사실이다.

4. 양질의 콘텐츠는 인기 있는 공유 목적지

예를 들어 당신에게 양질의 기사가 하나 있다면, 사람들은 그 기사에 관심을 보이고 또 자신의 소셜 네트워크들에 그 기사를 공유하게 한다.

5. 가치가 담겨 있는 콘텐츠

당신은 자신이 큐레이트하는 콘텐츠에 충분한 생각과 노력을 쏟아 넣어야 한다. 이는 수집이라는 개념과도 관련이 있는 얘기이다. 콘텐츠 큐레이터들은 트렌드에 맞는 꼭 필요하고도 유용한 정보와 그렇지 않은 정보를 구분할 수 있는 능력이 있어야 한다. 또한 콘텐츠에 가치가 담겨 있어야 한다. 사람들이 다른 콘텐츠를 놔두고 당신의 콘텐츠를 보러 오고 또 그걸 공유하는 가장 큰 이유가 바로 그 가치 때문이니까. 당신의 콘텐츠에 가치가 없을 경우 아무도 당신의 콘텐츠를 보러 오지 않는다. 검색 엔진 최적화에 관한 한 이런 등식이 성립 가능하다. 가치가 낮은 콘텐츠 = 조회수 낮음 = 공유도 낮음 = 웹사이트 랭킹도 낮음.

6. 양질의 콘텐츠 선정

뛰어난 콘텐츠 큐레이터란 중요하고 흥미롭고 가치 있는 정보와 그렇지 않은 정보를 쉽게(그리고 빨리) 분류할 수 있는 큐레이터이다. 오늘날 큐레이트된 콘텐츠는 다음과 같은 이유들로 아주 유용하다. a) 사람들은 필요한 오리지널 콘텐츠를 다 만들어낼 수 있을 만큼 시간 및 기타 자원이 많지 않다. b) 사람들은 워낙 일정이 바빠 오리지널 콘텐츠 전체를 볼 여유가 없다. 그래서 사람들은 핵심 내용이 잘 간추려진 짧은 콘텐츠를 더 즐겨 본다.

어떤 웹사이트에 꾸준히 큐레이트된 중요한 콘텐츠가 올라갈 경우, 사람들이 그 웹사이트를 높이 평가할 뿐 아니라, 구글 검색 엔진도 그 웹사이트를 역동적인 웹사이트로 간주해 노출 등급을 높일 가능성이 훨씬 더 높다.

구글은 웹사이트나 콘텐츠에 등급을 매길 때 사사로운 기준을 적용하진 않는다. 사람들이 만들어내는 웹사이트나 콘텐츠의 가치에만 중점을 둔다. 따라서 당신이 콘텐츠를 큐레이트할 때 자료들을 잘 선정하고 사람들이 중시하는 가치를 잘 유지한다면, 검색 엔진 최적화에 많은 도움이 된다.

7. 콘텐츠 저자들과의 긴밀한 관계 구축

당신은 이 일을 다음과 같은 방법으로 할 수 있다. 어떤 저자의 콘텐츠를 사용하겠다고 미리 승낙을 받은 뒤, 그 저자에게 이메일 등을 보내 감사의 뜻을 표한다. 정중하게 그 콘텐츠를 공유할 수 있게 해달라고 요청하면 된다. 대개는 아주 기꺼이 승낙해준다. 다시 말하지만 공유가 많아질수록 웹사이트 트래픽이 늘고 방문객 수도 늘어난다.

사람들은 어떤 속임수로 SEO 등급을 높이려 하나?

먼저 링크 사재기가 있다. 웹마스터들은 가끔 추종자도 하나 없는 링크들을 사용해 SEO 등급을 올리거나 유지하려 한다. 이는 기본적으로 자신은 다른 사람의 웹사이트에 있는 콘텐츠를 사용해 이득을 취하면서, 오리지널 콘텐츠가 있는 웹사이트에는 아무 대가도 주지 않는 행위이다. 이는 비윤리적인 행위일 뿐 아니라, 구글 측에 적발될 경우 링크 사재기 행위로 불이익을 받게 된다.

다음은 사람들이 아니라 엔진 로봇들을 상대로 큐레이트를 하는 방법도 있다. 사람들은 가끔 얕은 꾀를 써서 시스템을 속이려 한다. 그러니까 사람들이 아닌 검색 엔진 시스템을 상대로 큐레이트를 함으로써 SEO 등급을 높이려 하게 된다. 그런데 많은 저자들이 콘텐츠 큐레이트를 할 때는 자신의 독자들만을 염두에 두고 작업하는 게 훨씬 낫다고 강조한다. 당신이 제공하는 정보를 진심으로 좋아하는 사람들은 당신의 웹사이트에 링크를 걸고 재방문도 하게 되는데, 그렇게 하는 것이 검색 엔진 시스템을 속이는 것보다 SEO 등급을 높이는데 훨씬 더 도움이 된다.

10

큐레이션과
커뮤니티

　큐레이션은 온갖 정보가 넘쳐나는 이 세상에서 가치 있고 일관성 있는 콘텐츠를 찾게 해주는 열쇠이지만, 다른 한편으로는 보다 효율적인 큐레이션을 가능하게 해줄 방법들을 찾으려는 움직임도 있다. 알고리즘 전문가들은 지금 사람들의 마우스 클릭 및 웹 여행 경향을 파악해 그걸 콘텐츠 발견 로봇들에게 알려줄 비책을 찾고 있는 중이다. 그러나 지금쯤이면 당신도 어느 정도 알겠지만, 그처럼 로봇들을 사용해 사람들에게 만족스런 콘텐츠 경험을 안겨주기란 쉽지 않을 듯하다.

　다른 대안은 사람들 그러니까 독자들에게 권한을 주어, 그들의 집단적인 관심과 콘텐츠 추천을 토대로 커뮤니티 중심의 큐레이트된 콘텐츠를 만드는 방법이다. 그게 효과가 있을까? 실제로 사람들의 커뮤니티가 큐레이션 방법을 제시할 수 있을까? 그 답은 '아마도'일 것이다. 만일 당신의 웹 커뮤니티가 어떤 일관성 있는 아이디어나 목소리들을 중심으로 조직되어 있다면, 그들의 추천들 그러니까 '좋아요들likes'이 가치 있는 콘텐츠에 이르는 디딤돌이 되어줄 수 있다.

조 위커트는 커뮤니티 중심의 큐레이션이 가치와 규모의 경제를 제공할 수 있다고 주장한다. 그는 존 윌리 앤 선즈 출판사 부사장으로 여러 해 동안 출판계에서 일해 오고 있으며, 그전에는 오렐리 미디어 O'Reilly Media, Inc의 툴즈 오브 체인지Tools of Change의 총책임자 겸 출판인 겸 대표를 역임했다. 다음은 그가 자신의 블로그 '디지털 콘텐츠 전략들'에서 한 말이다. "다시 유료화 바람이 불면서, 독자들은 지금 점점 더 많은 기업들이 콘텐츠 접근을 어렵게 만들고 있다는 사실을 깨닫고 있다. 유료화가 유료 회원만 접속 가능한 방식을 택하든 다른 방식을 택하든, 내 경험상 거의 단 하루도 유료 웹사이트를 만나지 않고 지나는 날은 없다. 상관없다. 그래 봐야 아직 쓸 수 있는 콘텐츠는 엄청 많으니까."

위커트는 콘텐츠 사용을 제한하는 방법으로는 문제가 해결되지 않는다고 말한다. 정말 문제는 쓸데없는 콘텐츠가 너무 많다는 것이니까. "내가 진정 원하는 건 큐레이션은 늘고 콘텐츠는 줄어드는 것이다."

위커트는 또 자신은 콘텐츠를 제공하고 필터 역할을 해주는 누군가에게 돈을 지불하고 싶다고 말한다. 그리고 그런 개념은 이 책을 읽는 독자들에게도 새로운 게 아니다. 그러나 그는 거기서 한 걸음 더 나아가, 커뮤니티가 그런 필터 역할을 해줄 수 있으며 신문들은 그런 큐레이션에서 도움을 받을 수 있을 거라고 제안한다.

위커트는 이렇게 말을 잇는다. "당신이 신문 또는 잡지 발행인이라고 가정해 보자. 커뮤니티 콘텐츠 큐레이터들에게 유료 웹사이트 접근을 완전히 허용해 준다고 상상해 보라. 커뮤니티에는 스포츠 전문가들도 있고 비즈니스 전문가들도 있고 현지 지역사회 전문가들도 있다. 이 큐레이터들은 당신이 만들어내는 모든 콘텐츠를 읽고, 그중 최고 중에 최고 콘텐츠와 그날/그 주/그달에 반드시 읽어야 할 콘텐츠를 선정한다. 또한 그들은 완전히 새로운 유료 회원 명단을 발표하는데, 이 독자들은 모든 콘텐츠를 다 구독하는 게 아니라 커뮤니티 큐레이터들이 추천하는 콘텐츠만 돈을 주고 구독한다." 결국 커뮤니티 멤버들이 대표로 나서 콘텐츠 필터링 및 정리 작업을 하는 것이다.

위커트는 큐레이션이 열성 회원들로 이루어진 완전히 새로운 커뮤니티를 만드는 한 방법이라고 보고 있다. 그의 말을 좀 더 들어보자. "최고의 큐레이터들은 최정상까지 떠올라가 다른 누구보다 많은 유료 회원을 만들어내고, 새로운 유료 회원을 소개할 때마다 정해진 돈을 지불해 주며, '이봐요, 혹 여행을 갈 거라면 밥 토마스의 유료 회원이 되어 봐요……. 가장 우수한 여행 관련 글들을 찾을 수 있을 겁니다.' 식으로 스스로 브랜드명을 만든다."

위커트 모델에서의 큐레이션 서비스의 가치는 독자들이 큐레이션에 대해 어느 정도의 가치를 인정해 주는가 하는 등의 요인들에 따라 달라질 수 있다. 전문직 독자들에게 시간은 곧 돈이라는 위커트의 말은 아주 정확한 말이다. 수입이 많은 의사나 변호사 같은 전문직들의 경우 커뮤니티에서 큐레이트한 콘텐츠에 돈을 지불하는 건 문제도 아니다. 또한 그런 전문직들의 경우 큐레이션을 거쳐 요약된 글이 짧다고 해서 값도 싸야 한다고 생각하진 않는다. 그들은 아마 이렇게 말할 것이다. "짧다고 해서 가치가 덜한 건 아니다. 사실 시간만 절약시켜준다면 나는 얼마든지 돈은 더 낼 수 있다. 그러니 커뮤니티 회원들이 큐레이트한 이런 요약 글들은 오리지널 콘텐츠보다 값이 더 비싸도 좋다."

물론 이미 커뮤니티 큐레이션을 활용 중인 웹사이트도 많다. 아마 디그닷컴Digg.com이 그런 웹사이트의 효시일 것이다. 2004년에 만들어진 디그닷컴은 광고 후원을 받는 웹사이트로 출발했으며, 커뮤니티 회원들의 콘텐츠에 공감 또는 비공감(digg and bury) 표를 던지는 방식으로 커뮤니티 나름의 목소리를 만들어냈다. 이 웹사이트는 2008년에 구글 측에 거의 팔릴 뻔했으나, 막판에 협상이 결렬됐다. 그리고 2010년에 다시 출발했지만, 이런저런 문제들로 이미지가 실추됐다. 그 당시 다수의 디그닷컴 사용자들이 또 다른 소셜 뉴스 웹사이트 레딧Reddit으로 옮겨갔다. 원래 레딧은 2005년 알렉시스 오하니안에 의해 만들어졌으며, 2006년에 미국 매스 미디어 기업 콘데 나스트Conde Nast에 팔렸다. 2008년에는 소프트웨어 소스 프로그램을 공개했으며, 2011년에는 콘데 나스트에서 분리되어 독립적으로 운영되게 된다(소유권은 여전히 콘데 나스트를 소유한 어드밴스 퍼블리케이션즈에 있음).

오늘날 레딧은 월 순방문객 수가 1억을 상회하며, 사용자들이 콘텐츠를 제출하고 각 콘텐츠에 대해 공감/비공감 투표를 하는 커뮤니티 큐레이션 방식으로 운영되고 있다. 특정 이해관계를 가진 콘텐츠를 제출하는 사용자들은 '카르마karma'를 받게 되는데, 이는 일종의 화폐로 자신이 제출한 콘텐츠가 얼마나 인기 있는지를 보여 준다. 기본적으로 당신이 얼마나 뛰어난 큐레이터인지를 보여 주는 증표라 할 수 있겠다.

〈포브스〉지에 글을 기고하는 아바 시브는 그런 관행의 뒤에 숨겨진 데이터를 조사한 뒤 이렇게 말했다. "우리가 조사한 바에 따르면, 시장 전체가 지금 큐레이션이란 개념을 받아들이고 있으며, 그로 인해 사용자들이 유용한 콘텐츠를 모으는 게 가능해지고 있습니다." 큐럴리틱스닷컴Curalytics.com의 설립자이자 제작책임자인 스테폰 데이비스는 아바 시브에게 이런 말을 했다. "그런데 데이터가 모아지긴 하지만, 대부분의 기업들은 그 데이터로 무얼 해야 좋을지조차 모릅니다. 데이터를 갖고 있지만, 제대로 쓰진 못하고 있는 겁니다."

뉴욕을 중심으로 활동 중인 큐럴리틱스닷컴은 고객 웹사이트들로부터 가공 안 된 큐레이션 데이터를 받아, '취향 그룹들Taste Groups', '취향 리더들Taste Leaders' 같은 분석을 해주고, 해당 웹사이트의 큐레이션 기능에 도움이 될 기타 정보와 관련 데이터도 제공한다. "우리는 커뮤니티 안에서 어느 웹사이트가 먼저 인기를 끌 만한 콘텐츠를 큐레이트하고 있는지를 분석해 점수를 매깁니다. 우리는 그걸 '큐레이터 점수'라 합니다." 스테폰 데이비스의 설명이다.

"그래서 만일 어떤 큐레이터가 꾸준히 콘텐츠 큐레이션을 하고, 다른 사람들이 그 콘텐츠를 자신들이 수집 중인 콘텐츠에 추가한다면, 우리는 그 큐레이터를 '취향 리더'라 칭합니다. 그리고 많은 인터넷 플랫폼들이 알고 싶어 하는 정보가 바로 그런 정보입니다. 우리는 그 플랫폼들이 그런 정보를 찾을 수 있게 도움을 줍니다." 역시 데이비스의 말이다. 그는 이런 말을 덧붙였다.

"사용자들은 콘텐츠와의 상호작용을 시작할 수 있습니다. 그들은 누군가를 추종할 필요도 없고 누군가를 지지할 필요도 없습니다. 그 저 어떤 웹사이트에서 콘텐츠와의 상호작용을 시작하면 됩니다. 사회 적 관계를 벗어난 또 다른 커뮤니티가 생겨나는 겁니다. 말하자면 커 뮤니티에 대한 콘텐츠 중심의 접근법인 셈입니다."

큐레이션 기능은 지금 모든 형태의 전자상거래와 디지털 출판 웹사 이트들에서 발견되고 있다. 데이비스는 희망 사항 목록을 갖고 있는 전자상거래 기업들, 사람들로 하여금 콘텐츠 수집을 가능하게 해주는 큐레이션 기능을 도입한 전자상거래 기업들, 재생 음악 목록을 갖고 있는 음악 관련 기업들, 그리고 플리커Flickr처럼 '갤러리'를 갖고 있는 비주얼 플랫폼 등을 커뮤니티 큐레이션 분석을 통해 가장 직접적인 도움을 받을 수 있는 기업들로 꼽았다.

큐레이션 데이터에는 인터넷이 놓치고 있는 인간적이고 주관적인 요소들이 담겨 있다. "우리가 보기엔 두 유형의 인간적이고 주관적인 데이터가 있습니다. 먼저 '좋아요liking' 또는 '공감thumb-upping' 데이터 가 있죠. 이는 데이터 관점에서 보면 창고와 같아, 사람들이 좋아한 모든 것들이 그 창고에 쌓여가게 됩니다." 데이비스의 말을 좀 더 들 어보자.

"하지만 그걸 큐레이션 데이터와 대조해 보십시오. 그게 두 번째 주 관적인 데이터입니다. 훨씬 풍요로울 수도 있습니다. 그건 마치 내 집 을 들여다보면서, 그러니까 방들을 하나하나 들여다보면서, 콘텐츠의 맥락, 즉 전후 관계를 설정하는 겁니다."

취향이 어떻게 사람들에게 배포되는지를 보는 것이 자신의 커뮤니티를 이해하는 열쇠라면서 데이비스는 이런 말을 했다. "당신은 사용자 분석에 힘을 실어주어야 하며, 그래야 웹사이트 소유자가 커뮤니티에서 취향이 어떻게 배포되는지를 보고, 이런저런 정보를 토대로 커뮤니티를 어떻게 발전시킬 건지를 결정할 수 있게 됩니다. 그리고 만일 취향이 어떻게 배포되는지를 보지 못한다면, 그런 대화도 할 수 없게 됩니다."

당신의 커뮤니티가 갖고 있는 힘은 큐레이션을 중심으로 활용되고 증폭되고 조직화될 수 있다. 당신은 그저 커뮤니티 회원들에게 유용한 툴들을 제공하고, 리더들이 어떻게 움직이는지를 보고 데이터를 수집하면 된다. 큐레이션은 바로 거기서부터 활기를 띠게 된다.

Chapter

11

큐레이션과
맥락 적합성

큐레이션은 수집 및 조직에 지나지 않는다고 생각하기 쉬운데, 그건 큐레이션의 중요한 요소들 중 하나인 세 번째 'c', 즉 context(맥락 또는 보다 큰 그림)를 간과한 데서 비롯되는 현상이다. 첫 번째 두 'c'는 collection(수집)과 creation(창조)이며, 세 번째 'c'가 context, 즉 맥락인 것이다. 큐레이션에 맥락을 부여하기 위해, 큐레이터는 자신이 뭔가를 창조하려는 이 세상의 맥락 또는 전후 사정에 대한 지식과 이해가 있어야 한다. 그런 지식을 갖기 위해 큐레이터는 자신의 큐레이션 대상인 독자들에 대해 잘 알아야 한다.

다시 말해 맥락은 큐레이션에서 절대적으로 필요한 요소이다. 콘텐츠 큐레이터들은 요즘 세대의 사람들이 정보를 어떻게 소비하고 정보와 어떻게 상호작용하는지를 파악해, 자신의 큐레이션 기술들을 거기에 적용해야 한다. 자신의 저서 『저널리즘에서의 큐레이션의 역할』에서 마이크 매스닉은 변화하는 저널리즘의 모습에 대해 얘기하고 있다. 그러나 그가 주장하는 얘기의 핵심들은 큐레이터들과도 관련이 있다.

매스닉은 기자들은 단순히 이미 일어난 일을 전할 뿐이며, 그 정보를 가지고 보다 많은 사람들이 볼 수 있게 만드는 건 큐레이터들이라고 했다. 실제로 큐레이터들은 기업들이 성공하는데 꼭 필요한 자원으로, 이는 아무리 강조해도 지나침이 없는 사실이다. 그러나 모든 신문사들이 이런 트렌드를 받아들일 준비가 돼 있는 건 아니다. 신문사들은 자신들의 견해가 모든 화제에 대한 최종적인 견해가 되길 바라기 때문이다.

하지만 변화하는 건 큐레이터들의 행동뿐만이 아니다. 독자들 역시 변화한다. 예를 들어 오늘날의 뉴스 세계는 더 이상 과거처럼 뉴스 보도국과 독자 간의 일방적인 관계로 이루어지진 않는다.

물론 신문사와 기타 각종 뉴스 관련 기업들은 오늘날에도 여전히 존재하지만, 거기에도 다 근본적인 변화가 일고 있다. 이제 뉴스는 더 이상 앵커와 기자들에 의해서만 제작되지 않는다. 같은 맥락에서 뉴스는 이제 아이폰이나 노트북을 갖고 있고 인터넷 소셜 플랫폼에 대해 어느 정도 지식을 가진 보통 사람들에 의해 제작되고 또 전파된다.

그 바람에 '뉴스 제작'은 이제 누구나 할 수 있는 일이 되었을 뿐 아니라, 뉴스 가치가 있는 정보(또는 콘텐츠)라 할 만한 정보의 지평 또한 더 넓어졌다. 따라서 이제 각 조직들은 낡은 정보 창조 패턴들에 매달려 더 많은 독자들에게 다가갈 수 있는 새로운 매체나 플랫폼들을 놓치는 우를 범하기보다는, 이처럼 쌍방향적이고 역동적인 정보 창조 흐름에 적응하는 법을 배워야 한다.

그렇다면 조직들은 어떻게 적응해야 할까? 기술을 통해서이다. 그러니까 콘텐츠에 접근하고 콘텐츠와 상호작용하는데 필요한 새로운 기술 및 기술 장치들을 통해 적응해야 하는 것이다. 콘텐츠 큐레이션이 효과가 있다는 건 이미 입증됐지만, 큐레이션을 거친 당신의 콘텐츠가 어떤 기술 맥락 속에서 소비될지에 대해 계속 신경 쓰지 않을 경우, 당신은 아주 큰 불이익을 볼 수 있다.

예를 들어 각종 뉴스와 지식과 생각을 퍼뜨릴 수 있는 유일한 방법이 라디오라는 매체밖에 없던 시절이 있었다. 그 시절에는 콘텐츠를 수집해 그걸 음성 전환해 보다 많은 청취자들에게 전파하면 그만이었다. 여기서 중요한 사실은 이 같은 유형의 콘텐츠 배포에는 권위주의적인 상의하달식 접근법이 적용됐다는 것.

정보를 수집할 시간과 자원과 권위는 뉴스 매체 일방에만 있었고, 그들 스스로 자신들을 '믿을 만한 소식통'이라 했다. 그리고 그들은 그 정보를 아주 비쌍방향적인 방식으로 대중과 공유했다(예를 들어 뉴스 전문가들이 대중에게 '이게 뉴스다' 하고 전하면 대중은 그저 듣기만 했으니, 이는 전혀 쌍방향적인 방식은 아니었던 것).

하이디 코헨은 저자이자 마케팅전문가이다. 그녀는 시카고대학교에서 문학사 학위를 받고 뉴욕대학교 스턴 경영대학원에서 마케팅 분야 경영학 석사 학위를 받은 뒤, 시티뱅크, 베르텔스만, 〈에코노미스트〉지 같이 유명한 글로벌 기업에서 마케팅전문가로서의 경력을 쌓았다. 코헨은 복잡한 마케팅 개념들을 쉽게 이해할 수 있는 개념들로 바꾸는 법을 배웠다. 자신의 블로그 '액셔너블 마케팅 가이드'에 올린 글에서, 그녀는 조직들이 하루 빨리 새로운 기술들에 관심을 기울여야 한다는 점을 강조하면서, 현재 애플을 상대로 경쟁을 벌이고 있는 구글을 예로 들었다. 검색 엔진으로 유명한 거대 기업 구글이 오늘날의 대세인 모바일 장치용 검색 플랫폼 분야에 진출한 것이다.

지금 구글은 안드로이드 시스템과 플레이Play 플랫폼을 갖고 있다. 유튜브와 크롬캐스트Chromecast도 갖고 있다. 이는 모두 콘텐츠를 큐레이트하는데 쓰이는 매개체들로, 우리가 이 시대의 기술들을 사용해 얼마나 많은 일을 할 수 있는지를 보여 주는 예이다. 이는 또 오늘날의 조직들이 한 가지 플랫폼(예를 들면 재래식 인쇄 텍스트 같은)에만 집착하고 다른 모든 플랫폼을 무시할 경우, 조직 성장과 성공이라는 측면에서 얼마나 스스로의 발목을 잡는 일인지를 보여 주는 예이기도 하다.

콘텐츠 큐레이터들은 자신이 큐레이트한 콘텐츠를 보게 될 잠재 고객들의 특성과 심리, 좋아하는 것, 싫어하는 것, 개성, 능력, 관심사 등을 잘 알아야 한다. 물론 좋은 콘텐츠를 큐레이트하는 것도 중요하지만, 그것만으로는 충분치 않다. 잠재 고객들과 관련해 보다 큰 맥락(예를 들면 누가 이 정보를 소비할 것인가 하는 문제 등)에서의 이해가 없을 경우, 제대로 된 큐레이션을 한다는 건 거의 불가능하다. 당신이 집중하려 하는 특정 고객들과 별 관련도 없는 정보라면, 아무리 중요한 정보라 한들 그런 정보를 수집하고 정리하는 게 대체 무슨 의미가 있겠는가?

마지막으로 고려해야 할 문제는 콘텐츠와의 상호작용 문제이다.

당신이 만일 잠재 고객들이 원하는 정보를 수집해 큐레이트하지 않는다면, 그들은 그 정보를 공유하기는커녕 보려고도 하지 않는다. 이처럼 지금 사람들과 콘텐츠 간의 상호작용 문제는 점점 더 중요해지고 있다.

건초더미 속의 바늘

앞서도 언급했듯, 지금 인터넷은 그야말로 차고 넘치는 정보의 바다이다. 그리고 그 많은 정보 속에서 중요하고 적합성 높은 정보를 추려내 가장 핵심적이며 가치 있는 콘텐츠를 독자들에게 꾸준히 공급하는 일이 바로 큐레이터들이 하는 일이며, 그걸 통해 큐레이터들은 자기 독자들과 신뢰 관계를 형성하게 된다. 큐레이터는 이를 맞춤 제작 방식으로 해낼 수 있다. 그렇다면 당신은 다른 모든 웹사이트와 다른 무엇을 제공할 수 있으며, 또 어떻게 그렇게 할 수 있겠는가?

어떤 조직이 잠재 고객들의 특성들을 제대로 파악했다면, 그 조직은 그 고객들이 원하는 쪽으로 콘텐츠를 큐레이트할 수 있게 된다. 장기적인 관점에서 보자면 이런 전략이 가장 성공 가능성이 높다. 독자들 입장에서 보자면, 제공되는 정보가 전부 자신들이 진정으로 원하는 바에 맞춰져 있어, 그야말로 적합성도 아주 높고 가치도 높은 양질의 정보로 생각하지 않을 수 없기 때문이다.

소셜 쇼핑에 대한 블로그 '디지털 펄스'의 기사는 엣시닷컴Etsy.com 같은 온라인 틈새 소매 웹사이트들의 사례를 잘 보여 준다. 엣시닷컴은 고객들(예를 들면 시간 제약이 많고 쉽게 접근할 수 있기 바라지만, 그러면서도 온라인 쇼핑에 관한 한 분명한 취향과 기호를 갖고 있는 고객들)이 진

정으로 원하는 바에 맞춰 콘텐츠 큐레이션을 하고 있는 걸로 유명하다. 이처럼 고객들이 진정으로 원하는 바를 제공하는 건 콘텐츠 큐레이션만으로는 쉽지 않은데, 그것은 이른바 맥락에 대한 분석도 염두에 두어야 하기 때문이다. 맥락은 큐레이션과 관련해 결정적인 단서들을 제공하며, 그래서 큐레이터는 자신의 전략을 바꿔 웹사이트 노출 순위, 성장, 잠재력 등을 극대화할 수 있다. 게다가 고객들의 내적 심리를 제대로 이해할 경우, 보다 많은 고객들이 당신의 웹사이트에 관심을 갖게 할 방법들을 개발할 수도 있다. 그러니 어쨌든 철저히 고객들의 요구에 맞춰 콘텐츠 큐레이션을 하도록 하라.

여기서 우리가 주목해야 할 사실이 있다. 성공하기를 바라는 조직이라면, 콘텐츠 소비에 관한 한 계속 변화하는 사람들의 요구와 행동에 적극적으로 맞춰나갈 마음자세를 가져야 한다는 사실이다. 또한 각 조직은 사람들의 행동 패턴을 연구하고 그 패턴을 잘 익혀, 그들에게 가장 잘 맞는 최고의 콘텐츠를 큐레이트해야 한다. 결국 이 모든 것들이 콘텐츠 큐레이션에서 가장 중요한 두 요소인 가치와 적합성을 높여줄 것이다. 모든 일에는 순서라는 게 있는 법이니, 당신의 웹사이트가 그야말로 하루아침에 입소문 나길 바라선 안 된다.

회계 컨설팅 기업인 프라이스 워터하우스 쿠퍼스의 전문가들은 자신들의 블로그인 '디지털 펄스'에 올바른 콘텐츠 큐레이션을 달성하기 위한 4가지 방법을 제시했다. 중요한 것은 모든 전략은 마음속으로 맥락, 즉 보다 큰 그림을 생각하며 짜야 한다는 사실이다.

1. 보다 광범위한 마케팅 및 비즈니스 계획들 속에 콘텐츠를 포함시켜라. 콘텐츠 마케팅을 어떻게 할 것인가? 주변 맥락, 그러니까 보다 큰 그림에 대한 지식이 있어야 한다.

2. 당신의 고객들은 어떤 사람들인지 또 어떤 종류의 콘텐츠에 관심이 있는지 정확히 파악하라.
   이 문제를 해결하기 위한 방법, 독자들의 구성, 그들의 심리학적 맥락과 개인적 맥락, 이 모든 게 콘텐츠에 미치는 영향 등을 파악한다.

3. 다양한 멀티미디어 콘텐츠 매체들을 개발해 당신의 고객들에 맞춰 큐레이트하라.

4. 당신의 고객들에 대해, 그리고 그들이 어떻게 미디어를 소비하는지, 또 콘텐츠를 어떤 맥락에서 제작해야 하는지, 그리고 또 어떻게 그런 콘텐츠를 만들어야 하는지를 알라.

콘텐츠와 맥락은 순전히 시각 차원에서 상호작용한다.

사용자들이 어떻게 당신의 콘텐츠에 관심을 갖는지를 이해하게 되면, 이런저런 관점을 세우고 사람들의 감정에 호소하고 당신의 주장을 강화하는데 도움이 된다. 또한 인간은 천성적으로 시각적인 동물이기 때문에, 적절한 콘텐츠를 적절한 맥락 속에 넣으면 사람들의 마음속에 다양한 의미와 감정들을 불러일으킬 수 있다. 그래서 성공적인 큐레이션을 하려면 이렇게 시각적 맥락을 잘 이해하는 것이 아주 중요하다. 시각적인 요소를 또 다른 아이디어 전달 수단으로 활용할 수 있기 때문이다. 예를 들어 맥락을 제대로 이해하지 못할 경우, 그러니까 보다 큰 그림을 보지 못할 경우, 실제로는 아주 밀접한 관련이 있는 두 기사를 따로따로 보여 주는 우를 범하게 될 수도 있다. 이렇게 되면 의도치 않게 사용자들 사이에서 부정적인 논란이 일어나게 되고, 그 결과 사용자들이 당신의 웹사이트를 부정적인 시각으로 보게 되거나 아니면 아예 다른 웹사이트로 가버리게 될 수도 있다. 같은 이유로 이는 당신에게 유리하게 작용할 수도 있다. 이미지와 비디오와 텍스트를 사람들한테 어필할 수 있게 잘 묶을 경우, 서로 보완 작용을 해 바람직한 결과를 낼 수도 있기 때문이다. 예를 들어 '행복hap-piness'과 관련된 어떤 웹페이지를 큰 영감을 주는 기사와 그림과 비디오들로 채울 경우(그것들이 시각적으로 상호보완 작용을 해), 그 페이지에 아주 긍정적인 분위기를 불어넣을 수 있다. 이처럼 큐레이터는 맥락과 관련된 지식을 활용해 긍정적인 분위기나 느낌을 만들어냄으로써 심리적인 측면에서 사용자들에게 큰 영향을 줄 수 있다.

모든 건 관계로 집약된다.

　콘텐츠 큐레이션은 따로 떨어져 혼자 존재하지 않는다. 콘텐츠 큐레이션 작업은 늘 독자들을 염두에 두고 이루어지며, 늘 큐레이터와 독자들 간의 양자 관계가 존재한다. 그래서 모든 플랫폼이나 조직이 직면하는 도전 과제들 중 하나가 바로 독자들과 지속적이며 강력한 관계를 구축하고 유지하는 문제다. 또 다른 과제는 독자들을 적극적이며 헌신적인 팬 내지 추종자들로 만드는 최선의 방법을 찾아내는 문제다. 이는 아주 중요한 문제로, 절대 잊어선 안 될 맥락의 한 측면이다. 어떻게 독자들의 입장에서 큰 그림을 그리면서 콘텐츠를 만들고, 어떻게 그들에게 양질의 정보를 제공하며, 또 어떻게 그들을 계속 재방문하게 만들 것인가? 잊지 말라. 독자들이 없으면 아무것도 없다. (또한 독자들은 말 그대로 서로 연결되어 있어, 한 사람이 가버리면 다른 사람도 가버린다.) 독자들로부터 인기와 충성과 인정과 권한을 받지만, 대신 당신은 그들에게 내내 가치 있는 양질의 정보를 주어야 한다. 그러니 늘 이 모든 걸 가슴에 담고 독자들과의 관계를 돈독히 하려 애쓰도록 하라. 또한 독자들로부터 수시로 피드백을 받고, 그 피드백에 따라 콘텐츠 큐레이션 전략을 수정하도록 하라.

　웹 디자인 및 개발 기업 오빗 미디어가 제시하는 실행 가능한 맥락 중심의 콘텐츠 큐레이션 팁 9가지를 소개하자면 다음과 같다.

1. 몬스터 리스트를 만들어라.

　비주얼 중심의 우리 문화에서 사용자들은 '모든 걸 한 번에' 문화를 통해 보다 적은 노력으로 보다 많은 정보를 얻으려 한다. 게다가 많은 사람들이 글보다는 사진에 더 관심을 보이는데, 그건 사진이 훨씬 더 이해하기 쉽고 빠를 뿐 아니라 더 매혹적이기 때문이다.

2. 뛰어난 요약 포스트들을 개발하라.

사회적인 동물답게, 우리는 다른 사람들이 우리를 위해 뭔가를 해주는 걸(예를 들어 믿을 만한 양질의 콘텐츠를 만들어주는 걸) 좋아한다.

포스트 포맷들은 짧고 매혹적인 게 좋다. 사람들이 불필요한 정보는 다 빼고 핵심적인 정보들만 원하는 상황에서, 그런 포맷들이 읽기 쉽고 빠르고 효율적인 데다가 빠른 속도로 움직이는 이 세상의 맥락에도 잘 맞기 때문이다.

3. 유명인사들의 이름을 들먹여라.

그렇게 하면 유명인사의 웹페이지와 그 사람의 팬들에게 당신을 알릴 수 있을 뿐 아니라, 특히 오늘날 서구 사회에 흔한 이기적인 사람들의 사회를 활용할 수도 있다. 누구나 자신이 가치 있고 중요한 사람이라는 느낌을 받고 싶어 한다. 게다가 우리는 지금 자아도취의 문화 속에 살고 있다. (이봐요, 모두들 나 좀 봐줘요!) 큐레이터들은 우리 세대의 맥락을 파악해야 하며, 그에 맞춰 콘텐츠 큐레이션을 함으로써 그 맥락을 잘 활용해야 한다. 그리고 또 사람들은 자신의 기여를 인정받고 싶어 한다.

4. 관심을 집중시킬 제목을 뽑아라.

일반적인 심리에 기대는 전략이다. 모든 건 내적 본능들로 집약되며, 그래서 우리는 흥미진진한 일, 드라마틱한 일, 소문, 폭력 등을 찾는다. 이런 종류의 제목들은 극도로 자극적인 이 세상의 맥락 속에서 자극을 준다. 우리는 늘 흥미진진한 다음 일을 찾고 있으며, 실제 클릭 한 번이면 그런 걸 찾을 수 있다.

5. 오리지널 콘텐츠를 추가해 독자들에게 맥락을 제공하라.

이게 어떤 효과가 있을까? 인간은 원래 새로운 걸 좋아한다. 그래서 이 방법은 여전히 쉽고 빠르며, '쉽고 빠른' 우리 사회에도 적용된다. 이 방법에서는 언제든 사람들의 관심을 사로잡을 수 있는 시각 데이터가 활용된다. 사람들은 직접 이런 정보를 모으려 애쓰고 싶어 하진 않는다('가능한 한 노력을 적게 하려 하는' 사회니까). 또한 오리지널 콘텐츠는 완전히 새로운 것으로(인터넷상의 다른 복사본들과는 달리), 그 독창성 때문에 사람들의 관심을 끈다. 게다가 오리지널 콘텐츠가 추가되면 맥락, 즉 보다 큰 그림도 주어진다.

6. 성형외과 의사처럼 생각하라.

우리는 아주 시각적인 문화 속에 살고 있으며, 실제 또 시각적 매력이 있는 걸 좋아한다. 그래서 늘 보기 싫은 것들보다는 보기 좋은 것들을 선택하려 한다. (예를 들어 미디어 전략들, 마케팅, 물질주의, 소비주의, 패션 모델과 아이돌들의 외모 등을 생각해 보라.) 큐레이터들은 그래픽을 사용해 콘텐츠를 더 나아 보이게 만드는데, 그건 시각적인 걸 중시하는 문화적 맥락과도 관련이 있다. 우리는 또 늘 무언가가 다른 것들과 비교해 어때 보이는가 하는 걸로 그 가치를 매기려 한다.

7. 다른 누군가의 플랫폼을 빌려라.

당신에게 친구가 55명밖에 없다면, 당신은 다른 플랫폼에서 포스팅하고 싶을 수도 있다. 다른 플랫폼들을 이용해 당신 자신의 작품을 만들어라. 인간 사회에서 다른 사람들이 우리 대신 어떤 걸 해주는 건 아무 문제없다. 요즘은 모든 게 자동화되고 있다. 우리는 우리 자신의 일을 하고 우리 자신의 명성을 높이기 위해 다른 사람들이 해 놓은 일은 물론 명성까지 활용할 수 있다. 따라서 웹 플랫폼들 역시 이런 걸 염두에 두고 만들어진다. (예를 들어 사람들에게는 수많은 추종자들을 수용할 만한 대규모 플랫폼을 만들 시간도 자원도 기술도 없으며, 그래서 누군가가 플랫폼 뼈대를 만들고, 그러면 사람들이 자신들의 콘텐츠를 올려 그 뼈대에 살을 붙인다.) 얼마나 멋진 아이디어인가! 물론 여기서도 중요한 건 오늘날의 '쉽고 빠른' 문화이며, 또한 '내 자신의 문화를 꽃피우기 위해 다른 누군가가 만든 뭔가를 쓰는 건 아무 문제 없다'는 문화이다. 중요한 팁 하나를 주자면, 이때 글이나 그림 등 한 가지 이상의 콘텐츠 포맷을 활용하라는 점이다. 유튜브나 슬라이드셰어Slideshare 같은 다른 포맷들을 활용하라. 사람들은 뭔가를 배우기 위해 서로 다른 방법들을 쓰며, 지식을 얻기 위해서도 서로 다른 매체들을 활용한다는 걸 명심하라. 그리고 또 잊지 말라. 오늘날 세상의 맥락은 아주 다양하며, 모든 사람들이 신문을 통해 그날그날의 뉴스를 접하진 않는다. 우리는 콘텐츠 큐레이션 효과를 극대화하기 위해 가능한 한 많은 포맷에서 작업을 함으로써, 웹이 갖고 있는 멀티 플랫폼적인 특성을 그대로 받아들여야 한다.

8. 큐레이션 작업을 할 때마다 한 가지 이상의 콘텐츠를 만들어라.

그러니까 콘텐츠를 여러 조각으로 쪼개라는 의미이다. 예를 들어 어떤 콘텐츠에 모인 정보 하나에 그림 한 점을 공유하고 비디오 한 편을 사용하며 다른 글 3개를 할애하는 것이다. 이런 분리를 통해 당신은 또 다른 플랫폼들을 활용하고 문화적 맥락을 공유할 수 있게 된다. 이는 '최소한의 노력/자원으로 최대한의 것을 얻는다'는 우리의 욕구에도 부응한다. 우리가 만일 한 가지 멋진 스토리를 만들고 거기에서 다른 스토리 5개를 만들어내 공유할 수 있다면, 우리는 아마 6개의 오리지널 스토리를 새로 다 만들기보다는 그렇게 할 것이다.

9. 맥락상 적절한 한 가지 행동 지침을 만들어라.

사람들은 쉬운 선택과 행동을 하길 좋아한다. 그래서 당신이 만일 당신의 콘텐츠를 통해 동기를 부여해 주고 다른 유용한 콘텐츠로 연결되는 링크를 걸어준다면, 그들은 자주 당신의 그 콘텐츠를 클릭한다. 그런 링크가 당신의 웹사이트에서 상호작용할 수 있는 또 다른 기회를 누군가에게 제공해 주는 셈이다(예를 들어 환경운동가들의 명단이 들어 있는 환경보호 관련 웹페이지와 특정 단체나 자선 단체들로 연결되는 그 페이지 하단의 링크 버튼).

당신이 그밖에 다른 무엇을 하든, 맥락상의 적합성은 아마 당신의 큐레이션 작업 중 가장 신경 써야 할 중요한 일일 수 있다. 웹상에 콘텐츠가 차고 넘치면서, 각종 관련 아이디어 및 목소리, 요소 등의 수집 및 제공에 관한 한 당신에 대한 사람들의 의존도가 점점 더 커지고 있기 때문이다. 맥락은 적합성의 열쇠이며, 당신의 독자들은 자신의 시간을 절약시켜 주고 꾸준히 큐레이트된 콘텐츠를 제공해 주는 당신에게 모든 걸 의존한다. 당신이 제공해 주는 콘텐츠 덕에 세상을 더 잘 이해할 수 있을 뿐 아니라, 가끔은 직접적인 적합성이 없더라도 맥락상 중요한 정보들도 접할 수 있기 때문이다. 큐레이터로서 성공하려면 무엇보다 독자들의 신뢰를 잃지 않는 게 중요하다.

12

수익 창출과
큐레이션

 얼마 전까지만 해도 큐레이터는 다른 사람들의 콘텐츠에 링크를 걸고 그 링크들을 통해 웹사이트 트래픽을 높이는 일종의 해적 같은 존재로 여겨졌었다. 그러나 웹이 온갖 정보로 차고 넘쳐 원하는 콘텐츠를 찾는 게 점점 힘겨워지면서 사람들은 콘텐츠 큐레이션이 잘되어 있는 웹사이트를 찾게 됐고, 그 바람에 큐레이터의 역할 또한 가치 있게 받아들여지기 시작했다. 큐레이터에게 붙던 해적이란 딱지가 벗겨지자, 이제 주요 관심사는 큐레이터들을 어떻게 평가할 것이며 또 콘텐츠 수익을 어떻게 나눠야 하는가 하는 문제로 옮겨가고 있다.

 현재 콘텐츠 제작 및 편집 세계에서 널리 받아들여지고 있는 사실들이 있다. 먼저 큐레이터들은 일관성 있는 콘텐츠 제작에 중요한 정도가 아니라 꼭 필요한 존재로 인정받고 있다. 〈허핑턴 포스트〉나 버스피드BuzzFeed, 업워디Upworthy 같이 콘텐츠 큐레이션이 잘되고 있는 웹사이트들은 지금 웹 트래픽 측면은 물론 수익 측면에서도 두각을 드러내고 있다.

수익 창출 모델들은 지금도 계속 진화 중이다. 일부 수익 창출 모델들이 선을 보이곤 있지만, 아직은 걸음마 단계이다.

수익은 콘텐츠가 얼마나 독점적인가, 또 독자층의 규모가 어느 정도이고 광고주들에게 어떤 가치가 있는가에 달려 있다. 물론 양질의 콘텐츠도 중요하다. 만일 양질의 콘텐츠도 없고 헌신적인 독자들도 없다면, 수익 창출 전략은 아무 의미도 없다. 창조된 것이든 큐레이트 한 것이든 여전히 콘텐츠가 왕이며, 그 콘텐츠가 방문객들에게 가치를 줄 수 있어야 한다.

당신이 쓰려고 하는 수익 창출 전략이 무엇이든 간에, 당신은 독자들과 직접적인 접촉을 해야 한다. 이와 관련해 슬라이드셰어의 스콧 스캔론은 이렇게 멋진 말을 했다. "당신은 클릭들을 지배해야 한다."

당신이 당신 자신이나 사업을 위해 큐레이션을 효과적인 대화 수단으로 사용하려 할 때, 그리고 그게 큐레이트된 콘텐츠를 통한 수익 창출 문제와 연결될 때, 중요한 건 단 한 가지다. 일단 당신의 웹페이지에 트래픽이 쇄도하게 되면, 결국 방문객들의 클릭을 누가 지배하느냐에 따라 트래픽이 몰리는 곳이 결정된다.

내 경우 콘텐츠 마케팅 게임과 관련해 〈비즈니스 위크〉지에서 인용한 다음 말이 최근 5년간 본 인용문들 가운데 가장 인상에 남는다. "세상에서 가장 똑똑한 사람들은 당신으로 하여금 광고를 클릭하게 할 방법을 찾아내는 사람들이다."

스콧 스캔론은 이런 말을 했다. "사실이다. 생각해 보라. 구글과 애플(그렇다. 애플의 시리와 함께), 페이스북, 트위터, 마이크로소프트에 몸담고 있는 가장 뛰어난 엔지니어와 과학자들이 지금 오직 한 가지 목표를 위해 수십억 달러라는 돈과 엄청난 지력을 쏟아 붓고 있다. 사람들로 하여금 뭔가에 푹 빠져 계속 클릭하게 만든다는 목표 말이다. 내 생각에 그건 분명 마케팅 영역이다. 누구든 클릭을 지배하는 자가 수익을 지배하게 된다. 반면에 당신이 만일 클릭을 지배하지 못한다면 수익을 창출할 기회도 잃는다. 그게 바로 콘텐츠 마케팅의 본질이다. 어쨌든 콘텐츠 마케팅을 하는 건 수익을 창출하기 위해서이다. 만일 수익 창출 이외의 다른 목적으로 콘텐츠 마케팅을 한다면, 그건 그냥 취미에 지나지 않는다. 이게 또 당신 자신의 플랫폼이 있어야 하는 이유이기도 하다."

스캔론의 말은 모든 가치가 만들어지는 곳이 플랫폼이란 뜻이다. 따라서 당신이 만일 당신 자신이 지배하지도 못할 페이스북이나 구글+, 유튜브 등의 웹페이지에서 큐레이트를 한다면, 당신은 수익 창출 부분은 지배하지 못하게 된다.

스캔론의 말을 좀 더 들어보자. "당신은 사회적 자본을 얻기 위해 열심히 일해왔다. 그러나 당신이 만일 지배력이 별로 없거나 전혀 없는 플랫폼에서 작업을 해왔다면, 당신이 쌓아온 모든 것이 일순간 위험에 빠질 수도 있다. 게다가 어쩌면 이게 훨씬 더 중요한 것이겠지만, 당신은 결국 당신 자신의 자산 가치는 거의 올리지 못한 채 다른 누군가의 자산 가치만 높여주고 있는 셈이다."

그래서 플랫폼과 클릭을 지배해야 하는 것이다. 너무도 간단명료한 사실이다. 당신 자신의 플랫폼에서 권위도 쌓고 방문객도 늘릴 경우, 당신은 수익 창출 분야도 지배하게 된다.

오늘날 수익 창출 분야는 크게 세 범주, 그러니까 광고와 정기구독, 전자상거래로 나뉜다. 그리고 각 범주는 모두 당신 웹사이트의 큐레이션 목표와 독자들에 의해 영향을 받는다. 결국 수익 창출을 위해서는 각종 옵션과 수익 자원들을 적절히 섞어 사용해야 하니, 서로 다른 접근법들을 시도하는 걸 두려워 말라.

광고

한때 광고는 각 웹사이트마다 어떻게든 피하려 하지만 수익 모델을 찾기 위해 어쩔 수 없이 시도하는 마지막 일이었으나, 최근 몇 년 사이에 '웹에서는 모든 게 무료가 되어야 한다'는 주문이 '그래도 뭔가는 유료화해야 한다'는 보다 합리적인 생각으로 발전됐다. 더욱이 큐레이션이 중요하면서도 꼭 필요한 웹의 일부로 떠오르면서, 이제는 광고가 큐레이트된 웹사이트들에서 수익을 창출하기 위한 하나의 수단으로서 보다 당연시되고 있다.

웹사이트 광고 옵션들 안에는 다음과 같은 다양한 요소와 선택들이 포함된다.

- 페이지 화면
- 배너 광고
- 링크
- 디스플레이 광고

131

당신이 만일 콘텐츠를 큐레이트해 독자들에게 꾸준히 제공한다면, 광고는 합리적인 수익 원천이다. 웹상에는 많은 종류의 광고 네트워크들이 있으며, 각 네트워크는 당신의 독자들, 독특한 방문객들, 당신 웹페이지의 질 등에 따라 차등적인 수익 창출 결과를 제공한다.

비디오 프리롤 광고

한때는 비디오 소유권자들만 웹페이지에 올리는 콘텐츠의 가치를 좌지우지했지만, 이제 프리롤 광고pre-roll ad(비디오 콘텐츠가 재생되기 전에 나오는 광고—역자 주)와 중간 광고가 있는 비디오들이 등장하면서 그 소유권에 변화가 일어나고 있다. 이 모든 건 비디오 페이지들을 위한 행동으로 여겨지지만, 우리는 중간 광고 포맷에서 기사나 페이지가 나오기 전에 광고가 돌아가는 경우를 점점 더 자주 보고 있다.

광고 협찬. 관심이 있는 특정 콘텐츠에 대한 광고 협찬은 가장 효율적인 웹페이지 광고 노출률CPM(cost per mille. 사용자에게 1,000회 노출되었을 때 들어가는 광고비 비율—역자 주)을 이끌어내며, 광고 협찬 수/조정은 좋은 최적화 연습이다. 사용자가 1,000만이 넘지 않을 경우 자체적으로 타깃팅(하나 혹은 복수의 소비자 집단을 목표 시장으로 선정하는 마케팅—역자 주) 전략을 구사하긴 어렵다. 사용자 수가 많지 않을 때는 그냥 기존의 광고 네트워크를 활용하고, 가능하다면 최소한의 수익 배분을 요구하도록 하라. 끝으로 리드lead(신문 기사나 논설, 사설 등에서 본문 맨 앞에 그 요지를 추려서 쓴 짧은 문장—역자 주)를 만드는 것도 일종의 광고라는 걸 잊지 말라(CNET의 수익 창출 방식을 살펴볼 것).

네이티브 광고. '네이티브'는 새로운 범주이지만, 아주 빠른 속도로 성장 중이다. 네이티브 광고는 광고주들이 당신의 독자들과 관련지어 자신들의 스토리를 들려줄 기회를 제공하는 광고로, 편집 요소들이 들어 있다. 어떤 주제와 관련해 큐레이트된 콘텐츠 페이지는 네이티브 광고에 이상적인 경우가 많다. 네이티브(예를 들면 협찬받은) 콘텐츠 제목을 제대로 붙이도록 조심하라. 잘못했다가는 방문객들이 당신의 큐레이션 의도를 의심쩍어할 수도 있다.

유료 회원. 방대한 양의 콘텐츠가 존재하는 웹 안에는 큐레이트된 콘텐츠를 유료 회원들에게만 제공하는 웹사이트들이 있다. 그 콘텐츠는 웹의 다른 사이트에서도 볼 수 있는 것이기 때문에 사람들은 그 콘텐츠 때문에 돈을 내는 게 아니라, 당신만의 독특한 큐레이션 지식과 뛰어난 콘텐츠 편집 능력 때문에 돈을 낸다.

이걸 잊지 말라. 유료 회원을 받으려면, 다른 웹사이트에서 가져와 큐레이트한 콘텐츠 외에 당신만의 독창적인 '프리미엄' 콘텐츠도 있어야 한다. 이에 대해선 딱히 정해진 법칙 같은 건 없지만, 창작 콘텐츠와 큐레이트된 콘텐츠를 적절히 섞는 게 가장 이상적이다. 그러나 소비자들에게 콘텐츠에 돈을 지불하게 만드는 건 정말 쉽지 않은 일이다. 〈월 스트리트 저널〉, 〈뉴욕타임스〉, 넷플릭스, 〈인포메이션〉 등이 자신들의 프리미엄 웹사이트들을 유료화하는 작업을 하고 있는 중이며, 핸디맨 클럽, 가드닝 클럽 같은 틈새 커뮤니티 웹사이트들이 매월 일정 금액을 받고 소비자들에게 콘텐츠와 전자상거래와 커뮤니티를 섞어 제공하려 하고 있다.

신디케이션

신디케이션syndication(독립된 경제 주체들이 공동의 이익을 위해 잠정적인 조직을 만들어 활동하는 것-역자 주)을 활용할 경우, 당신은 비슷한 독자들을 가진 웹사이트들에 당신의 콘텐츠를 사용할 수 있게 해주고 서로 링크를 걸 수 있게 해줄 것을 요청할 수 있다. 소위 '카니벌라이제이션cannibalization'(한 기업의 신제품이 기존 주력 제품의 시장을 잠식하는 현상-역자 주)을 두려워할 필요는 없다. 이 세상에 완전히 독점적인 건 아무것도 없으며, 당신은 다른 무엇보다 자신의 브랜드에 더 많은 신경을 쓰면 된다.

전자상거래. 콘텐츠로 인해 거래가 이루어질 수 있는 게 바로 이 전자상거래이다. 예를 들어 당신이 만일 플라이 낚시와 관련된 멋진 웹사이트를 갖고 있고, 그 웹사이트에 비디오, 글, 사진, 트윗 등을 이용해 큐레이트한 유용한 콘텐츠가 잔뜩 들어 있다면, 플라이 낚시를 좋아하는 사람들이 사고 싶어 하는 제품들에 링크를 걸 웹사이트로 이보다 좋은 웹사이트가 또 있을까? 이처럼 큐레이트된 웹사이트에 적절한 거래 웹사이트들을 링크 거는 것은 안정적인 수익을 확보할 수 있는 한 가지 방법이 될 수 있다.

샤우트미라우드닷컴ShoutMeLoud.com에 올린 글에서 하쉬 아그라왈은 큐레이션으로 수익을 창출할 다른 멋진 제안도 내놓았다. 당신이 만일 틈새시장을 노릴 수 있는 주제(예를 들어 금융, 부동산 등)로 큐레이트를 한다면, 당신 자신의 전자책을 팔거나 아마존 제휴 프로그램을 이용해 아마존의 전자책들을 추천할 수도 있다고 제안한다.

아그라왈은 이렇게 설명했다. "당신은 서비스 및 제품을 파는 다른 전문가들과 접촉해 그들에게 틈새시장을 노리는 당신 자신의 큐레이션 웹사이트에 대한 홍보를 할 수도 있습니다. 그런 틈새 큐레이션 웹사이트는 사이트 트래픽의 질이 아주 좋으며, 전환 비율conversion rate(웹사이트 방문자가 제품 구매, 회원 등록 등 그 웹사이트가 의도하는 행동으로 전환되는 비율—역자 주)도 아주 높습니다. 이런 장점을 잘 활용할 경우 바로 아주 큰 광고 효과를 볼 수 있습니다."

당신의 큐레이션 웹사이트에서 가치를 창출해낼 또 다른 방법은 방문객들로 하여금 당신의 메일링 리스트(관심 분야가 같은 그룹 내에서 이메일로 각종 정보나 메시지를 교환하는 것—역자 주)에 참여하게 하거나 회비를 내고 당신 웹사이트의 RSS 피드(사용자가 원하는 웹사이트의 정보 목록을 자신의 SNS에서 구독할 수 있게 해주는 기능—역자 주)를 활용하게 해주는 방법이다. 아그라왈의 말에 따르면, 두 경우 모두 당신은 메일링 리스트를 구축함으로써 아주 큰 가치를 창출할 수 있다. 메일링 리스트를 통해 적절한 독자들을 확보함으로써, 다양한 이메일 마케팅 옵션들을 가질 수 있기 때문이다.

방문객들에게 유료 회원 등록을 요청하고 싶다면, 팝업 스타일의 광고를 통해 매일 또는 주 단위로 발송되는 회보를 받아보라고 권하는 게 한 방법이다. 메일 침프Mail Chimp 같은 웹사이트들을 이용하면 이 모든 과정을 자동으로 처리할 수 있을 뿐 아니라, 당신의 포스트와 비디오들을 멋지게 레이아웃해 자동으로 메일이 전송되는 회보를 만들 수도 있다.

3 위대한 큐레이터들
-누가 제대로
하고 있는가?

Curation

13 무엇이 위대한 큐레이터를 만드는가? 그 팁과 비법들

성공한 큐레이터들의 5가지 특징

당신이 만일 서부 개척 시대를 연상케 하는 새로운 경계들을 찾고 있는 큐레이터라면, 성공한 큐레이터들의 최선의 관행 5가지를 잘 고려해야 한다.

1. 콘텐츠 생태계의 일부가 되라.

단순한 콘텐츠 재포장을 하지 말고 콘텐츠 생태계의 일부가 되라. 사람들은 자신을 크리에이터나 큐레이터 둘 중 하나라고 생각한다. 마치 그 양자가 서로 배타적인 직업이라도 되는 듯이 말이다. 그러나 큐레이터는 제작자이면서 동시에 편집자가 된 자세로 콘텐츠를 대해야 한다. 가장 성공적인 큐레이션 웹사이트들로는 〈허핑턴 포스트〉 같은 웹사이트들을 꼽을 수 있는데, 이런 웹사이트들은 콘텐츠를 창조하는 일, 방문객들로 하여금 콘텐츠 제작에 기여하게 하는 일, 웹에서 각종 링크와 기사들을 수집하는 일, 이 3가지를 중시하는 '삼각의 자 철학'을 모토로 삼고 있다. 그러니까 3c, 즉 creation(창조)과 contribution(기여)과 collection(수집)을 적절히 섞는 게 아주 중요하다. 어째서? 당신의 방문객들은 웹상에서 관련 자료를 찾아 헤매는 걸 원치 않기 때문이다. 그래서 그들은 큐레이션이 잘된 양질의 콘텐츠가 꾸준히 제공되는 웹사이트를 찾아낼 경우, 계속 거기 머물며 잘 떠나지 않는다.

2. 정해진 일정을 잘 지켜라.

독자들은 관련 콘텐츠가 규칙적으로 업데이트되길 기대하며, 당신이 그렇게 해줄 경우 기꺼이 보상을 하려 한다. 그렇다고 지키지도 못할 벅찬 일정을 짤 필요는 없다. 당신이 만일 하루에 새로운 링크 3개를 큐레이트하고 1주일에 큰 포스트 하나를 작성하고 싶다면, 그게 일정이다. 매주 같은 시간에 포스팅하도록 하라. 그래야 독자들이 언제 새로운 자료가 올라올지를 예측할 수 있다. 꾸준히 그리고 규칙적으로 콘텐츠를 업데이트하면 계속 새로운 독자들이 생기게 되며, 당신의 노고를 알아주는 충성도 높은 회원들이 계속 늘게 된다. 제이슨 허천은 자신의 회보 미디어리데프MediaReDEF를 통해, 큐레이터 입장에서 정해진 일정을 잘 지키는 게 얼마나 중요한 일인지를 보여 주고 있다. 그는 회보 발행 일자를 놓친 적이 단 한 번도 없다.

3. 여러 플랫폼들을 받아들여라.

한때는 당신의 독자들이 당신에게로 왔었다. 그러나 이젠 그렇지 않다. 오늘날 콘텐츠 소비자들은 필요한 정보를 자신이 선택한 플랫폼에서 얻는다. 그러니까 당신은 이제 짧은 글은 텀블러에, 이미지는 핀터레스트에, 비디오는 유튜브에 그리고 커뮤니티 대화는 페이스북에 포스팅하는 걸 고려해 봐야 한다. 그렇다고 이미 자리 잡은 웹사이트 등을 무시하진 말라. 만일 당신의 독자들이 어떤 블로그를 즐겨 본다면, 거기에 손님용 포스트나 정기적인 칼럼을 제공해도 좋을 것이다. 당신의 방문객들이 어떤 걸 즐겨 보든, 기본적으로 그들도 뭔가를 기여할 수 있게 해주어라.

4. 관심을 갖고 참여하라.

큐레이터로서 자기 목소리를 가지려면 단순히 당신 자신의 콘텐츠를 만들고 큐레이트하는 것 이상의 일을 해야 한다. 다른 사람들의 포스트를 읽고 거기에 댓글을 달아줌으로써 피드백을 주도록 하라. 리트윗(트위터에 게재된 메시지, 즉 트윗을 다른 사람에게 전달하거나 읽어 보라고 추천하는 것−역자 주)은 동료 블로거나 큐레이터들과 돈독한 관계를 구축할 수 있는 가장 손쉬운 방법들 중 하나이다. 그리고 당신의 팔로워들은 좋은 콘텐츠를 소개해 주는 것에 대해 당신에게 고맙게 생각하게 된다. 내 경우 뭔가를 추천할 때 그 내용을 다 보지 않고는 절대 리트윗을 하지 않는다. 진정 추천할 만한 가치가 있다고 생각되는 자료들을 꾸준히 추천해 주도록 하라. 그러지 않으면 결국 팔로워들을 다 잃게 될 가능성이 많아진다.

5. 훔치지 말고 공유하라.

시간을 들여 반드시 출처를 밝히고 그 출처에 링크를 걸어주어라. 우리가 서로 독자들을 공유하고 서로 공개적인 지지를 할 때 비로소 공유 경제도 가능해진다. 만일 당신이 누군가의 콘텐츠를 가져와 그 출처도 밝히지 않고 당신의 블로그에 올린다면, 당신은 신뢰를 공유하지 못한다. 그건 다른 누군가의 노력을 훔치는 것에 지나지 않는다.

우리는 지금 점점 더 정보가 과잉 공급되는 세상에 살고 있다는 걸 잊지 말라. 사람들이 당신의 말에 귀를 기울이기로 했다면, 그건 당신이 소음들과 중요한 신호들을 구분할 수 있기 때문이다. 결국 당신은 지금 당신이 창조하고 큐레이트하는 콘텐츠들을 통해 분명하면서도 맥락에 맞는 적절한 자기 목소리를 내고 있다는 점이다.

자, 이제 다음 장들에서 우리는 최선의 관행들을 통해 큐레이션 웹사이트와 사업을 키우고 있는 웹사이트 및 개인들에 대해 알아보려고 한다. 그들은 여러 가지 면에서 다 다르고, 큐레이션 방법은 물론 자신들이 쓰고 있는 툴이나 관행들에 대한 의견도 다 다르다. 그러나 그들은 모두 큐레이션을 활용해 의미 있는 인터넷 기업들을 발전시켜 나가고 있다.

14

버즈피드

버즈피드BuzzFeed는 2005년에 켄 레러와 아리아나 허핑턴과 함께 뉴스 웹사이트 〈허핑턴 포스트〉를 만든 조나 페레티의 작품이다. 그는 2011년 〈허핑턴 포스트〉가 3억 1,500만 달러에 AOL에 넘어간 뒤 그곳을 떠났다.

내가 처음 페레티를 만났을 때 그는 초창기의 버즈피드를 이미 어느 정도 안정 궤도에 올려놓은 상태였고, 나는 매그니파이닷넷Magnify. net을 구축 중이었다. 버즈피드의 초창기는 소셜 네트워크의 변혁기였다. 그는 〈허핑턴 포스트〉에서 많은 것을 배웠다. 거기에서 콘텐츠 소비 및 공유의 테스트 및 최적화라는 혁신적인 일을 했다. 당시 〈허핑턴 포스트〉의 제목과 그림, 페이지 레이아웃 등을 혁신해 독자 수와 공유를 늘리는데 기여한 기술도 그가 개발한 것이었다.

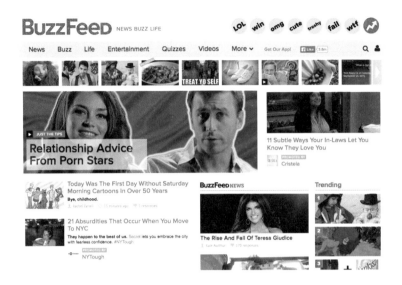

허핑턴은 검색 엔진 최적화 경쟁에서 승리한 걸로 여겨졌지만, 오늘날 페레티는 검색 엔진 최적화 문제에는 별 관심이 없다. 그는 검색 엔진 최적화를 인간이 아닌 로봇들에 맞춰 최적화된 고장 난 시스템 정도로 보고 있다. "지금 트위터와 페이스북은 콘텐츠에 관한 한 1면 톱 기사나 다름없습니다. 지금은 사람들이 콘텐츠를 보러 홈페이지를 찾아가는 게 아니라, 소셜 네트워크를 통해 콘텐츠가 사람들에게 옵니다. 제가 보기에 지금 흥미로운 건 트위터나 레딧, 페이스북, 스텀블어펀StumbleUpon 같은 소셜 플랫폼들이 강세라는 겁니다. 그러니까 이건 로봇이 아니라 인간을 위해 뭔가를 만들 수 있다는 것이며, 또 그러면서도 여전히 뭔가 위대한 걸 만들 수 있다는 얘기입니다."

이야기는 그가 버즈피드를 설립한 2006년으로 거슬러 올라간다. 당시 버즈피드는 그야말로 하루아침에 차세대 편집 보도 및 인포테인먼트infotainment(information과 entertainment의 합성어로, '정보 오락'으로 해석됨-역자 주)의 선두주자로 급부상했다. 소셜 뉴스 및 엔터테인먼트 기업으로 불린 이 웹사이트는 매일매일 시사성 있는 사건, 문화, 정책, 엔터테인먼트, 기술 분야의 화제들을 표제어로 올렸고, 관심이 집중된 주제와 특수한 이해관계를 가진 문제, 웹상에 오른 흥미로운 토막 소식 등 다양한 기사를 제공했다. 그리고 이런 기사들은 "엘오엘LOL, 윈Win, 오엠지OMG, 페일Fail" 같은 사이버 용어들로 태그됐다. 어쨌든 이 웹사이트는 지금 월 1억 5,000만에 이르는 방문객들에게 웹상에서 '가장 많이 공유되는 긴급 뉴스들과 평범한 보도, 동영상 콘텐츠 등'을 제공하고 있다.

배경

1997년 조나 페레티는 맨해튼 첼시에 있는 멀티미디어 기업 아이빔Eyebeam의 대표 존 존슨과 손을 잡았다. 당시 존슨은 젊은 아티스트들과 기술전문가들이 그들의 작품을 공유할 수 있는 온라인 광장을 만들겠다는 비전을 갖고 있었고, 그래서 자신의 그런 비전을 실현시켜 줄 웹 분야의 귀재를 찾고 있었다.

그러다가 우연히 웹상에서 입소문을 타며 유명해진 페레티가 보낸 이메일 하나를 보게 됐는데, 그 이메일에는 페레티가 나이키 쪽 임직원과 주고받은 대화가 담겨 있었다. 당시 나이키는 '스웨트숍sweat-shop'(노동력을 착취하는 작업장-역자 주)이란 말이 적힌 운동화를 주문 디자인하면 어떻겠냐는 페레티의 제안을 거절했다. 그 이메일은 곧 수백만 명이 보게 되었는데, 존슨에게는 그 이메일 자체가 순식간에 사람들의 관심을 끌만큼 인상적인 콘텐츠로 받아들여졌다. 그리고 실제 페레티는 곧 많은 언론 매체들로부터 논란 많은 노동력 착취 문제에 대한 토론에 참석해 달라는 요청을 받았다.

존슨은 페레티를 자신의 기업 아이빔에 합류시켜 연구 및 개발 일을 맡겼다. 그리고 두 사람은 '울면서 먹기Crying While Eating' 같은 인기 웹사이트들을 만들고 테스트했다. '울면서 먹기' 웹사이트의 경우, 좋아하는 음식을 먹으면서 뭔가 슬픈 사연 때문에 눈물 쏟는 사람들을 보기 위해 곧 엄청난 방문객들이 몰려들었다. 페레티와 존슨은 곧 자신들이 입소문 날만큼 흥미로운 콘텐츠를 손에 쥐게 됐다는 걸 알게 됐다. 그 일을 통해 페레티는 한 가지 아이디어를 떠올리게 되며, 그 아이디어가 버즈피드의 탄생으로 이어지게 된다. 그 아이디어란 입소문난 에피타이저 성격의 콘텐츠들을 주요리로 만들어 수익을 창출해 보자는 아이디어였다. 그리고 버즈피드가 뉴스 기사, 비디오, 엔터테인먼트 자료, 버즈피드 커뮤니티 등이 뒤섞인 온라인 복합 웹사이트로 발전되면서, 그의 그런 비전은 현실화되게 된다.

사용자들은 회원 등록을 한 뒤 콘텐츠를 포스팅하며, 그 콘텐츠는 조회수로 등급이 매겨진다. 그리고 가장 활동이 활발한 포스트들에는 '상 태그award tag'가 주어진다. 포스트들은 '어떤 유명인이 가장 좋은 대통령이 될 것 같은가?', '당신은 얼마나 90년대 사람 같은가?' 식으로 온갖 주제들을 가진 콘텐츠나 짧은 설명이 붙은 그림 등등, 그 종류가 아주 다양하다. 2012년 버즈피드는 정치 분석 전문 온라인 매체 폴리티코Politico의 벤 스미스를 편집장으로 영입했다. 스미스는 이후 저널리즘 방면에서 보다 진정성 있고 진지한 목소리를 내자는 주장을 펴오고 있다.

버즈피드는 초기에 수백만 달러의 투자 기금을 유치하는데 성공했다. 물론 페레티는 버즈피드가 소셜 광고를 통해 수익을 올리는 데도 일조했다. 소셜 광고의 경우 기업들은 기사 형태의 광고에 자기 회사 이름을 덧붙일 수 있으며, 또 헌신적인 독자들에 의해 계속해서 공유되고 시청된다. 기본적으로 이런 형태의 광고에서는 기업들이 네이티브 광고 또는 유료 콘텐츠라는 포장을 통해 강매 의사를 숨길 수 있다.

이 같은 광고의 재창조 과정에서는 웹페이지상에서의 기존 배너 광고 대신 기사형 콘텐츠가 활용된다. 물론 업계에서는 새로운 시대의 이 광고로 인해 진정한 저널리즘과 기업의 호객 행위 간의 경계가 흐려질 수 있다는 경고를 내놓는 사람들도 있다.

페레티는 '기업들을 도와 웹의 언어로 말할 수 있게 해주는 게' 버즈피드의 목표라고 말한다. 제너럴 일렉트릭의 한 광고 캠페인이 그 좋은 예다. 그 광고 캠페인에서 사용자들은 제너럴 일렉트릭에서 만든 타임머신을 타고 어느 시대든 골라 가 버즈피드에 실리는 콘텐츠들이 시대에 따라 어떻게 다른지를 볼 수 있다. 버즈피드는 페이스북 및 트위터와도 손잡고 기업의 협찬을 받는 트윗들을 반복해서 보여 주기도 한다.

〈뉴욕타임스〉는 최근 실리콘밸리의 벤처 캐피털(벤처 기업에 주식 투자 형식으로 투자하는 기업-역자 주)인 앤드리신 호로위치가 버즈피드에 5,000만 달러를 투자했다는 기사를 내보냈다. 전체적으로 버즈피드의 수익 대부분은 버즈피드 크리에이티브로부터 나온다. 75명의 광고 전문가들로 구성된 이 팀은 사전 패키징된 콘텐츠를 기업들을 위한 홍보 수단으로 활용한다.

버즈피드는 그야말로 하루아침에 정보 공유 형태의 소셜 콘텐츠 업계의 총아로 떠올랐다. 버즈피드의 운영 메커니즘을 간단히 살펴보자면 다음과 같다. 우선 AOL을 들 수 있는데, 이는 〈타임〉, TMZ 같은 주류 웹사이트들을 뒤져 웹상에서 히트 칠 만한 콘텐츠를 찾아주는 일종의 모니터링 기술로 버즈피드의 홈페이지를 움직이는 원동력이다. 알고리즘은 히트 칠 걸로 예상되는 콘텐츠를 선정하게 프로그램화되어 있으며, 그렇게 선정된 콘텐츠는 버즈피드 웹사이트에서 순환된다. 홈페이지의 슬롯slot(프로그램 등이 들어가는 자리—역자 주)들 역시 이 히트 예상 콘텐츠 스캐닝 과정에 따라 운영된다. 또한 버즈피드 웹사이트는 기술을 활용해 개인 피드들을 골라내며, 이때 특정 콘텐츠가 소셜 미디어 스트림을 통해 많은 사람들에게 노출되면서 결국 버즈피드의 히트 콘텐츠로 부상하게 된다.

버즈피드의 편집팀은 히트 예상 콘텐츠를 면밀히 검토해 홈페이지상에서 그 콘텐츠에 노란색 태그(예를 들어 LOL, OMG, Cute 등)를 붙여줄 것인지를 결정한다. 만일 특정 콘텐츠가 많은 클릭수를 기록할 경우, 그 콘텐츠는 RSS 피드 자격을 얻게 되어 사용자들이 자신의 SNS에서 볼 수 있게 된다. 버즈피드의 데이터 과학 팀은 각 콘텐츠와 그 뿌리를 정밀 분석한다. 그들은 또 특정 콘텐츠의 조회수를 계속 추적해 히트 가능성을 예측하기도 한다.

또한 편집팀은 새로운 편집 기술을 고안해내 웹사이트에서 테스트한다. 그런 다음 그 기술에 대한 사용자들의 반응을 봐가며 그 기술을 콘텐츠에 적용한다.

콘텐츠들은 '야식을 하는 사람들이 당신에게 말해주지 않을 비밀 19가지', '치명적인 셀카 7가지' 식으로 편집되어 어떤 정보인지를 보여 주는 사진 및 그래픽들과 함께 제시되기도 한다. 버즈피드 웹사이트에는 조회수가 가장 많은 스토리들이 목록화되어 있는 트렌딩 섹션도 있다.

퀴즈 페이지는 방문객들에게 인기 있는 코너로, 분석가들이 예의주시할 정도로 버즈피드의 트래픽을 크게 늘리는데 기여하고 있는 걸로 알려져 있다. 〈뉴스위크〉 최근호에 따르면, 버즈피드는 자신들의 퀴즈 섹션에 누적된 데이터를 기록하고 있다고 한다. 분석 전문가 댄 베이커는 이렇게 말한다. "대부분의 웹사이트들이 일정 정보를 기록하고 있는데, 버즈피드는 정보 전부를 기록 중입니다." 버즈피드의 데이터는 구글 애널리틱스로 기록 중이며, 그 기록은 인터넷 사용자들과 그들의 선호도, 습관 등에 대한 더없이 귀한 정보 자원으로 여겨지고 있다.

이 같은 정보 수집은 계속 인터넷 프라이버시에 대한 논란은 물론, 소셜 미디어 툴들이 얼마나 개인의 프라이버시를 침해할 수 있는지에 대한 논란도 불러일으키고 있다. 버즈피드의 커뮤니케이션 담당 수석 관리인인 크리스티나 디루소는 현재 퀴즈 데이터가 대량으로 수집되고 있지만 개인의 프라이버시를 침해할 의도는 전혀 없다고 조심스레 말했다.

소셜 미디어

소셜 미디어는 추천을 받아 방문한 사람들로 인해 발생하는 추천 트래픽에서 그 비중이 75퍼센트나 된다. 버즈피드의 데이터 분석 팀은 히트 콘텐츠들이 어떻게 '씨앗 뷰seed view'에서 '소셜 뷰social view'로 진화되는지를 분석한다. 버즈피드에서는 그런 데이터를 '바이럴 리프트viral lift'라 하는데, 많은 사람들이 소셜 웹사이트에서 인기 있는 스토리를 발견해 그 스토리가 히트하게 된다는 의미이다. 버즈피드는 소셜 미디어를 활용해 독자들과 연결되고 있으며, '현재 일어나고 있는 일들'의 리듬에 호흡을 맞춰가고 있다. 그렇게 함으로써 독자들에게 대화에 참여할 수 있는 기회를 주는 셈이다. 어쨌든 이제 소셜 미디어는 버즈피드 운영에 없어선 안 될 부분이 되었다. 그리고 버즈피드는 지금 페이스북을 '인터넷의 새로운 제1면'으로 여기고 있다.

버즈피드는 또한 사용자 활동과 잘 연결해 리트윗을 활성화하는 등 트위터버스, 즉 '트위터 우주'를 잘 활용하고 있다. 트위터는 편집 콘텐츠용 자료를 수집하는 데도 활용되고 있는데, 최근 편집자들에 의해 만들어진 성폭행 피해자들에 대한 스토리가 바로 그렇게 해서 나온 스토리이다.

버즈피드는 이처럼 주류 언론 매체에 실리지 않는 정보와 스토리들을 인터넷에서 발굴해냄으로써 소셜 저널리즘을 위한 독창적인 플랫폼으로 자리매김하고 있다. 그리고 페레티와 그의 팀은 지금도 뉴스 소비가 어떻게 기존 뉴스 매체에서 소셜 미디어 쪽으로 옮겨오고 있는지를 면밀히 분석 중이다. 지금 사람들이 정보를 얻는 길은 소셜 공유 포럼들과 보다 개인화된 뉴스 보도 브랜드로 갈라지고 있다. 그리고 버즈피드는 그런 트렌드를 한 단계 더 끌어올리는데 일조하고 있다.

새로운 방향들

지금 버즈피드는 자신들이 개척한 영토에서 한 걸음 더 나아가 새로운 땅들을 찾아내려 애쓰는 중이다. "우리는 오늘날 사람들이 미디어를 소비하는 방식에 발맞춰 움직이는 미디어 기업이 되려 합니다." 〈뉴욕타임스〉와의 인터뷰에서 페레티가 한 말이다.

벤처 캐피털 앤드리신 호로위치가 5,000만 달러를 투자한 이래 버즈피드는 계속 새로운 콘텐츠 및 기술 도입을 발표했으며, 또 로스앤젤레스에 있는 자신들의 비디오 제작소인 버즈피드 모션 픽처스에 관심과 돈을 투자했다. 베를린과 멕시코시티, 뭄바이에 사무소를 여는 등 사업을 해외로 확대할 계획도 세워놓고 있다. 그들의 소셜 미디어 목표는 버즈피드 디스트리뷰티드BuzzFeed Distributed의 발전과 더불어 재정립될 것이다. 버즈피드 디스트리뷰티드는 소셜 미디어용 콘텐츠와 메시지 송수신 앱들에만 집중하는 20여 명으로 이루어진 팀이다.

저널리즘 측면에서 페레티와 스미스 두 사람은 모두 그간 기회 있을 때마다 버즈피드를 신뢰할 만한 뉴스 원천으로 자리 잡게 만들겠다는 의도를 밝혀왔다. 최근에 버즈피드는 그런 의도에 맞지 않는 낡은 포스트 수천 개를 삭제했다. 또한 콘텐츠 선정 기준도 높여, 편집 핵심도 불분명한 짧고 불필요한 제목 등을 달아 클릭을 유도하는 미끼성 콘텐츠나 올리는 웹사이트라는 불유쾌한 오명을 씻어내기 위한 노력도 병행 중이다. 콘텐츠 선정 기준을 높이는 일의 일환으로, 버즈피드의 편집장 샤니 힐튼은 지금 자신들의 저널리즘 관련 관행들에 명확한 기준을 세우는 정책을 펴고 있는 중이다.

버즈피드가 다음 단계로 나아가려 애쓰고 있는 상황에서, 회사 설립자들은 엄청나게 빠른 속도로 성장하는 새로운 소셜 미디어 분야의 리더 자리를 지키는 것도 만만치 않은 일이라는 걸 너무도 잘 알고 있다. 아무리 그 일이 힘들고 경쟁자들이 많다 해도, 페레티는 이렇게 강조한다. "우리는 지금 소셜 및 모바일 시대에 맞는 뉴스 및 엔터테인먼트 기업의 의미를 재정립 중입니다."

"미디어와 콘텐츠는 인간 사업입니다. 그런데 지금 우리 인간들은 로봇이 지배하는 구글에 너무 많은 힘을 주고 있으니 문제입니다." 웹 미디어 업체 〈판도 데일리〉와의 인터뷰에서 페레티가 한 말이다.

버즈피드 요점 정리

- 소셜 미디어 분야에서는 공유가 중요하다.
- 페이스북과 트위터는 웹페이지의 제1면을 장식한다.
- 오늘날에는 기사형 광고 내지 네이티브 광고가 수익원이다.
- 버즈피드는 히트 예상 콘텐츠를 AOL, TMZ 등의 웹사이트에서 찾는다.
- 오늘날에는 리스트가 공유를 촉진한다.
- 소셜 미디어는 버즈피드 '추천 트래픽'에서 그 비중이 75퍼센트나 된다.

15 업워디

버즈피드가 큐레이트된 콘텐츠에 의한 트래픽 발생의 왕이라면, 엘리 파리저는 버즈피드 모델을 완전히 뒤집은 인물이다. 그는 원래 정치 단체 일을 보다가 디지털 분야 전문가로 방향을 바꾸었다. 그는 9/11 테러 직후 온라인 반테러 캠페인을 벌여 30일 만에 50만 명으로부터 지지 서명을 받는 성과를 거두기도 했다.

파리저는 2001년 11월에 진보적인 시민운동 단체인 무브온MoveOn. org에 합류했다. 2004년에는 그 단체의 사무총장으로 지명됐으며, 그 직위를 2008년까지 유지했다. 2008년 이후에는 무브온의 이사장을 역임했다. 무브온은 2012년 700만 명이 넘는 회원수를 기록했다. 그러나 웹이 점점 강력한 힘을 발휘하게 되면서, 파리저는 사용자들의 개인적 편견과 좁은 시야에 맞는 콘텐츠를 제공해 주는 알고리즘에

우려의 눈길을 보내게 된다.

그는 '필터 버블Filter Bubble'(인터넷 정보 제공업체들이 이용자 맞춤형 정보를 제공해 필터링된 정보만 이용자에게 도달하는 현상—역자 주)이란 용어를 만들어냈으며, 필터 버블 현상에 대한 우려를 소재로 한『필터 버블』이란 책을 써내기도 했다. 간단히 말해 그는 검색 엔진들이 사용자의 검색 이력을 토대로 같은 질문에 대해서도 다른 답을 내놓는 현상을 목격한 것이다. 그러니까 예를 들어 진보적인 관점을 가진 사람은 보수적인 관점을 가진 사람과는 전혀 다른 답을 얻게 된다는 의미이다. 파리저의 경력은 큐레이션이라는 우리의 주제와도 밀접한 관련이 있다.

그는 자신의 작업에 분명 편파적인 관점을 대입하고 있으며, 그러면서도 동시에 각종 문제와 아이디어를 교육적인 관점에서 탐구하는 일에 전념하고 있다. 그러니까 1차원적인 선전전을 펴려 하기보다는 각종 문제와 아이디어들을 분명히 하는 일에 힘을 쏟고 있는 것 같다.

2012년에 파리저는 콘텐츠 전문 웹사이트 업워디Upworthy를 출범시켰다. 업워디는 아주 멋지고 의미 있고 시각적인 콘텐츠를 다루려 애쓴다. 그리고 이메일에 기반을 둔 무브온과 달리 업워디는 소셜 네트워크들, 특히 페이스북을 기반으로 운영되며 각종 사회 문제들에 대해 진보적인 관점을 보이는 스토리들을 주로 다룬다. 업워디는 현재 '세상에서 가장 빨리 성장하는 미디어 기업'으로 불린다. 그리고 이같이 빠른 업워디의 성장은 버즈피드 성장 모델의 일부 가정들에 반하는 것으로, 업워디의 콘텐츠들은 대중의 참여보다는 의미와 문제들을 토대로 움직이고 있다. 숫자는 거짓말을 하지 않는 법인데, 업워디는 2012년 9월에 월 조회수가 600만을 기록했었는데, 놀랍게도 그다음 달에는 월 조회수가 870만으로 껑충 뛰었다.

업워디에는 큐레이터 팀이 있어, 매일 아침 소셜 미디어를 탐색해 트렌드에 맞는 스토리들을 찾는다. 파리저는 〈비즈니스 인사이더〉지와의 인터뷰에서 이런 말을 했다. "우리에겐 큐레이터 팀이 있는데, 그들은 모든 시간을 인터넷에서 콘텐츠를 찾는데 보냅니다. 우리는 눈에 띄고 공유할 만한 스토리들을 찾으며, 글 위주의 뻔한 기사나 블로그 글은 피합니다. 주로 이미지와 비디오들을 찾는 거죠."

그는 또 모든 소셜 네트워크들이 똑같이 만들어지지는 않는다고 했다. 그와 그의 팀 입장에서 페이스북의 가치는 절대 과소평가될 수 없다. "솔직히 말해, 저는 우리가 성공한 데는 다른 그 어떤 소셜 네트워크들보다 페이스북을 훨씬 더 소중하게 여긴 덕도 있다고 생각합니다." 파리저는 이렇게 말을 이었다. "나는 트위터를 좋아합니다. 트위터는 똑똑한 사람들과 함께 시간을 보내기 좋은 곳이죠. 하지만 트위터의 경우 페이스북과 비교하면 우리 트래픽의 일부에 지나지 않습니다. 대부분의 웹사이트들이 자신들의 홈페이지를 완벽하게 만들기 위해 쏟는 그 많은 시간과 관심을 우리는 페이스북에 쏟은 것 같습니다. 보시면 알겠지만, 우리 홈페이지는 아주 허접합니다."

업워디는 콘텐츠 크리에이터들보다는 큐레이터들로 이루어진 팀이다. 그래서 그들은 무엇이 독자들의 관심을 사로잡는지를 보기 위해 이런저런 스토리들을 찾아내고 개선하고 테스트하는데 많은 시간을 보낸다. 그리고 일단 히트할 잠재력이 있다고 판단되는 콘텐츠를 발견하면, 그 큐레이터들은 가장 눈길을 끄는 제목을 찾기 위해 제목을 25개나 만든다. "25개의 제목 뒤에 숨은 의미는 당신이 아무리 뛰어난 콘텐츠를 갖고 있고 그 논지를 아무리 분명히 한다 해도, 아무도 읽지 않는다면 그 콘텐츠는 쓰레기나 다름없다 이런 겁니다. 어떤 콘텐츠든 제목을 통해 사람들에게 선보이는 법이니, 제목은 그렇게 중요한 거죠." 파리저의 말이다. 이 대목에서 파리저가 하는 말은 버즈피드의 조나 페레티가 하는 말과 아주 흡사하게 들린다. 파리저 역시 사람들이 읽지 않거나 공유하지 않으면 아무리 좋은 콘텐츠도 소용없다는 걸 알고 있는 게 분명하다. "제목 하나로 1,000명이 보느냐 100만 명이 보느냐의 차이가 생깁니다."

파리저는 페레티와 똑같은 툴박스를 쓰고 있지만, 밑에 깔린 동기는 다르다. 파리저는 중요한 콘텐츠가 읽히고 공유되길 원하며, 어떤 콘텐츠가 공유할 가치가 있을 때 비로소 독자로 하여금 그 비디오를 클릭하게 만드는 게 중요하다는 것도 잘 안다. 그렇지 않을 경우, 그저 한 번의 클릭으로 끝날 뿐 더 이상 알려지지 않는다.

업워디는 각 포스트에 대해 수많은 제목을 테스트하고 있으며, 그러면서 일단 어떤 링크가 트윗되거나 좋아요를 받을 경우 얼마나 많은 사람들이 그 링크를 클릭하는지, 또 일단 업워디 포스트를 클릭한 경우 얼마나 많은 사람들이 그걸 공유하는지를 살펴보고 있다. 그런 다음 그 데이터를 활용해 자신들의 콘텐츠를 최적화한다. 그렇다면 업워디는 콘텐츠 농장content farm(검색 엔진의 검색 순위를 높이려고 잡동사니 자료들을 가득 채워놓은 웹사이트—역자 주)인가 아니면 큐레이션 기업인가? 이에 대한 답은 그들 자신이 잘 안다.

2014년 6월 업워디는 지난 2년간 '큐레이션 문화'를 구축하는데 보냈다는 성명을 내놓았다. 다음은 그 당시 업워디 측에서 자신들의 블로그에 올린 글이다. "큐레이션이 뭐냐고? 차고 넘칠 정도로 많은 웹상의 콘텐츠들을 샅샅이 뒤져 사회적으로 중요한 의미가 있으면서도 아직 알려지지 않은 보석들을 찾아내, 그것들을 사람들에게 전달하는 일이다."

업워디의 글을 좀 더 보자. "가장 뛰어난 큐레이터들은 사람들이 뼛속 깊이 공감할 만한 콘텐츠들을 찾아낼 수 있다. 물론 그게 늘 쉬운 일은 아니다. 인터넷에는 중요한 사회 문제들을 깊이 파고든 각종 백서들이 널려 있다. 각종 풍자, 영감을 주는 스토리, 많은 걸 시사하는 분석, 본능적인 관심을 끄는 문제들도 널려 있다. 업워디가 하는 일은 늘 벤 다이어그램의 중심부, 즉 모든 것의 공통분모를 찾아내는 것이다."

업워디는 자신들의 '비법'을 '아이언맨 원칙Iron Man Principle'이라 부른다. 다시 그들의 블로그 글을 보자. "그러니까 기술과 데이터를 통해 각종 가정들을 테스트하고 올바른 결정을 내림으로써 창의성과 편집적 판단 사이에 균형을 잡는다. 인간적인 면도 있고 기계적인 면도 있다."

업워디의 블로그 글은 이렇게 이어진다. "아이언 맨 원칙의 핵심은 균형 잡히고 체험적인 방식으로, 즉 인간의 직관을 무시하지 않고(데이터 분석이 종종 그러듯) 그걸 잘 이끌어주는 방식으로 데이터를 활용하는 문화를 만들게 된다. 우리는 큐레이터들이 데이터가 제공하는 정보와 자신의 편집적 판단 및 동료들의 검토 사이에 균형을 잘 잡기를 바란다. 이것이야말로 진정 영향력을 키우는 방법이다."

업워디는 큐레이터들이 콘텐츠를 다루는 방법에 대해 많은 생각을 하고 있다며 이렇게 말했다.

"우리는 확산적 사고를 강조하며, 그래서 새로운 큐레이터들에게 우리 웹사이트를 보면서 완전히 다른 현실을 상상해 보라고 말한다. 하지만 많은 데이터에는 많은 책임이 따른다."

계속 업워디의 블로그 글이다. "우리는 우리 큐레이터들에게 독자들을 잘 파악하라고, 그러니까 그들이 클릭하고 소비하고 공유하는 콘텐츠를 실시간으로 분석하라고 말한다. 가장 뛰어난 큐레이터들은 그게 다가 아니라는 걸 잘 안다. 우리는 우리 큐레이터들이 피드백을 내면화하고, 그 일의 중요성을 늘 가슴에 새겨 독자들의 공감을 살 수 있게 부단히 노력하길 바란다. 시간이 지나면 결국 강력한 본능으로 굳어질 것이다."

업워디가 다른 웹사이트들과 다른 점은 단순한 편집 과정 그 이상이다. 업워디는 지금 기존 광고 방식에서 탈피하려 애쓰는 중이다.

"우리는 독자들에게 협찬 기회들을 제공하고 있습니다. 대의를 추구하는 협찬들이죠." 파리저의 말이다. "우리 콘텐츠 페이지들을 방문하는 사람들은 이를테면 시에라 클럽(미국의 환경보호 단체-역자 주) 같은데 가입할 기회를 갖게 됩니다. 광고주들은 소비자들을 상대로 훨씬 더 많은 교감을 나누고 싶어 합니다. 우리는 그들의 메시지를 적절한 시기에 적절한데 놓습니다."

흥미로운 사실이지만, 업워디의 성장은 자신들의 홈페이지에 올린 관점들을 해석하는 데서 오는 건 아니다. 업워디는 지금 자신들의 콘텐츠를 소셜 웹에 올리고 있으며, 사람들이 거기서 자신들의 콘텐츠를 보는 것에 대해 전혀 개의치 않는다.

"우리는 사람들을 웹사이트에 붙들어 매려 하지 않습니다. 우리는 그저 사람들이 콘텐츠를 보고 그걸 공유하고 구독 신청을 한 뒤 자신들의 갈 길로 가길 바랍니다. 우리는 앞으로도 다시 그들과 연결될 테니까요."

강력한 목소리와 관점 또는 편견을 갖고 있다고 해서 큐레이션의 힘이 줄지는 않는다.

- 목소리를 만들기 위해 콘텐츠를 만들 필요는 없다.
- 큐레이터를 모집하고 훈련시키고 양성하는 건 정말 중요한 일이다.
- 콘텐츠를 독자들에게 연결시키기 위해 다양한 접근법을 테스트한다고 해서 당신의 콘텐츠 가치가 더 올라가거나 내려오지는 않는다. 그건 마케팅이다.
- 데이터를 활용해 인간의 본능들을 밝히는 건 가치 있는 일이다.
- (적어도 업워디의 입장에서는) 페이스북이 트위터보다 낫다.

16

웨이와이어

웨이와이어Waywire 네트웍스는 비전과 기술을 잘 조화시켜 기술을 활용하면서 인간이 큐레이트해 양질의 채널들을 만들어낸 통합 플랫폼의 대표적인 예이다. 웨이와이어 네트웍스는 기술 플랫폼을 기반으로 움직이면서 비디오 큐레이션의 진수를 보여 주고 있으며, 큐레이트된 양질의 채널을 찾는 기업 고객들과 소비자들을 위해 적절한 비디오 콘텐츠를 찾아 체계적으로 정리해 주고 있다. 그러니까 비디오를 찾아 체계적으로 정리해 준다는 간단한 임무를 띠고 태어난 셈이다. 결국 콘텐츠 제작자들에게 비디오 큐레이션 툴을 제공하면, 차고 넘쳐 어수선하던 비디오들이 큐레이트되면서 어떤 일관성 같은 게 생겨나게 된다.

여러 해 동안 웨이와이어는 매그니파이Magnify.net로 알려졌으며, 채널 수가 점점 늘어나는 추세였다. 그러다 2012년 뉴어크시의 시장 코리 부커와 공동설립자 사라 로스, 나단 리처드슨이 매그니파이와 아주 비슷한 비전을 가진 웹사이트를 개설했다. 매그니파이가 전문적인 웹사이트 큐레이터들을 위한 웹사이트였던데 반해, 부커와 로스 그리고 리처드슨은 큐레이션을 밀레니얼 세대(베이비붐 세대의 자녀 세대-역자 주)의 손에 쥐어주길 원했다.

"나는 늘 소셜 미디어 내의 힘을 민주화해 보다 많은 목소리들이 보다 큰 대화에 참여할 수 있게 되는 일에 아주 관심이 많았습니다."

코리 부커가 〈뉴어크 스타 레저〉와의 인터뷰에서 자신들의 웹사이트에서는 밀레니얼 세대가 뭔가 다른 방식으로 자신들의 목소리를 내고 참여할 수 있게 될 거라며 한 말이다.

코리 부커는 큐레이션의 힘을 믿는 사람이었고, 자신의 그런 비전을 점점 늘어가는 지역사회의 투자자 및 자문위원들과 공유할 줄 알았다. 웨이와이어는 구글의 에릭 슈미트, 링크드인LinkedIn의 제프 위너와 라이드 호프먼 같은 업계의 리더들과 오프라 윈프리 같은 미디어계의 유명인들을 비롯해 영향력 있는 여러 동조자들을 끌어 모았다. 그렇게 해서 기업 큐레이션과 소비자 크리에이션을 하나로 묶고 각종 자원과 기술 그리고 투자자들을 끌어 모은 새로운 기업 웨이와이어 네트웍스가 탄생했다.

오늘날 웨이와이어 네트웍스는 크게 두 부문, 즉 기업Enterprise 부문과 소비자Consumer 부문으로 되어 있다. 웨이와이어 엔터프라이즈 Waywire Enterprise(enterprise.waywire.com)는 강력한 플랫폼을 제공해 웹 상에서 가장 활발한 활동을 벌이는 성공한 비디오 큐레이터들에게 힘을 실어주고 있다. 그리고 지금 웨이와이어는 뛰어난 비디오 큐레이션 기술을 통해 유익한 비디오 콘텐츠를 찾아내 AARP에서 타임아웃 런던TimeOut London, 〈뉴욕 매거진〉에 이르는 유력 웹사이트 및 언론사들에 제공하고 있다.

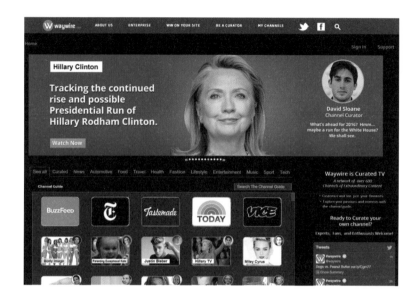

그렇다면 어떻게 그게 가능할까? 첫째, 웨이와이어는 특허받은 검색 기술이 있어 큐레이터들에게 강력한 힘을 실어준다. 예를 들어 특정 의료 분야 웹사이트에서 일하는 큐레이터는 키워드와 태그 그리고 '자동 비디오 발견Automatic Video Discovery(AVD)'이라는 검색 툴을 활용해 AOL, 야후, NBC, 콘데 나스트, 라이트스터Rightster, CBS 같은 비디오 소스들을 탐색해 볼 수 있다. 이 소스들은 양질의 비디오들을 제공한다. 그리고 그런 비디오들의 경우 콘텐츠 제작업자에게 직접 사용료가 지불되는 경우가 많다.

큐레이터들이 '자동 비디오 발견' 툴을 사용하게 되면 직접 비디오 콘텐츠를 검색하지 않아도 된다. 웨이와이어의 기술이 자동으로 검색해, 그 결과를 매일 큐레이터의 받은메일함 속으로 보내주기 때문이다. 이런 식으로 찾아낸 콘텐츠를 사용함으로써, 이제 각 웹사이트들은 CSS(cascading style sheets의 줄임말로, 웹 문서의 전반적인 스타일을 미리 저장해 둔 스타일 시트−역자 주) 플레이어와 비디오 채널 페이지들을 섞어 사용해 현장 비디오 및 비디오 채널 경험을 두루 할 수 있다. 최근 들어 웹에서 경험하는 모든 게 모바일 쪽으로 옮겨가는 상황에서 웨이와이어는 이제 HTML5 플레이어와 프리롤 비디오를 제공하고 있으며, 그 덕에 콘텐츠 제작업자들은 점점 늘어가는 모바일 독자들을 상대로 수익을 창출할 수 있게 됐다.

대부분의 웹사이트들이 어느 정도의 비디오는 직접 제작하기 때문에, 웨이와이어는 통합된 비디오 업로더를 제공한다. 일단 업로드된 비디오는 코드화되어 아카마이사가 운영하는 웨이와이어 콘텐츠 전송 네트워크CDN에 올라가거나 아니면 유튜브, 비메오Vimeo, 브라이트코브Brightcove, 우얄라Ooyala 같은 제3의 비디오 플랫폼으로 보내진다. 창조된 비디오와 큐레이트된 비디오는 적절히 뒤섞여 자연스런 사용자 경험으로 이어지며, 막대한 비디오 제작비를 들이지 않은 상태에서도 방문객들은 많은 양질의 비디오들을 즐기고 공유할 수 있게 된다.

웨이와이어 엔터프라이즈의 고객들 입장에서는 어떨까? 광활한 웹의 바다에서 유용한 비디오들을 검색할 수 있게 되고 또 웨이와이어 엔터프라이즈 팀원들의 인간 지능을 이용해 가장 적절한 콘텐츠를 선

별해냄으로써, 경쟁이 치열한 웹 비디오 세계에서 더없이 큰 도움을
받게 된다.

　그렇다면 일반 소비자들의 입장에서는 어떨까?

　웨이와이어는 자체 채널 카테고리들의 리더들과 제휴 관계를 맺어,
비디오 전문가와 열정적인 팬들을 상대로 과거 같으면 수천 달러를
낸 일부 비디오 큐레이션 전문가들에게나 제공됐을 법한 고급 큐레이
션 기술을 제공해 준다.

　이제 세상이 비디오 중심의 웹 세상으로 바뀌고 있고, 또 그 웹 세
상이 노트북에서 휴대폰 같은 모바일 기기들로 옮겨가면서, 맥락에
맞는 적절한 비디오 콘텐츠를 제공하는 웹사이트의 능력이 더 없이
중요해지고 있다. 웨이와이어는 틈새 비디오 채널들의 발전을 위해서
는 기술을 활용하는 인간 중심의 비디오 큐레이션이 필수이며, 또한
'오버 더 톱Over-the-top' 서비스(인터넷을 통해 방송 프로그램, 영화, 교육
등 각종 미디어 콘텐츠를 제공하는 서비스. 줄여서 OTT라 함—역자 주)가 가
능한 거실 TV의 출현도 멀지 않았다고 믿고 있다.

- 웹 비디오의 경우 맥락에 맞는 적절성이 가장 중요하다.
- 기술이 도움이 될 수는 있지만, 결정적인 건 역시 인간의 큐레이션 이다.
- 내로우캐스팅narrowcasting(인터넷 정보 등을 특정 대상 집단에게만 보내는 것-역자 주)의 특징은 그럴 자격이 없는 독자들에게까지 목소리를 부여해 주는데 있다.
- 큐레이터들은 광고 수익 중 적절한 몫을 받을 자격이 있다.
- 비디오 크리에이터들은 더 이상 독자들이 콘텐츠를 찾는 것을 제한해선 안 된다.

Chapter

17

레딧-크라우드
큐레이션

이 책에 나오는 큐레이터들의 대부분은 개인들이지만, 레딧Reddit
은 크라우드소싱 큐레이션으로 엄청난 인기를 끌었다. 레딧은 그 자
체로 경이다. 누군가에 의해 중간 정도 크기의 한 국가에 비견되기도
한 레딧은 2005년 매사추세츠주의 한 아파트에서 알렉시스 오하니안
과 스티브 허프만에 의해 출범됐다. 오늘날 이 소셜 네트워크 뉴스 웹
사이트는 프랑스 국민보다 많은 사용자를 거느리고 있다.

레딧은 스스로를 인터넷의 '프런트 페이지front page'(제1면이란 뜻이
며, 마이크로소프트사가 개발한 웹사이트 작성관리 소프트웨어 이름이기도
함-역자 주)라 칭한다. 여기서는 한 사용자가 웹사이트에 어떤 글을
포스팅하면, 다른 사용자들의 '업up' 또는 '다운down' 투표를 통해 인기
있는 포스트들이 순위대로 웹사이트 메인 페이지에 오르게 된다. 나

는 이를 '크라우드소싱 방식의 큐레이션 메커니즘'이라 부른다.

이는 미디어 분야에서의 민주주의 구현으로, 레딧은 태어난 지 10년도 안 돼 인터넷의 잠재력과 위험성을 동시에 보여 주는 웹사이트가 되었다. 오늘날 레딧은 하루에 850만 페이지 뷰를 기록 중인데, 참고로 그전에 나온 소셜 뉴스 웹사이트 디그Digg의 그에 훨씬 못 미치는 연간 순방문수는 2억 3,800만이 기록이었다. 레딧에 대해 제대로 알고 있어야 할 중요한 사실이 있는데, 그건 레딧이 단순한 크라우드스코어링crowdscoring 방식, 즉 대중이 포스트 순위를 매기는 방식이 아니라는 사실이다. 레딧의 알고리즘이 사람들의 업/다운 투표로 순위를 매기는 '카르마karma' 시스템이라는 복잡한 시스템으로 돌아가기 때문이다. 레딧은 사용자들의 업 투표와 다운 투표를 모두 허용하는 몇 안 되는 웹사이트들 중 하나이며, 그래서 각 스토리는 사람들의 반응에 따라 더 심하게 인기 순위가 오르락내리락거린다. 최초의 업 투표 10개의 점수는 다음 투표 100개의 점수와 맞먹는다(그래서 예를 들어 10개의 업 투표를 받은 스토리와 50개의 업 투표를 받는 스토리는 순위가 비슷해짐). 아마 가장 흥미로운 것은 업 투표와 다운 투표가 비슷하게 나올 정도로 논란의 여지가 많은 스토리들은 주로 업 투표를 받은 스토리들에 비해 순위가 낮아진다는 점이다.

레딧의 알고리즘은 비밀이 아니다. 실제 코드 베이스가 공개되어 투명한 것이다.

레딧 측에서 스스로 밝히는 그들의 서비스 운용 방식은 다음과 같다.

사용자들의 콘텐츠 점수는 어떻게 결정되는가?

사용자에 의해 제출된 콘텐츠의 점수는 간단히 업 투표수에서 다운 투표수를 뺀 것이다. 그러니까 만일 어떤 콘텐츠를 5명이 좋아하고 3명이 싫어한다면, 그 콘텐츠는 2점을 받게 되는 셈이다. 그런데 여기서 주목해야 할 점은 투표수는 '진짜' 숫자가 아니며, 스팸 봇spam bot(자동으로 댓글이나 게시물을 생산하는 등 스팸 생산에 사용되는 컴퓨터 프로그램 또는 장치-역자 주)의 활동을 막기 위해 만들어지는 모호한 숫자라는 사실. 따라서 바로 앞의 예에서 사용자 5명이 업 투표를 하고 3명이 다운 투표를 했다면, 업/다운 투표수는 업 투표 23에 다운 투표 21이 될 수도 있고, 아니면 업 투표 12에 다운 투표 10이 될 수도 있다. 투표수 차이는 정확히 2이지만, 총 투표수는 모호한 것이다.

사용자명 옆에 있는 숫자는 무엇인가? 카르마란 무엇인가?

사용자명 옆에 있는 숫자는 그 사용자의 '카르마'이다. 카르마는 그 사용자가 레딧 커뮤니티를 위해 얼마나 좋은 일을 많이 했는지를 보여 준다. 카르마를 많이 받을 가장 좋은 방법은 다른 사람들이 업 투표를 많이 해줄 링크들을 올리는 것이다. 포스트 그 자체로는 카르마를 받지 못한다.

사람들은 왜 카르마를 쌓으려 하는가?

당신은 비디오 게임에서 왜 많은 점수를 따려 하는가? 당신이 좋아하는 스포츠 팀은 왜 우승을 하려고 애쓰는가? 아니면 이 문제를 덜 경쟁적이고 더 이타적인 관점에서 보기 위해, 동양의 현자들이 카르마, 즉 '업보'에 대해 말한 걸 상기해 보자. 그들은 업보를 쌓지 말라고 말한다. 그냥 선한 사람이 되려 노력하고, 업보는 당신이 죽을 때 남기는 유산 정도로 생각하라는 정도이다. 주의: 레딧은 당신을 '열반의 세계'에 들어가게 해주진 못한다.

- 당신의 브랜드 옹호자들로 하여금 포스팅을 하게끔 권하라. 레딧은 브랜드가 아닌 사용자들에 관심을 집중한다. 따라서 당신이 당신 브랜드의 팬들로 하여금 포스팅을 하게 할 수 있다면, 훨씬 더 좋게 받아들여질 수 있다.

- 당신의 브랜드나 주제에 대한 하위 레딧이 이미 있지 않나 조사해 보라.

- 당신이 올리는 뉴스들을 수시로 업데이트하라. 레딧 사용자들은 그날그날 가장 새로운 톱 스토리들을 찾는다.

- 네트워크를 형성하라. 만일 당신의 스토리 주제가 몇몇 하위 레딧들과 관련이 있다면, 그것들을 서로 연결해 네트워크를 구축하는 걸 고려해 보라.

- 고객 서비스를 제공하라. 고객들은 소셜 미디어에서 고객 서비스 질문들을 할 수 있을 거라 기대한다.

- 레딧을 활용해 마케팅 통찰력을 키워라. 그럴 만큼 진보적인 자세만 갖고 있다면, 레딧에 이런저런 질문들을 올려 사용자들로부터 잔인할 정도로 정직한 답변을 들을 수도 있다.

Chapter

18

텀블러

텀블러Tumblr는 2007년 데이비드 카프에 의해 개설된 소셜 블로깅 사이트로, 2억 100만 개의 블로그가 들어서 있으며, 거기에서 사용자들은 최근에 일어난 일들과 최근의 생각들을 사진, 음악, 비디오, 링크들을 곁들여 포스팅해 다른 사람들과 공유할 수 있다. 이 웹사이트에는 다양한 템플릿template(일종의 디자인 서식-역자 주)들이 있어 블로거들은 원하는 색과 폰트와 HTML로 자신의 블로그를 만들 수 있다. 이는 트위터나 구글+ 같은 경쟁업체들보다 유리한 점이다. '어찌 보면 마이크로블로깅이고 어찌 보면 소셜 네트워킹'이라고 얘기되는 이 웹사이트는 매일 꾸준히 수십억 페이지 뷰를 기록 중이며 새로운 회원들이 수천 명씩 늘고 있다.

배경

집에서 공부를 해 11살 때 이미 독학으로 컴퓨터 코드 작성법까지 마스터했던 데이비드 카프는 텀블러 설립 이전에 벌써 여러 기술 신생 기업 설립에 관여했다. 그 덕에 도쿄

를 비롯한 여러 국제 도시들에서 생활했고, 지금은 맨해튼에 거주 중이다. 그는 도시, 특히 맨해튼 같은 대도시에서의 육아 경험을 공유하는 엄마들의 온라인 포럼인 어번베이비UrbanBaby에서 최고기술책임자CTO를 역임했다. 그러다 2006년에 그 회사가 CNET에 인수되면서, 카프는 독립해 자신의 회사 데이빗빌Davidville을 설립했다.

초창기의 텀블러는 그 당시 카프가 갖고 있던 비전들을 구현하려 애쓰는 작은 팀이었다. 카프는 큰 기업을 운영하는데 부담을 느껴 최대한 작은 팀으로 운영하려 했으나, 그 작은 팀이 곧 100명이 넘는 팀으로 발전됐다. 동료들은 그를 은둔형 스타일로 보고 있지만, 카프는 자신의 일하는 스타일을 놓고 '반(反) 일정주의'란 말을 즐겨 쓴다. 엄격한 일정에 매여 일하다 보면 창의력을 발휘하기 어렵다고 보는 쪽이다.

텀블러가 진화하는 과정에서 카프는 텀블러의 포맷 잡는 일에 그

리 많은 시간을 뺏기진 않았다. 한 고등학교 학생이 블로그 템플릿을 가지고 시간을 보내다가, 보다 많은 링크와 이미지가 있고 글은 적은, 보다 간단명료한 템플릿을 만들고 싶었다. 그래서 그 학생 크리스 노이키르첸은 '텀블블로그'라 불리는 축약된 형태의 템플릿 버전을 만들어냈다. 텀블러 웹사이트는 해외에도 추종자들이 많았는데, 시카고를 중심으로 활동 중이던 기술전문가 마르셀 모리나도 그중 한 사람이었다.

모리나는 프로젝셔니스트Projectionist라는 웹사이트를 만들었다. 그는 2007년에 카프를 만났는데, 당시 카프는 모리나의 웹사이트 프로젝셔니스트에 깊은 인상을 받았다. 그리고 그 이듬해에 두 사람은 한동안 전화와 이메일을 주고받았다. 2009년에 모리나는 트위터를 위해 일하게 되었다. 2013년 5월에는 야후가 11억 달러에 텀블러를 인수했는데, 당시 그 인수 건은 텀블러 커뮤니티 내에서 특히 열성 사용자들 사이에서 많은 논란을 불러 일으켰다. 그들은 그 인수로 인해 텀블러에 기업 광고들이 쏟아져 들어오고 야후의 사업 전략들이 도입되지 않을까 하는 걸 우려했다. 그래서 그 당시 야후의 최고경영자였던 마리사 메이어는 자신의 텀블러 페이지를 통해 공식적인 성명을 발표해, 야후 브랜드에 의해 텀블러가 변질되는 일은 없을 거라며 사용자들을 안심시켰다.

기능

텀블러는 기본적으로 새로운 콘텐츠를 활발히 만들어 그걸 블로그 포맷에 제출하는 사람들은 물론, 큐레이트된 콘텐츠를 올려 관심사가 비슷한 사람들과 공유하는 사람들에게도 수익을 보장해준다. 거래를 트는 건 아주 간단해, 이메일 주소를 제공하면서 사용자 이름과 암호를 만들면 된다. 그러면 사용자들은 블로깅 팔레트를 골라 콘텐츠를 업로드할 수 있다. 기본으로 제공되는 디폴트 텀블러 주제와 다양한 블로그 디자인들도 있는데, 이는 프리미엄 회원들이 사용할 수 있는 텀블러의 독특한 특징들 중 하나이다. 오른쪽 칼럼에 있는 대시보드에서는 블로그 맞춤 제작 및 각종 설정, 포스트 저장, 기타 미디어 업로딩 등을 제어할 수 있다.

텀블러에서는 음악, 정치, 유머 같은 카테고리 태그가 붙은 콘텐츠를 찾는 게 가능하며, 특정 카테고리 안에 많은 관심을 끌거나 인기 있는 블로그들을 올리는 스포트라이트 기능도 있다. 또한 북마크렛 bookmarklet(웹에 즐겨찾기를 추가해 고정시킨 다음 포스팅할 페이지가 생길 때 클릭해 특정 기능을 수행시키는 것-역자 주)이란 기능도 있어, 유저들은 네트워크 상에서 원하는 콘텐츠들을 자신의 텀블러 페이지로 옮겨 올 수도 있다. 그리고 텀블러 커뮤니티 내에서 자신이 좋아하는 포스트들을 대시보드dashboard(다양한 정보를 중앙집중적으로 관리하고 찾을 수 있도록 해주는 사용자 인터페이스-역자 주)의 한 장소에 저장할 수도 있다. 그러면 블로거들은 거기에서 가져온 콘텐츠를 가지고 재활용하거나 재포스팅할 수도 있다. 사용자들은 또 텀블러의 친구 찾기 기능을 통해, 그러니까 텀블러를 사용하는 개인들의 리스트를 통해 자신의 친구들과 연결될 수도 있다.

텀블러와 소셜 미디어

　페이스북이나 트위터에 비해 출발은 늦었지만, 텀블러는 지금도 계속 그 영토를 확장 중이다. 2014년에는 애플이 isee5c.tumblr.com을 개설하면서 공개적으로 텀블러를 끌어안아, 전폭적이며 공개적인 지지 의사를 표시하기도 했다. 시애틀을 중심으로 활동 중인 소셜 미디어 분석 업체인 심플리 메저드의 조사 결과에 따르면, 미국 상위 100위 안에 드는 기업들 중 31개 기업이 텀블러를 활용하고 있다고 한다. 디즈니, MTV, 랄프 로렌 같은 기업들은 자신들의 고객층과 연결하기 위해 텀블러를 활용한다. 아디다스는 대규모 광고 캠페인을 펼치기 위해 처음 텀블러를 활용한 기업이다. 연령대 13세부터 25세까지의 젊은이들은 페이스북보다 텀블러를 더 많이 쓴다. 또한 텀블러는 미국에서 톱 20 웹사이트들 안에 들어가며, 2013년에 무려 74퍼센트의 성장을 기록했다. 같은 해에 트위터와 링크드인의 성장은 40퍼센트였다. 2013년에 텀블러는 소셜 미디어 공유 기능을 갖고 있으며 트위터와 페이스북이 내장된 자신들의 iOS 앱을 업그레이드시켰다. 텀블러는 소셜 미디어 스트림을 자신들의 서비스에 통합시키는 일에 아주 능하기 때문에, 이제 텀블러 사용자들은 개선된 소셜 공유 기능을 활용할 수 있다.

　텀블러는 세계 여러 국가에서 그 서비스를 사용 중인 국제적인 네트워크이다. 그 콘텐츠는 지금 13개 국어로 스트리밍되고 있다. 2014년 1월 현재 텀블러를 가장 활발히 사용 중인 톱 5국가는 미국, 인도, 영국, 브라질 그리고 프랑스이다. 특히 서울은 순방문객수가 가장 많은 도시라는 기록을 갖고 있다. 텀블러의 전체 방문객 중 66퍼센트는

35세 이하이다. 방문객들은 텀블러에서 평균 14분의 시간을 보내는 걸로 알려져 있는데, 이는 트위터나 페이스북의 방문 시간보다 더 많은 시간이다. 텀블러는 젊은 세대들에게 더 인기가 있지만, 마케팅전문가들은 기업 소유주들에게 텀블러의 매력을 이렇게 설명하고 있다. 코카콜라나 마스터카드같이 규모가 큰 기업들을 상대로 입증해 보였듯이, 텀블러 사용자들은 기업에 대한 정보를 아주 빠른 속도로 전파할 수 있다고.

텀블러의 미래와 관련해 카프는 새로운 창의성의 지평을 발견함으로써 자신의 브랜드를 보다 더 세련되게 다듬고 싶어 한다. 2013년 〈포브스〉지와의 인터뷰에서 그는 이렇게 말했다. "제가 바라는 건 우리 웹사이트를 사람들의 창의성을 살려주는 완벽한 플랫폼으로 만드는 겁니다. 저는 제가 제일 좋아하는 두 기업 어도비Adobe와 애플 같은 기술 기업들의 전통을 좇아, 전 세계의 크리에이터들에게 힘을 실어주고 싶고, 그래서 우리가 아니면 만들 수 없었을 그런 것들을 만들 수 있게 해주고 싶습니다. 정말 정말 멋진 일 아닙니까!"

기업들이 텀블러를 활용하는 4가지 방법

테아 닐은 이그나이트 소셜 미디어ignite social media에 올린 글에서 기업들이 텀블러를 활용할 수 있는 최선의 방법들을 다음과 같이 분석했다.

자주 포스팅하라.

많은 기업들이 텀블러를 활용하고 있지만, 자주 업데이트하지는 않는다. 그것은 2012년 11월 이후 5번밖에 업데이트하지 않은 모발 관리 기업 프레드릭 페카이Frederic Fekkai의 텀블러만 봐도 알 수 있다. 그 업데이트도 대부분 헤어 스타일리스트들과의 긴 인터뷰 내용으로, 텀블러라는 플랫폼에 재블로깅하기에 이상적인 소재는 아니다. 그러나 아디다스나 스프라이트Sprite 같은 기업들은 하루에도 여러 차례 장황한 글이 아닌 사진과 움짤GIF들을 주로 블로깅한다.

간결하게 하라.

텀블러는 길고 지루한 콘텐츠를 올릴 만한 데가 아니다. 가장 인기 있는 리블로그reblog들은 대개 사진 아니면 움짤이다. 텀블러는 리트윗과 비슷한 개념인 리블로그를 토대로 운영된다. 그러나 텀블러에서는 블로그가 순전히 재활용된 콘텐츠로만 이루어지는 것도 허용된다. 만일 당신의 브랜드가 사람들의 관심을 끌게 하고 싶다면, 강력한 비주얼 콘텐츠들을 쓰는 게 가장 효과적이다.

대중문화에서 끌어와라.

만일 당신의 법률 관련 부서에서 대중문화 밈meme(비유전적 문화 요소-역자 주)이나 움짤을 포스트해도 좋다고 한다면, 그렇게 하라. 예를 들어 온라인 신발 매장인 소울스트럭Solestruck은 수백 가지 리블로그 등을 포스팅해 텀블러 사용자들 사이에 인기가 높다. 단순히 제품과 관련된 콘텐츠뿐 아니라 고객들과 관련된 콘텐츠도 포스팅하기 때문이다.

독자들을 쳐다보라.

텀블러는 사용자의 65퍼센트 이상이 35세 미만이며, 꾸준히 십대들에게 가장 사랑받는 웹사이트들 중 하나이기도 하다. 따라서 만일 당신 기업의 제품이나 서비스가 이 연령대와 별 상관이 없다면, 텀블러는 적절한 홍보 매체가 아닐 수 있다. 픽사 애니메이션 스튜디오의 경우 재미있는 움짤과 사진 그리고 영화에서 따온 오리지널 장면 등으로 폭넓은 연령대에 어필할 수 있다.

텀블러 요점 정리

- 당신의 콘텐츠를 '트윗할 가치가 있게' 만들어라.
- 당신의 콘텐츠를 활용해 독자들에게 과대광고를 하지 말고 도움을 주어라.
- 따르고 좋아하고 리블로그하라.
- 자주 포스팅하라.
- 간결하게 하라.
- 대중문화에서 끌어와라.
- 독자들을 쳐다보라.

핀터레스트

이 장은 한 이야기로 시작된다. 여러 해 전, 지금은 벤처 그룹 뉴욕 앤젤스의 회장인 내 친구 브라이언 코헨이 내게 전화를 했다.

"스티브…… 자네가 만나봐야 할 사람이 하나 있네. 아주 똑똑하고 야망이 있는 사람인데, 완전히 자네 전문인 큐레이션 쪽에 좋은 아이디어가 있다고."

평소 늘 브라이언을 믿기 때문에, 나는 기꺼이 그 만남에 응했다. 며칠 후 벤 실버먼이 회의실 테이블 맞은편에 앉아 내게 자신의 제품을 시연해 보였다. 당시 그는 그걸 토트^{Tote}라 불렀는데, 생긴 게 마치 수집된 콘텐츠를 담는 토트 백^{tote bag}(물건을 휴대하기 편하게 만든 견고한 소재의 손잡이 달린 가방-역자 주) 같았다. 당시 벤은 자신이 만들 벤처 기업에 투자해줄 사람을 찾고 있는 중이었다. 나는 약간의 투자는

했지만, 사람들이 이미지 큐레이션을 원할 거란 확신이 없어 더 이상 개입하지 않기로 했다. 그런데 그게 흔히 말하는 아주 잘못된 결정이었다.

오늘날 실버먼의 핀터레스트Pinterest(pin과 interest의 합성어로, 관심 있는 이미지를 콕 집어 포스팅해 다른 소셜 네트워크 사이트와 연결해 공유하는 이미지 기반의 소셜 네트워크-역자 주)는 그야말로 아주 핫한 소셜 네트워크이자 대성공을 거둔 기업이다. 비록 과감히 투자해야 할 때 그러지 못했지만, 나는 지금도 여전히 실버먼의 열혈 팬이자 친구이다. 그는 정말 대단한 사업가로, 다른 사람들이 미처 보지 못한 방식으로 미래를 보고 있다.

핀터레스트는 어떻게 작동되는가?

핀터레스트는 사람들이 자신의 취미나 관심사와 관련된 콘텐츠를 콜라주collage(색종이나 사진 등의 조각들을 붙여 그림을 만드는 미술 기법-역자 주) 식으로 모아 '핀'으로 꽂아놓는 소셜 북마킹 사이트이다. 그러니까 요리에서부터 애완동물, 오락, 데코레이션 팁, 여행, 음악, 공예, 스포츠에 이르는 모든 취미와 관심 있는 모든 주제 관련 콘텐츠를 자신만의 개인화된 핀보드pinboard에 모아 놓는다. 결국 핀터레스트는 사람들이 좋아하고 공유하고 싶어 하는 콘텐츠를 잘 골라 모아 놓는 가상의 창고 같은 기능을 한다. 사용자들은 다른 사람들의 핀보드에 연결할 수 있으며, 그래서 관심사가 같은 사람들의 콘텐츠를 가져와 자신의 메모판에 핀으로 꽂아놓을 수도 있다.

배경

최고경영자 벤 실버먼은 2009년 12월에 핀터레스트사를 설립했으며, 그 이듬해 3월에 웹사이트를 개설했다. 실버먼은 '실리콘밸리의 귀재들'에게서 영감을 받아 의대 진학 계획을 포기하고 자신의 집이 있던 아이오와주에서 서부로 이주했다. 그는 구글의 고객 지원팀에서 일했으며, 데이터 분석 및 제품 디자인 작업도 했다. 실버먼은 자기 자신의 제품을 개발하고 싶다는 갈망이 있었지만, 구글에 있으면서는 그런 기회를 가질 수 없었다. 결국 그는 곧 구글을 그만두었다. 직접 회사를 차리기로 하고 자금 마련에 나섰지만 별 진전을 보지 못했고, 그러다 뉴욕에서 미래의 핀터레스트 공동설립자인 대학 친구 폴 스키아라를 만나게 된다. 그리고 한동안 시행착오를 거듭한 끝에 실버먼은 드디어 투자를 유치하게 되고, 그렇게 해서 핀터레스트가 탄생한다.

실버먼은 후에 프로그래머 에반 샤프(세 번째 공동설립자)와 연결되는데, 핀터레스트 웹사이트의 레이아웃을 디자인한 인물이 바로 샤프이다. 핀터레스트 웹사이트는 초대받은 5,000명의 사용자만으로 시작됐는데, 그들 중 상당수는 아이오와주의 주도인 디모인에 사는 사람들로, 실버먼은 개인적으로 그들 한 사람 한 사람에게 다가갔다. 웹사이트 베타 서비스 단계에서의 사용자 반응을 보고 싶었던 것이다. 웹사이트 개설 9개월째에 사용자 수는 1만 명으로 늘었다. 2010년에는 빅토리아 스미스가 커뮤니티 관리자로 합류했는데, 그는 'Pin It Forward' 프로그램을 만들어 가상의 핀들을 거래하는 콘셉트를 실행에 옮겼다. 2011년 3월에는 모바일용 아이폰 앱이 생겨나면서 핀터레스트 사용자층이 급증하게 된다. 그해 8월에 〈타임〉지는 '2011년의 50대 웹사이트' 명단에 핀터레스트의 이름을 올렸다. 2012년에는 미국 조사 기관 익스페리언 히트와이즈가 핀터레스트를 미국 내에서 3번째로 큰 네트워크라는 조사 결과를 내놓았다. 2012년 8월 핀터레스트는 초대 회원만으로 운영하던 원칙을 폐기했으며, 한 일본 기업으로부터 1억 달러 규모의 투자를 이끌어냈다. 2013년 현재 핀터레스트는 7,000만 명 이상의 사용자를 확보 중이며, 투자 수익도 5억 달러를 상회하고 있다.

핀터레스트 A-Z

인터넷에서 가져온 콘텐츠를 큐레이트하는 관행을 조사하기 위한 웹사이트로 더없이 이상적인 게 바로 핀터레스트이다. 핀보드는 웹에서 필터링한 각종 이미지와 링크와 비디오들을 끌어모아 놓는 곳으로, 그것들 자체가 '소셜 화폐social currency', 즉 다른 사람들이 와서 보고 공유하고 싶어 하는 가치 있는 콘텐츠이다. 인포그래픽(데이터를 보기 쉽게 시각화하는 것-역자 주)은 그 소셜 화폐에 시각적 구체성을 부여해 주며, 핀터레스트는 가상 교환소 역할을 해준다. 계정을 만드는 건 쉽고 빠르다. 이메일 한 통이면 끝이며, 페이스북이나 트위터 계정이 새로운 계정으로 쓰인다. 그러니까 페이스북과 트위터가 자동적으로 핀터레스트와 동기화되는 셈이다. 또한 계정 설정을 통해 핀터레스트에서 만들어진 어떤 정보를 다른 소셜 미디어 웹사이트에서도 볼 수 있게 할 건지를 정할 수 있다.

일단 계정이 설정되면, 사용자는 맞춤형 개인 핀보드를 만들 수 있다. 페이스북의 경우와 마찬가지로, 프로필 사진과 자기소개는 메인 페이지에 올라간다. 페이스북과의 연결 링크를 통해 친구들을 찾을 수도 있고 기존의 사용자들을 팔로우할 수도 있다. 'Pin It' 버튼을 누르면 해당 콘텐츠가 컴퓨터 작업표시줄 안으로 다운로드된다. 그러니까 웹에서 발견한 아이템들을 콕 집어 저장하는 툴인 셈이다. 각 핀을 클릭하면, 해당 아이템이 있던 원래 웹사이트로 돌아가게 된다. 또한 핀터레스트 커뮤니티 내의 콘텐츠는 다른 핀보드들에서 '리핀repin'할 수 있고, 친구들은 서로의 핀보드에서 콘텐츠를 '핀'할 수 있다. 커뮤니티 핀보드들도 만들 수 있다. 관심 있는 아이템들을 카테고리화하기 위해 한 계정 하에서 여러 개의 핀보드를 만들 수도 있다. 그렇게 함으로써, 사용자들은 한 개 이상의 핀보드를 갖고 있는 다른 사용자들의 어떤 핀보드를 팔로우할 건지를 선택할 수 있는데, 이는 큐레이팅 관행과도 잘 맞는다.

소셜 미디어 전문가들은 기업들에게 회사의 마케팅 전략들에 핀터레스트 계정을 만들어 활용하는 것도 포함시키라고 권한다. 전문가들은 또 핀터레스트에 올려도 좋을 만큼 멋진 프로필 사진을 선정하고 회사를 설명해줄 간단명료한 프로필을 만들며, 핀터레스트에 참여한 다른 비슷한 벤처 기업들과 연결되도록 하라고 권한다. 중소기업 컨설턴트인 라이언 핑크햄은 세 가지 핀보드를 만들라고 말한다. 첫 번째는 제품과 서비스를 위한 핀보드. 두 번째는 고객을 위한 핀보드로, 고객들이 Q&A에 참여하는 공간이 되게 한다. 세 번째는 그야말로 창의성을 위한 핀보드로, 고객들에게 전문적인 서비스를 제공하면서 동시에 개인적인 관심사도 충족시켜 줄 공간이 되게 한다. 기업의 가시성을 높이기 위해 리핀을 활용하는 간단한 전략들도 있다. 다른 핀보드들에서 리핀해온 콘텐츠는 기업을 새로운 고객들에게 연결해줄 수도 있는데, 특히 팔로워가 많은 핀보드에서 리핀해온 콘텐츠의 경우 더 그렇다. 부가가치가 있는 콘텐츠를 큐레이트할 경우 사람들의 관심을 불러일으켜 새로운 고객들과 연결될 기회가 생겨날 수 있는데, 특히 그 콘텐츠가 해당 기업의 목표와 맞아떨어질 때 더 그렇다. 콘텐츠가 이전에 이미 얼마나 많이 핀됐는지를 고려하는 것도 괜찮은 전략 중 하나이다. 〈포브스〉 기고가 제이슨 드메르스는 이런 극찬을 했다. "핀터레스트는 세상에서 가장 뛰어나고 인기 있는 이미지 기반의 플랫폼들 중 하나입니다."

또한 핀터레스트는 학교 교사와 대학 교수들이 교수 방법 중 하나로 채택하면서 교실에까지 그 영역을 넓혀왔다. 예를 들어 텍사스주립대와 콜로라도주립대 같은 대학들은 학생들에게 특별 과제를 수행하는 방법으로 이 핀터레스트 웹사이트를 활용 중이다. 서던캘리포니아대학교의 앤드류 리는 핀터레스트가 엄청난 인기를 끌기 이전인 초창기부터 자신의 창업 강좌에 이 웹사이트를 활용해온 선구자적인 사람들 중 하나이다. 리는 자기 학생들에게 특정 주제에 적절한 클립 아트clip art(컴퓨터로 문서 작업을 할 때 편리하게 사용할 수 있도록 미리 만들어 저장해 놓은 각종 그림-역자 주)와 다른 비주얼 자료들을 수집하게 했는데, 이는 다른 기존 방식들을 사용해서는 효과적으로 해낼 수 없는 작업이었다.

핀터레스트의 가장 핵심적인 장점은 웹사이트에 독창성을 가미해준다는 점이다. 개인이나 기업의 웹사이트가 많은 관심을 끌게 해주고 또 눈에 띄게 해준다. 블로그 관련 미디어 기업 기가옴Gigaom에 실린 한 포스트에서 지적했듯, 우리는 지금 너무도 많은 것들이 획일화되고 있는 세상에 살고 있다. 그런 상황에서 핀터레스트는 그 많은 것들 속에서 단연 돋보이게 만들어주는 기막힌 툴이다.

통계 수치와 소셜 미디어

핀터레스트는 주로 여성들(여성들이 전체 사용자층의 80퍼센트나 됨)이 사용한다. 그 여성들 가운데 84퍼센트는 가입 후 4년이 넘도록 여전히 활발히 활동 중이다. 인터넷 마케팅 뉴스 및 분석 매체인 〈마케팅 랜드〉의 최근 조사에 따르면, 핀터레스트에서 이루어지는 핀의 92퍼센트는 여성들에 의한 것이라고 한다. 이는 가계 지출을 최종 결정하는 사람은 대개 여성들이라는 걸 보여 주는 통계 수치이기도 하다. 또한 연령 구조상 핀터레스트의 전체 사용자 중 27퍼센트는 18세부터 29세까지이며, 24퍼센트는 30세부터 49세까지이다. 인종과 민족 분포는 고른 편이나 히스패닉계가 18퍼센트로, 다른 모든 민족 집단의 평균인 21퍼센트에 조금 못 미친다. 2012년에 나온 데이터에 따르면, 사용자층의 70퍼센트가 쇼핑 아이디어를 얻기 위해 핀터레스트를 사용했다. 또한 핀터레스트에서 콘텐츠를 공유하는 피크 타임은 밤 시간대였다.

핀터레스트는 페이스북 및 트위터와 인터페이스가 같으며, 그래서 그 두 웹사이트를 통해 회원 가입을 할 경우 핀터레스트 계정을 만드는 게 가능하다. 또한 페이스북이나 트위터에서 접속할 경우 콘텐츠에 자동 태그되면서 핀터레스트에서 가져온 포스트들을 확인할 수 있다. 2013년 현재, 핀터레스트는 웹에서 가장 빨리 성장하는 소셜 미디어 웹사이트였다. 또한 핀터레스트는 바로 그 해에 전자상거래를 이끄는 최대의 소셜 미디어로 부상해, 전체 소셜 네트워킹 웹사이트들에서 발생하는 고객 트래픽의 41퍼센트를 차지했다. 핀터레스트는 그 어떤 소셜 미디어 웹사이트들보다 웹사이트 트래픽 유도에 보다 효과적이어서 구글과 유튜브, 링크드인, 레딧을 다 합친 것보다 더 많은 연결 트래픽을 일으킨다.

핀터레스트에 가장 최근에 추가된 기능들 중 하나는 'Place Pins'로, 이는 사람들이 자신이 좋아하는 지리학적 목적지나 지도상의 어느 위치든 핀할 수 있게 해주는 기능이다. Place Pins 프로그래밍에 참여한 존 파리스는 핀터레스트가 국제적인 다문화 네트워크이기 때문에 이

기능은 아주 가치 있다고 했다. 그는 또 핀터레스트에는 Place Board
가 이미 400만 개나 있다고 강조해, 논리상 Place Pins라는 새로운 기
능이 그다음 단계라는 걸 보여 주었다. 추가된 이 기능 덕에 각 기업
의 고객들은 해당 기업이 어디에 위치하고 있는지를 훨씬 빨리 찾을
수 있다.

실버먼은 "우리는 돈을 못 벌고 있습니다."라고 말했고 지금도 계
속 미래를 위한 원대한 계획을 밝히는 걸 자제하고 있지만, 핀터레스
트는 최소 25억 달러 가치를 가진 기업으로 평가되어왔다. 실버먼은
창의적인 방법들로 웹사이트를 계속 개선해 사용자들과 그들의 라이
프스타일에 맞춰나가겠다는 생각을 갖고 있다며 이렇게 말했다. "이
런 목표에 대해 생각해 보자면, 우리는 사람들이 생각하는 것들과 사
람들이 하는 것들과 사람들이 구매하는 것들 사이에 직접적인 연결고
리 같은 게 있다고 생각합니다."

핀터레스트 핀보드를 큐레이트하고 있는 기업들

사라 파웰은 자신의 블로그에 여러 기업들에 대한 자세한 분석을
올려놓았는데, 잠깐 둘러보자면 다음과 같다.

쿠킹 채널

미국의 케이블 채널인 쿠킹 채널은 온갖 종류의 음식 레시피와 휴
일 음식, 음식 유형들을 다룬 핀보드들을 잔뜩 갖고 있다. 거기에도
재미있고 창의적인 핀보드들이 있는데, '당신의 음식 목록 갖고 놀기
Play with Your Food List', '뜨거운 날개를 가진 세상A World of Hot Wings'

등이 그 좋은 예이다.

홀 푸드 마켓

물론 이 홀 푸드 마켓Whole Foods Market에도 각종 레시피와 음식 아이템들, 휴일 요리 등을 다룬 핀보드들이 있다. 그런데 정말 흥미로운 핀보드들은 푸드 아트, 주방용품들, 재생/재활용 DIY 프로젝트들을 다룬 핀보드들이다.

포터리 반 키즈

포터리 반 키즈사의 핀보드들은 아기 방 장식이나 아이 방 장식 등 다양한 이유로 생겨나고 있다. 그러나 아이들의 파티, 음식 레시피, 미술 및 공예 프로젝트들, 출산 축하 선물 파티 아이디어 등 다양한 주제의 핀보드들도 있다.

내셔널 가드

내셔널 가드사의 핀보드들은 주로 가정 관련 콘텐츠를 다루고 있으며, 이 회사가 전 세계에서 하고 있는 일들도 주제로 다룬다.

뉴욕 휴메인 소사이어트

당연한 얘기지만, 뉴욕의 동물보호단체인 이 휴메인 소사이어티 Humane Society의 핀터레스트에는 입양을 필요로 하는 반려동물들을 다루는 핀보드들이 있다. 이보다 훨씬 흥미로운 핀보드들로는 입양 후 행복한 반려동물들과 관련된 핀보드, 이 단체가 필요로 하는 일들과 관련된 핀보드, 반려동물 사진들을 올리는 핀보드, 멋진 반려동물의 집들을 다루는 핀보드 등이 있다.

웨더 채널

이 웨더 채널에는 '겨울'과 '봄'이란 이름의 핀보드 외에 추운 날씨에 착용하는 장비, 날씨 가젯들, 날씨 교육, 재미있는 날씨 등과 관련된 핀보드들도 있다.

켈리 리버만은 핀터레스트에 여러 기업들의 목록을 올려왔다(물론 핀터레스트 핀보드를 사용해서). 그녀의 그 목록을 보고 싶으면 http://www.pinterest.com/kellylieberman/brands-on-pinterest를 참조하라.

핀터레스트 요점 정리

- 이미지 큐레이션은 단순히 당신 기업에 대한 콘텐츠와 이미지들을 포스팅하는 것 이상이다.
- 그러니까 그건 당신 고객들의 삶과 열정에 중요한 이미지와 비디오들을 공유하는 것이다.
- 핀들은 단순히 한 기업 자신의 웹사이트뿐 아니라 모든 유형의 장소들에서도 큐레이트되어야 한다.

20

브레인 피킹스,
마리아 포포바

마리아 포포바는 자신의 시간을 100퍼센트 큐레이션에 쏟는 전문 큐레이터이다. 서른이라는 원숙한 나이에 그녀의 블로그 '브레인 피킹스Brain Pickings'는 아주 많은 사람들이 보고 있으며, 그녀의 뛰어난 큐레이션 솜씨를 보려는 사람들 덕에 다른 웹사이트들과 링크되는 경우도 많다. 그녀는 자신의 블로그 브레인 피킹스를 '예술과 디자인, 과학, 기술, 철학, 역사, 정치학, 심리학, 사회학, 생태학, 인류학 등등 모든 학문에 걸친 콘텐츠로 가득 찬 당신의 레고 보물함'이라고 정의한 바 있다.

자신의 웹사이트를 큐레이트하기 위해 포포바는 매일 수백 개의 웹사이트를 보고 자신의 블로그에 포스팅을 하며 자신의 트위터 계정 @brainpicker에 그날의 생각들을 올린다. 〈뉴욕타임스〉는 이런 말을 했다. "그녀의 큐레이션 믹스는 과학적 호기심을 자아내는 것들, 잊어버리고 있던 사진들, 창의성을 자극하는 옛날 연애편지 등등 그야말로 온갖 것이 다 담겨 있는 거대한 복주머니 같다. TED 강연의 고상함과 P.T. 바넘(미국의 공연예술가—역자 주)의 대중적 감수성이 뒤섞여 있다고나 할까. 그녀는 블로그(방문객 월 50만 명)도 하고 소식지(유료 회원 15만 명)도 발행하고 트윗(팔로워 26만 3,000명)도 하는 등 다양한 활동을 벌이고 있다."

〈뉴욕타임스〉는 이런 말도 했다. "그녀의 팬층이 아주 두터워, 소설가 윌리엄 깁슨, 가수 조쉬 그로반, 코미디언 드루 캐리, 신경과학자 데이비드 이글먼, 여배우 미아 패로 그리고 트위터 공동설립자 비즈 스톤과 에반 윌리엄스 등이 다 그녀의 팬 내지 팔로워들이다."

포포바는 웹 블로그 라이프해커Lifehacker와의 인터뷰에서 자신은 매월 브레인 피킹스의 콘텐츠 큐레이션에 450시간을 쓴다고 말했다. 그러니까 큐레이터로서의 그녀의 역량은 무슨 마법 같은 기술에서 나오는 게 아니라 각고의 노력 끝에 나오는 거란 얘기다. 이에 대해 그녀는 이렇게 말하고 있다.

"나는 에버노트Evernote(노트 작성에 사용되는 모바일 앱—역자 주) 덕에 살고 죽습니다. 저는 워낙 메모를 많이 하고 인용문도 많이 수집하며, 매일 제가 읽는 기사들에서 10개부터 100개까지의 글을 가져와 저장합니다. 모든 건 아주 꼼꼼하게 태그되고 정리되며, 그래서 나중에 글을 쓰거나 얘기를 할 때 그걸 찾아내 인용할 수 있습니다. 요즘에는 그 많은 자료를 읽는데 포켓Pocket 앱을 사용 중입니다. 아주 시각적이고 정교하며 예전에 사용했던 인스타페이퍼Instapaper 앱보다 자료

정리 및 관리에 훨씬 더 편합니다. 물론 구글 리더도 즐겨 씁니다. 아마 제 경우 웹에서 읽는 자료의 적어도 3분의 2는 RSS(인터넷에서 뉴스를 배포하는 한 가지 표준 시스템−역자 주)를 통해서 읽고 있을 겁니다."

Sam Harris on the Paradox of Meditation and How to Stretch Our Capacity for Everyday Self-Transcendence

By: Maria Popova

"Positive emotions, such as compassion and patience, are teachable skills; and the way we think directly influences our experience of the world."

Montaigne believed that meditation is the finest exercise of one's mind and David Lynch uses it as an anchor of his creative integrity. Over the centuries, the ancient Eastern practice has had a variety of exports and permutations in the West, but at no point has it been more vital to our sanity and psychoemotional survival than amidst our current epidemic of hurrying and cult of productivity. It is remarkable how much we, as a culture, invest in the fitness of the body and how little, by and

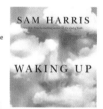

포포바에게는 나름대로의 원칙이 있다. 아마 일종의 의식 같은 거라 해도 좋을 것이다. 우선 하루에 3회 블로깅을 하며 하루에 50개의 트윗을 날린다. 음악 또한 그녀가 치르는 의식의 일부이다. "저는 다양한 목적 하에 다양한 음악을 듣습니다. 책을 읽을 때는 주로 고전음악을 듣는데, 비발디의 음악을 많이 듣습니다. 가벼운 걸 읽을 때는 NPR 방송의 음악 프로그램 All Songs Considered 또는 KEXP 방송의 음악 프로그램 Song of the Day를 듣습니다. 긴 글을 쓸 때는 주로 재즈를 듣고, 그 외에도 음악은 정말 많이 듣습니다." 그녀가 〈뉴욕타임스〉와의 인터뷰에서 한 말이다.

제1세대 콘텐츠 큐레이터라 할 수 있는 그녀의 많은 동료들과 마찬가지로, 포포바는 스스로를 현대판 도서관 사서라고 생각한다. 또한 자신이 웹에서 하고 있는 편집자 겸 조직자의 역할을 듀이 십진 분류 체계(듀이가 개발한 도서의 분류 체계-역자 주)에 비유하고 있다.

큐레이터로서의 포포바는 팬들이 많다. 뉴욕 현대미술관의 수석 큐레이터 파올라 안토넬리는 자신의 취향이 곧 수백만 명의 취향이 되는 그런 큐레이터가 뛰어난 큐레이터라고 말한다. "마리아 몸속에는 수백만 명의 DNA가 들어 있습니다. 그녀는 다른 사람들을 꿈꾸게 하는 일에, 또 사람들에게 아주 독창적인 방식으로 영감을 불어넣어주는 일에 자신의 모든 걸 쏟아 붓고 있습니다." 안토넬리가 〈뉴욕타임스〉와의 인터뷰에서 한 말이다.

포포바는 사람들로 하여금 이제껏 관심이 있는지도 모르고 있던 일들에 관심을 갖게 해주는 게 자신이 할 일이라고 말한다.

한때 미국 국무부 관리였던 프린스턴대학교 교수 앤-마리 슬로터는 이런 말을 했다. "그녀가 이 모든 걸 찾아내고 공유하는 일에 얼마나 큰 기쁨을 느끼는지가 느껴질 겁니다. 마치 그 넓은 뉴욕 현대미술관 안으로 걸어 들어가는데, 누군가가 다가와 맞춤형 안내를 해주는 것 같다고나 할까요."

포포바를 생각하노라면 〈파리 리뷰〉지가 작가들과 가진 일련의 인터뷰들이 생각난다. 예일대학교 컴퓨터 과학 및 통계, 정치학 분야 명예교수인 에드워드 투페는 〈뉴욕타임스〉와의 인터뷰에서 이런 말을 했다. "나는 영감을 얻기 위해 그녀가 큐레이트한 콘텐츠를 보고 또 보고 있으며, 창의적인 삶의 의미를 이해하기 위해서도 많은 애를 쓰고 있습니다."

분명 포포바는 그런 전통의 일부가 되고 싶어 한다. "저는 정보와 관련된 이 일을 위해 새로운 틀을 짜고자 합니다. 현재 웹은 너무 많은 정보를 제공해 사람들을 곤혹스럽게 하고 있습니다. 패리스 힐튼이 아침에 뭘 먹었는가 하는 게 무슨 뉴스거리입니까? 반면에 보석같이 귀한 정보들은 손도 못댄 채 방치돼 있죠."

그렇다면 다른 사람들의 뛰어난 콘텐츠를 널리 알리는 것과 그걸 그냥 슬쩍 가져오는 것을 가르는 경계는 무얼까? "콘텐츠에 대한 권리가 점점 희미해져 가면서, 콘텐츠를 사방에 돌리면서도 정작 오리지널 콘텐츠에 대해선 점점 더 무관심해지게 될 수도 있습니다. 이른바 '디지털 원주민'세대(웹 문화에 익숙해 콘텐츠를 직접 만들 줄도 아는 젊은 세대–역자 주)와 '디지털 이민자'세대(디지털 문화에 대해 상대적으로 취약한 30대 이상의 세대–역자 주) 간에 불편한 관계가 조성될 수 있는 것입니다. 그리고 이런 식으로 콘텐츠의 소유권이 사라질 경우 결국 웹의 가치까지 떨어지게 될 수 있습니다."

포포바는 큐레이터들의 중요성과 미래의 역할에 대한 믿음이 워낙 강하며, 그래서 그간 웹 큐레이터들을 위한 행동 강령, 일명 '큐레이터들을 위한 강령'(The Curators Code–http://www.curatorcode.org)을 명문화하는 일에 주도적인 역할을 맡아왔다. 포포바와 그녀의 지지자들이 지금 '큐레이션을 위한 규칙들'을 세우는 작업을 하고 있는 중이다.

그녀의 블로그에서 포포바는 큐레이션을 위한 일정한 틀이 필요하다는 걸 이렇게 설명했다. "정보의 소비자이자 큐레이터기도 한 나는 정말 많은 시간을 '지식의 구조'에 대해 생각하면서 보냅니다. 지난 한 해 동안 나는 '정보 경제' 안에서의 단절 문제에 대해 점점 더 깊은 우려를 하게 됐습니다. 또한 지금과 같은 정보 과잉 공급의 시대에 정보를 찾는 일은, 그러니까 흥미로우면서도 의미 있고 중요한 정보를 찾아내고, 또 우리가 오랜 시간 깊이 생각해 볼 만한 가치 있는 정보를 찾아내 대중에게 제공하는 일은 아주 창조적이며 지적인 일로, 점점 더 시급하고 중요한 일이 되어가고 있습니다. 그 자체가 일종의 창작 작업이죠. 그러나 문학적인 작품에서부터 '크리에이티브 커먼즈' 이미지에 이르는 창의적이고 지적인 작품들에 대해서는 저작권이라는 표준적인 체계를 통해 인정해 주면서도, 이처럼 정보를 찾아내는 일에 대해서는 그 권리를 인정해 주는 표준적인 체계가 없습니다."

NPR 방송의 온 더 미디어On the Media 프로그램 진행자인 브룩 글래드스톤은 '큐레이터들을 위한 강령'에 대해 이렇게 설명했다. "웹사이트 브레인 피킹스brainpickings.org의 마리아 포포바는 티나 로스 아이젠버그(또는 swissmiss라고도 함)와 함께 이른바 '큐레이터들을 위한 강령'이란 걸 만들었습니다. 유니코드unicode(국제 표준으로 제정된 2바이트계의 만국 공통의 국제 문자 부호 체계—역자 주) 아이콘들을 블로그 포스트나 기사에 넣어 콘텐츠 권리의 약자로 쓰는 것입니다. 옆으로 누운 S 자는 via 또는 V-I-A, 즉 오리지널 콘텐츠의 출처를 가리킨다는 뜻입니다. 원처럼 돌아가는 화살표는 경의를 표하는 것으로, 당신이 공유 중인 어떤 콘텐츠를 처음 만난 곳으로 독자들을 안내해 줍니다. '큐레이터들을 위한 강령'은 길을 따라가며 계속 떨어뜨리는 빵 조각들과 같은 것들로, 독자들로 하여금 어떤 기사의 원천과 창작 영감을 찾아갈 수 있게 해줍니다."

오늘날 브레인 피킹스는 그녀에게 많은 수입을 올려주고 있지만, 그렇다고 그 웹사이트에 광고가 붙는 건 아니다. 대신 그녀는 방문객들에게 기부를 요청하며, 그녀가 추천하는 아마존의 책들로부터 수수료를 받는다. 이와 관련해 포포바는 이런 말을 했다. "이 모든 것의 비결은 실천과 꾸준함입니다." 큐레이터들이 가져야 할 가장 중요한 두 가지 특징이다.

브레인 피킹스 요점 정리

- 쓰는 것보다 훨씬 더 많은 걸 읽어라.
- 에버노트는 큐레이터가 자신의 노력들을 체계화하는데 도움이 되는 강력한 툴이다.
- 음악은 일에 리듬감을 주고 집중력을 높이는데 도움이 될 수 있다.
- 포포바 같은 큐레이터들은 자신들이 새로운 편집 전통을 세워가고 있다는 걸 잘 안다.

21 버치박스

버치박스Birchbox는 온라인 피부미용 전문업체로, 이 회사의 유료 회원들은 집에 가만히 앉아 샘플 제품들이 담긴 박스를 받아볼 수 있다. 뉴욕에 본사를 둔 이 회사는 2010년에 설립된 이래 꾸준히 발전해왔다. 버치박스는 소비자들이 해야 할 제품 찾는 일을 대신해 주고 있다. 유료 회원들은 자신의 프로필을 작성하는 과정에서 좋아하는 제품, 피부 유형, 민감성, 현재 사고 싶어 하는 제품 등에 대한 정보를 제출한다.

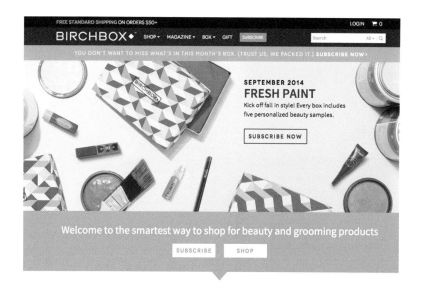

THE **MONTHLY BOX**

Get monthly deliveries of personalized beauty, grooming, and lifestyle samples, tailored to your profile. Try cult brands, up-and-coming lines, and everything in between.

그러면 그 프로필을 토대로 버치박스는 피부미용 제품과 향수, 화장품 등 고객의 취향과 필요에 맞춘 여러 가지 샘플들을 박스에 담아 고객들에게 보내준다. 박스당 가격은 여성의 경우 10달러, 남성의 경우 20달러이다. 샘플을 써본 고객들은 그중 자신에게 가장 잘 맞는 제품을 정식으로 주문하며, 다른 유료 회원들을 위해 버치박스 웹사이트에 제품 사용 후기 및 제안을 올린다. 버치박스 웹사이트에는 회원들에게 특정 제품의 사용법을 안내해 주는 콘텐츠들도 있다. 포인트 제도도 있어, 회원들은 제품을 구매하거나 추천할 때, 설문 조사에 응할 때, 사용해본 샘플들에 대한 평을 달 때 포인트를 얻게 된다. 유료 회원들은 이 회사의 웹사이트에서 두발 제품, 향수, 가정용품, 식품, 화장품, 피부관리용품, 마시는 차 관련 제품 등 카테고리별로 분류된 제품들을 쇼핑할 수도 있다. 〈버치박스 매거진〉도 있어, 피부미용 업계의 최근 동향과 각종 유용한 팁을 볼 수도 있다.

버치박스는 고도로 맞춤화된 고객 서비스와 '원 클릭' 쇼핑의 편리함을 두루 누릴 수 있는 몇 안 되는 온라인 기업들 중 하나이다. 스티치 픽스Stitch Fix의 최고경영자 카트리나 레이크는 버치박스에서 영감을 얻어 바쁜 여성들을 위해 의류를 사 모으거나 업데이트하는 시간을 절약시켜 줄 온라인 패션 기업 스티치 픽스를 설립했다. 버치박스의 경우와 마찬가지로 스티치 픽스의 회원들 역시 프로필을 작성하며, 그 프로필을 토대로 회사는 고객들의 취향과 라이프스타일, 그리고 몸 유형에 가장 잘 맞을 만한 제품들을 미리 선정해 고객들에게 '새로운 쇼핑 경험'을 선사한다. 스티치 픽스의 특징은 이처럼 고객들에게 회사가 대신 쇼핑해 주는 독특한 경험을 제공한다는 사실이다. "우리는 큐레이션 및 맞춤화 기법을 사용합니다." 버치박스의 설립자인 카티아 뷰챔프의 말이다. 현재까지는 고객들이 이런 사업 방식에 잘 호응해 주고 있다. 버치박스와 스티치 픽스 같은 기업들의 잇단 출현으로, 현재 전자상거래를 하는 기술 기업들은 전 세계적으로 15조 달러라는 막대한 매출을 올리고 있는 것으로 추정됐다.

버치박스 같은 기업의 경우 이런 사업 모델이 성공해 살아남으려면 고객 피드백이 필수적인 요소이다. 제품을 직접 사용해본 고객들이 그 경험담을 공유하면 다른 고객들의 관심을 끌게 되며, 그 덕에 자연스레 새로운 고객들이 생겨나게 된다. 소비자들은 새로운 제품을 찾는 과정에서 다른 소비자들의 말을 신뢰하기 때문이다. 버치박스는 제품 사용 후기 등을 올리는 고객들에게 인센티브를 제공하는 고객 보상 제도를 통해 전통적인 입소문 마케팅 전략을 구사하고 있다.

버치박스의 경우, 이런 전략에 기술까지 보탬으로써 입소문 마케팅은 훨씬 큰 효과를 발휘한다. 이 회사는 또 소매 부문의 사업을 위해 수백 개의 브랜드들로부터 제품을 공급받고 있는데, 그중 상당수는 DKNY나 까르띠에Cartier처럼 이름만 대면 알 만한 유명 브랜드들이다. 버치박스의 홈페이지에 가보면 제품 사용 후기가 가장 많은 제품과 현재 가장 잘 팔리는 제품들도 볼 수 있다.

또한 버치박스의 홈페이지에는 사용자들이 매긴 '좋아요' 수가 나와 있는 제품 목록도 있다. 버치박스 데이터 과학 팀은 세밀한 연구 끝에 이 사용자들이 자사 제품들과 어떤 식으로 연결되어 있는지를 알아냈다. 그들은 또 고객 선호도 및 필요 사항들에 대해 조사하고 고객들이 특정 제품을 찾기 위해 주로 어디서 시간을 보내는가 하는 것들을 분석하는데 데이터 마이닝data mining(방대한 자료를 토대로 새로운 정보를 찾아내는 것-역자 주)을 활용했으며, 그게 특정 고객에게 보낼 샘플 박스에 어떤 샘플들을 넣을지를 결정하는데 큰 도움이 됐다. 각 박스는 회원들에게 이메일 배송 통지를 한 뒤 매월 10일까지 배송된다. 각 박스에는 추적 번호가 붙어 있어, 고객들은 그 박스의 배송 상황을 잘 알 수 있다. 버치박스는 현재 유료 회원이 80만 명이며, 그중 50퍼센트는 웹사이트에서 자주 쇼핑을 하는 적극적인 고객들이다. 회사 총 매출의 4분의 1은 웹사이트 판매에서 나온다. 버치박스는 최근 시장 확대를 위해 6,000만 달러의 투자 재원을 마련했다.

버치박스와 소셜 미디어

전자상거래 벤처 기업들이 다 그렇듯, 버치박스 역시 제품 홍보를 위해 소셜 미디어 스트림을 활용하고 있다. 고객들의 정보 검색 방식에 맞추기 위해서는 소셜 미디어 활용이 필수적이며, 그래야 창의적인 홍보도 가능하기 때문이다. 예를 들어 '버치박스 남성용 제품' 부문의 홍보를 위해, 버치박스는 페이스북과 트위터에서 남성들을 대상으로 피부미용 관련 조언과 팁들을 공유했다. 특별한 페이스북 퀴즈 시리즈도 개발했다. 그 외에 유튜브에 피부미용 관련 교육용 비디오도 올렸다. 2012년에는 매주 월요일 밤에 트위터 파티를 개최해, 사람들 사이에서 자사 제품뿐 아니라 미용 및 라이프스타일 전반에 걸친 관심사에 대한 대화를 이끌어내려 했다. 버치박스 웹사이트에는 각종 미용 관련 팁과 유명인 특집, 간식 레시피 등을 다루는 블로그 포스트들이 담긴 텀블러 페이지도 있다. 핀터레스트 페이지에는 미용 정보, 좋아하는 버치박스 제품들, 계절별 홍보 등이 모여 있는 경우가 많다. 버치벅스 웹사이트에서는 소셜 미디어 서비스 외에 버치박스 팀원들과의 비디오 채팅, 모바일 앱 다운로드, 인스타그램 스냅 사진 제공 등의 서비스도 제공한다.

버치박스의 지평들

전자상거래는 계속 발전 중이고 수익성도 높은 사업 전략이긴 하지만, 온라인 기업들은 전통적인 사업 환경(이를테면 오프라인 매장 등) 내에서도 자리를 잡기 위해 애쓰고 있다. 월마트나 메이시스Macy's 같은 대기업들과도 경쟁을 해야 하는 상황에서, 온라인 기업들은 온라인과 오프라인 시장에서 동시에 사업을 하는 보다 큰 그림을 그리고 있는 셈이다. 통계 수치를 보면, 전자상거래를 통한 매출은 전체 소매 시장 매출의 일부에 지나지 않는다. 그래서 온라인 기업들은 지금 직접적이고 전문화된 고객 서비스를 통해 사업 영역을 오프라인 시장으로 확대하려 하고 있다. 남성용 고급 면도 제품들을 취급하는 온라인 소매상 해리즈Harry's의 마케팅책임자 앤디 카츠-메이필드는 이 문제에 대한 자신의 생각을 이렇게 요약했다. "말하자면 제품을 팔 새로운 채널을 만들자는 겁니다." 이 회사는 최근에 자금을 마련해 뉴욕에 매장을 하나 오픈했다. 다른 기업들은 노드스트롬 백화점 같은 기존의 매장과 제휴 관계를 맺고 있는데, 예를 들어 미국 온라인 보석 전문 업체 바블바BaubleBar는 현재 자신들의 제품을 노드스트롬 백화점에 놓고 판매하고 있다.

2014년 7월, 버치박스는 뉴욕 소호에 플래그십 스토어(성공한 특정 상품 브랜드를 앞세워 전체 브랜드의 성격과 이미지를 극대화하는 매장-역자 주)를 열었다. 실내 공간이 탁 트인 2층짜리 이 매장에는 버치박스의 제품 수백 가지가 사람들이 구경하기 좋게 멋지게 진열되어 있다. 고객들은 예약을 통해 매장 내에 상주하는 메이크업 아티스트와 미용 전문가들에게 1대 1 코치를 받을 수 있다.

거기서 몇 걸음 더 나아가, 뉴욕의 플래그십 스토어에서는 카메라와 열감지기들을 활용해 고객들이 어떤 제품들에 가장 많이 몰리는지를 추적한다. 또한 아이패드iPad도 매장 운영의 중요한 일부분으로, 고객들은 아이패드를 통해 어떤 제품이 자신의 스타일과 필요에 가장 잘 맞는지를 분석해 주는 '제품 중매인Product Matchmaker' 프로그램을 활용할 수 있다.

소호 매장 측은 고객 방문 빈도와 제품 구매 같은 고객 관련 데이터 수집을 위해 와이파이 분석법을 도입할 계획도 갖고 있다. 결국 버치박스는 고객들이 단조로운 쇼핑 환경에서 벗어나 뭔가 새로운 경험을 하고 가길 바란다.

지금 다른 많은 기업들도 버치박스의 사업 모델을 쫓아갈 생각을 하고 있다. 현재 회원 모집을 놓고 경쟁을 벌이는 버치박스 스타일의 기업이 무려 500개가 넘는 걸로 추산된다. 업계 전문가들은 이 사업 모델의 잠재적 위험들도 잘 파악하고 있다. 웹사이트 '나의 회원 가입 중독My Subscription Addiction'의 리즈 캐드먼은 큐레이트 과정 중에 염두에 두어야 할 중요한 점들을 예리하게 지적하고 있다. 먼저, 특정 목표 고객층을 상대로 큐레이트하는 건 충분히 넓은 그물을 던지는 게 아니어서, 데이터에서 그 입장이 대변되지 못하지만 똑같이 중요한 관심사와 소비 능력을 갖고 있는 고객들을 소외시킬 수도 있다. 프레젠테이션이 가장 중요하다. 캐드먼은 왜 각 제품이 선택됐는지 그 이유를 설명하는 조그만 카드나 편지를 넣어주는 게 좋다고 말하는데, 그걸 통해 고객 지원팀과 고객 간의 개인적 유대감을 쌓아줄 수 있으며, 그런 유대감이 온라인 사업의 성공에 꼭 필요한 요소이기 때문이다.

2012년에 버치박스는 파리에 소재한 경쟁 기업 졸리박스JolieBox를 인수했다. 버치박스는 그 이후에도 계속 해외로 사업 영역을 확대해 이제는 프랑스, 스페인, 영국에도 지사를 두고 있다.

- 당신의 독자나 고객이 고객 큐레이션의 가치를 더 올려준다는 걸 이해하라.
- 전자상거래와 콘텐츠의 경계가 모호해지고 있다.
- 고객 피드백을 권장하고 받아들여라.
- 소셜 미디어를 활용해 새로운 고객들을 만들어내라.
- 소셜 미디어 웹사이트마다 서로 다른 커뮤니케이션 및 연결 기회를 제공해준다.

Chapter

22

20세컨드스토리

올가 A. 레비츠키는 잠재적인 고객들에게 제품의 가치를 직접 실연함으로써 판매 부서들을 돕는 등, 주로 규모가 큰 기술 기업들에서 판매 지원 업무를 봤다. 그러나 이는 생각보다 어려운 일이다. 레비츠키는 이렇게 말했다. "제품도 많고 판매 방법도 많습니다. 그리고 고객들도 아주 다양해, 각자가 속한 업계도 다르고 회사 규모나 발전 정도도 다릅니다. 그리고 늘 문제가 되는 건, 마케팅 부서나 제품관리 부서가 들려주고 싶어 하는 스토리와 판매팀이 들려주고 싶어 하는 스토리가 다르다는 겁니다." 시간이 지나면서 그녀는 특정한 기업 환경 내에서 이루어지는 마케팅에 도움을 줄 각종 툴이나 과정은 어떤 규모의 기업에도 다 적용된다는 걸 깨닫게 됐고, 그래서 그 깨달음을 행동으로 옮기기 위해 직접 회사를 차리게 된다. 그녀의 지론은 간단했

206

큐레이션 실전편

다. "내가 예전에 일했던 기업들처럼 큰 기업들에는 있는데, 중견 기업들에는 없는 게 뭘까요? 내부 지식을 큐레이트하고 관리해줄 수 있는 조직입니다. 게다가 대부분의 작은 기업들은 매일 고객이나 사업 파트너들과 교류하며 온갖 스토리들을 만들어내면서도, 그 스토리들을 수집하고 분석할 인프라도 없이 전속력으로 내달리고만 있습니다. 그래서 나는 그런 능력이 없이도 고객들에게 이런 유형의 큐레이션과 분석 능력을 제공해주고, 또 대기업들에겐 그런 일을 보다 효율적으로 해낼 방법을 가르쳐줄 수 있는 방법을 찾아냈습니다."

오늘날 그녀는 그 같은 방법을 구현하는 사업을 하고 있는데, 그 사업체가 바로 20세컨드스토리닷컴20secondstory.com이다. 그녀는 모든 걸 큐레이션과 관련지어 이렇게 설명했다. "기업들은 양질의 제품 및 서비스 제공, 각종 고객 서비스 및 지원, 그리고 자체 브랜딩(상품의 이미지를 통해 회사를 알리는 마케팅 방법—역자 주)을 통해 이미 매일 자기 고객과 사업 파트너와 커뮤니티들을 상대로 자신들의 스토리를 들려주고 있습니다. 마케팅 부서는 자신들이 그런 스토리를 꿰차고 있다고 생각할 수도 있습니다. 그러나 막상 고객 지원 부서를 잠시 들여다보거나 판매 부서를 하루 따라 다녀보면 회사가 내세우려 하는 '공식적인' 스토리와 실제 시장에서 나도는 스토리 사이에는 커다란 간극이 있다는 걸 알 수 있습니다." 그러면서 그녀는 이렇게 말을 이었다. "제일 먼저 해야 할 일은 기업의 '진짜' 스토리를 제대로 아는 것입니다. 진짜 스토리는 고객들이 매일 기업과 교류하면서 만들어내는 소셜 미디어 콘텐츠 같은 여러 콘텐츠를 분석해 보면 알 수 있습니다. 이 같은 콘텐츠 분석을 통해 기업은 자신들의 스토리를 깔끔하게 재정리할 수 있으며, 그 결과 판매 직원들은 매일 고객들과 교류하는 과정에서 그 스토리를 제대로 활용할 수 있게 됩니다."

레비츠키에 따르면, 기업들은 이처럼 자신들의 스토리를 다듬고 그 스토리를 중심으로 조직을 재정비할 수 있다. 그녀는 기업들로 하여금 서로 상충되는 내부 메시지들을 쏟아내지 못하게 하고, 아주 간단명료하면서 핵심적인 개념들을 정립해 부서와 직위와 역할이 다른 모든 직원들에게 그걸 가르치게 한다. "조직이 자신의 스토리를 완전히 이해하고 받아들여 조직 운영에 그 스토리를 반영할 때, 우리는 그 스토리를 더 많은 사람들에게 전달할 수 있습니다. 고객들이 스스로 발 벗고 나서 특정 기업의 제품을 사용하고 또 그 기업 스토리를 전파하려 애쓴다면, 그런 기업은 성공하지 않을 수 없을 겁니다. 고객들의 이 같은 기업 충성도는 대상을 분명히 정해 조직 스토리를 꾸준히 전파할 때 얻을 수 있습니다."

이 모든 걸 설명하기 위해, 레비츠키는 자신의 고객들 중 하나인 러시안 리버 바인야즈라는 포도주 양조 회사의 스토리를 들려주었다. 이 회사는 그야말로 괄목할 만한 브랜드 변신을 꾀했다. 이 회사는 비록 규모는 작았지만, 현지 포도밭에서 딴 포도로 만든 고급 와인을 현지 고객들에게 판매하며 오랜 세월 사업을 이어오고 있었다. 이들은 자신들에게 와인 품질을 한 단계 업그레이드할 능력이 있다는 걸 알고 있었고, 그래서 과감한 투자를 해 프랑스산 오크나무 술통들을 들여오고 포도주 생산 과정 및 병에 포도주 담는 과정을 개선하고 아주 뛰어난 와인 제조전문가를 새로 영입하는 등, 모든 면에서 변신을 꾀했다.

그 결과 제품 품질이 급격히 좋아지면서, 이 회사는 포도주 품질 90점 이상을 획득하며 각종 상을 휩쓸기 시작했다. 문제는 전반적인 비용 부담이 늘면서 와인 가격이 올라갔다는데 있었다. 그래서 이 회사는 레비츠키에게 전화를 걸어 도움을 요청했다. 레비츠키의 말을 들어보자. "그들이 자기 제품에 대해 들려주는 스토리와 오랜 고객들이 그 회사에 대해 알고 있는 스토리 간에는 괴리가 있었습니다. 오랜 세월 그 회사 와인을 사 마신 고객들은 와인 가격이 병당 20퍼센트, 50퍼센트, 100퍼센트 뛰는데 기겁을 했습니다. 그래서 제품 품질이 놀라울 만큼 좋아졌음에도 불구하고, 고객 수는 점점 줄어갔습니다."

20세컨드스토리는 이 와인 회사의 스토리를 큐레이트해 고객들에게 다시 들려줘야 했다. 다음은 레비츠키의 말이다. "고객 및 자사 제품들과 관련된 그 회사의 커뮤니케이션 패턴들을 분석한 결과, 우리는 그들이 여러 면에서 회사 스토리를 고객들에게 어필하지 못했다는 걸 알게 됐습니다. 모든 혁신을 고객들도 모르게 조용히 진행해온 겁니다. 회사와 제품에 대한 고객 경험을 개선시켜 주지 못했을 뿐만 아니라 모든 변혁의 목적 내지 이유도 제대로 알리지 못한 것입니다. 그래서 우리는 그들을 도와 고객들에 대한 프레젠테이션 방법을 개선하고, 또 단골 고객들로 하여금 회사와의 유대감을 갖게 해줄 수 있는 커뮤니케이션 방법들을 찾기 위해 애썼습니다. 회사 위치도 이전해 이미지 쇄신에 나섰고, 제품 브랜딩 방식을 개선했으며, 와인 제조전문가와 기타 중요한 관련자들의 이름을 부각시켜 고객들에게 제품 생산에 새로운 인재들이 투입되고 있다는 걸 알렸습니다. 아울러 회사 이전에 얽힌 스토리를 개발해 보다 넓은 지역의 고급 고객들 사이에 관심을 불러 일으켰고, 현지 와인 회사가 프리미엄 와인 시장의 강력한 다크호스로 등장한 스토리에 관심을 가질 만한 타지 방문객들까지 고객으로 끌어들였습니다." 그 결과는 대성공이었다. "시간이 지나면서, 전통적인 고객층이 되돌아와 보다 높은 가격에도 기꺼이 이 회사 제품들을 구입했고, 새로운 고객들도 대거 몰려들었습니다."

고객들에게 들려주는 스토리를 큐레이트하는 건 왜 그리 중요할까? 레비츠키도 지적하듯, 우리가 마케팅하려는 세상 자체가 상당한 변화를 거듭하고 있기 때문이다. "우리가 목격해온 변화 추세들 중 하나는 관심을 쏟을 대상은 정해져 있는데 콘텐츠는 너무 많아 각자가 집중할 수 있는 시간이 갈수록 더 짧아지고 있다는 겁니다."

이는 비단 고객들에게만 해당되는 얘기가 아니며, 당신의 조직 역시 엄청난 정보의 홍수 속에서 허우적대고 있다. 이와 관련해 레비츠키는 이런 말을 했다. "당신의 직원들은 동료들과 고객들, 그리고 다른 회사의 직원들한테서 쏟아져 들어오는 메시지들로 정신이 하나도 없으며, 때론 상사인 당신한테서 오는 메시지들까지 보태져 더 정신을 못 차립니다. 콘텐츠는 조직 전반에 걸쳐 만들어지지만, 사람들은 자신에게 주어진 역할 및 책임과의 맥락 속에서만 그 콘텐츠를 소비합니다. 지금 콘텐츠가 엄청나게 빠른 속도로 엄청나게 증가하고 있기 때문에, 직원들은 필히 보고 듣는 콘텐츠를 자신의 일에 맞춰 큐레이트해야 하며, 그 모든 게 조직 전체의 목표에도 잘 맞아야 합니다."

20세컨드스토리 요점 정리

- 레비츠키 같은 큐레이터들은 부가가치를 생산하며, 따라서 그만한 대우를 받을 자격이 있다.
- 기업들은 자신들의 스토리를 일관성 있게 분명히 잘 전달해야 한다.
- 벽돌들을 쌓듯 당신의 스토리를 잘 구축하라.
- 외부에 도움을 청하는 걸 두려워 말라.
- 콘텐츠는 홍보 부서나 커뮤니티 관련 부서에서만 만들어지는 게 아니라 조직 전체에서 만들어진다.

4

각종
툴과
기법들

Curation

Chapter

23

큐레이션 유형과
스타일들

　로힛 브하르가바는 큐레이션에 관한 한 초창기 사상가들 중 한 명이며, 오늘날까지도 그 선견지명이 돋보이는 블로그 포스트를 쓰기도 했다. 그 '콘텐츠 큐레이터 선언문'은 다음과 같다. "콘텐츠 큐레이터는 온라인상의 특정 이슈와 관련해 '끊임없이' 가장 뛰어나고 적합성 있는 콘텐츠를 찾아내고 모으고 체계화하고 공유하는 사람이다. 이 직업에서 가장 중요한 요소는 '끊임없이'라는 단어이다. 모든 게 실시간으로 진행되는 인터넷 세계에서는 '끊임없이'가 가장 중요한 것이다."

콘텐츠 큐레이션의 5가지 모델

　시간이 지나면서 점점 더, 콘텐츠 큐레이션이라는 말은 온라인에서 만들어지는 엄청나게 많은 정보에 일정한 틀과 통찰력을 추가해 주는 많은 사소한 활동들을 망라하는 무슨 캐치프레이즈같이 느껴졌다. 그런데 우리가 만일 콘텐츠 큐레이션을 그런 식으로 정의하는데 그치지 않고, 큐레이션이 아주 특정한 상황들에서 어떻게 적용될 것인가 하는 문제까지 생각해 본다면 어떨까? 자, 이제 큐레이션의 세계를 탐구하기 위한 출발점으로 콘텐츠 큐레이션의 5가지 모델을 소개한다.

1. 응집

온라인에는 정보가 홍수처럼 넘쳐나고 있으며, 그래서 그 무얼 검색해도 수백만 페이지의 결과가 나오게 되어 있다. 구글은 그중 당신의 검색어와 가장 적합성 있는 결과들을 제시해줄 뿐이며, 어떤 결과를 택할 것인지를 판단하는 건 당신의 몫이다. '응집aggregation'은 특정 주제와 관련해 가장 적합성 있는 정보를 큐레이트해 한 장소로 모으는 행위이다. 응집은 '소규모 기업들을 위한 27가지 기막힌 자원들' 경우처럼 카탈로그 스타일의 블로그 포스트들의 형태를 띠는 경우가 많다. 응집에서는 대개 양은 문제가 아니며, 그래서 이 경우 당신은 여전히 수백 가지의 콘텐츠 재료를 갖고 있을 수도 있다. 그러나 그 모든 게 다른 여러 곳에 있지 않고 한 장소에 있다는 사실은 특정 주제에 관심 있는 사람들 입장에서는 아주 가치 있는 일이 아닐 수 없다.

2. 증류

'증류distillation'를 뒷받침하는 개념은 뭔가를 단순하게 만든다는 건 우리가 취할 수 있는 가장 가치 있는 활동들 중 하나라는 사실이다.

증류는 정보를 큐레이트해 보다 단순한 포맷으로 만드는 행위로, 여기서는 가장 중요하거나 가장 적합성이 많은 아이디어들만 공유된다. 그 결과 그 나머지 많은 콘텐츠는 단순성을 위해 제거될 수도 있다. 그러나 누구든 이 콘텐츠를 소화하는 사람은 더 이상 엄청난 양의 콘텐츠를 가지고 씨름할 필요가 없고, 대신 보다 집중된 관점의 정보를 소비할 수 있다는데, 이 '증류'의 가치가 있다.

3. 승격

온라인상에서 140자 이내의 글자나 함축적인 휴대폰 이미지 형태로 공유되는 보다 작은 아이디어들은 보다 큰 사회적 트렌드나 변화를 반영한다. '승격elevation'은 매일 온라인상에 올라오는 소소한 단상들 속에서 보다 큰 트렌드나 통찰력을 찾아내는 큐레이션의 역할이다. 트렌드에 초점을 맞춘 그 많은 웹사이트들이 하고 있는 일의 상당 부분이 승격인데, 이는 가장 어려운 형태의 콘텐츠 큐레이션일 수도 있다. 큐레이션을 하는 사람이나 조직의 입장에서 보다 뛰어난 전문 지식과 분석 능력이 필요한 일이기 때문이다. 그러나 새로운 아이디어들을 공유하는 측면에서 가장 강력한 힘을 발휘할 수도 있다는 게 이 승격의 장점이다.

4. 매시업

'매시업mashup'이란 용어는 원래 음악 분야에서 두 가지 이상의 노래를 가져와 한데 섞어 새로운 노래를 만들어내는 트렌드를 가리키는 말이나, 정보와 관련해 쓰일 경우 보다 넓은 의미를 갖게 된다. 매시업은 독특하게 큐레이트하는 병치 행위로, 기존의 콘텐츠를 합침으로써 새로운 관점이 탄생되게 된다. 특정 문제에 대한 다양한 관점들을 끌어 모아 한 곳에서 공유하는 것도 이런 매시업 행위의 한 예로, 온라인 백과사전 위키피디아에서 매일 일어나고 있는 일이 바로 일종의 매시업이다. 보다 넓게 보자면, 매시업은 뭔가 새로운 걸 만들어내는 방법이면서도 여전히 콘텐츠 큐레이션이 그 토대인데, 그건 당신이 기존의 콘텐츠를 바탕으로 작업을 하기 때문이다.

5. 연대순

정보의 진화 과정을 들여다보는 가장 흥미로운 방법들 중 하나가 시간의 경과에 따라 특정 주제에 대한 개념과 우리의 이해가 어떻게 바뀌는가를 보는 일이다. '연대순chronology' 큐레이션은 역사적인 정보를 끌어 모아 시간 경과 순으로 정리해 특정 주제에 대한 사람들의 이해가 어떻게 변화했는지를 보는 큐레이션 방식이다. 시간 흐름에 따라 사람들의 이해가 변화하는 주제들을 큐레이트할 때 더없이 유용하며, 정보를 통해 역사를 다시 보여 주면서 사람들의 이해와 경험이 어떻게 변화했는지를 입증할 수 있는 강력한 방식이다.

24 유튜브, 비디오 호스트인가 비디오 큐레이터인가?

유튜브는 지금 큰 문제를 안고 있다. 그저 너무 많은 비디오를 갖고 있다는 점이다. 2011년까지만 해도 유튜브는 각종 '~하는 법' 비디오나 스케이트보드 타는 다람쥐 비디오 같은 잡다한 주제의 비디오가 모여 있는 거대한 잡탕 같은 곳이었다. 당시 널리 보도되진 않았지만, 유튜브에 업로드되는 비디오의 양은 무서운 속도로 늘어나고 있었다. 2007년에는 사용자들이 분당 6시간 분량의 비디오를 업로드했다. 그러다 2년 후에는 분당 15시간 분량의 비디오를 업로드했다. 2012년이 되자, 그게 분당 72시간 분량의 비디오로 늘어나, 비디오 업로드 분량이 단 5년 사이에 무려 10배 이상 늘어났다. 오늘날 하루 동안 유튜브에 업로드되는 비디오 분량은 미국의 3대 방송사가 지난 3년간 방송한 영상 분량을 다 합친 것보다 더 많다. 이 엄청난 비디오들은 이제 축복이면서 동시에 저주이다. 유튜브는 세계 최대의 비디오 저장소가 됐지만, 그 엄청난 비디오들 속에서 특정 비디오를 찾는 건 모래사장에서 바늘 찾는 것만큼이나 힘들어졌다.

그래서 유튜브 측에서는 단순히 개별 비디오 클립들을 클릭하던 시대에서 벗어나 원숙한 유튜브 채널 시대로, 그러니까 유튜브 채널들로 이루어진 채널 시대로 발돋움하기 위한 변화를 꾀하기 시작했다. 이런 변화를 위해 유튜브 측에서는 공개적으로 큰 베팅을 하나 했으며, 동시에 한 가지 극비 프로젝트에도 착수했다.

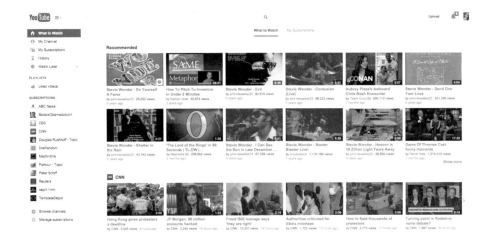

유튜브 이전의 세계

우리는 유튜브 이전의 세계도 있었다는 걸 잊기 쉽다. 비디오를 찾기도 힘들고 공유하기도 힘들며, 특히 거대 방송국이 아니라면 비디오를 만드는 게 불가능했던 세계 말이다. 그러나 다행히도 그런 날들은 이제 멀리 가버렸다.

오늘날에는 정치 후보자나 정치인이 유튜브에서 어떤 실수가 폭로돼 타격을 받지 않는 날이 거의 없고, 또 외국 정부가 어떤 모욕이나 피해와 관련해 유튜브 측을 비난하지 않는 날이 거의 없을 정도이다.

미국 캘리포니아주 샌 브루노에 있는 유튜브 본사의 넓고 탁 트인 로비로 들어서면, 이 회사가 그 거센 폭풍우의 중심에 자리 잡고 있다는 사실이 거의 믿기지 않는다. 현관문은 잠겨져 있다. 아마 2012년에 〈무슬림의 순진함Innocence of Muslims〉이라는 비디오가 유튜브에 올라오면서 세계 곳곳에서 시위가 벌어지자 취해진 보안 조치이리라. 그러나 그걸 제외하면 분위기는 평화롭다. 로비 안에 들어가 보면 유튜브 공동설립자인 채드 헐리와 스티브 첸의 사진이 눈에 띈다. 건물 안에서는 각국 정부와 영화사들과 언론 매체와 광고업계를 뒤흔들고 있는 유튜브 서비스의 발전에 이바지하고 있다는데 자부심을 느끼는 많은 비디오 검토자와 엔지니어, 프로젝트 책임자들이 분주히 움직이고 있다.

새로운 비디오 왕족은 점차 늘어가고 있는 '유튜버' 집단으로, 이들은 비디오를 제작함으로써 웹상에서 연결되는 새로운 비디오 사용자들과 연결된다. 간단히 말해, 패션 브랜드 갭GAP의 본사였던 이 건물이 지금은 한때 세상을 지배했던 텔레비전의 미래를 준비하는 중심지인 것이다.

두 개의 유튜브 출현

새로운 유튜브는 여러 면에서 새로운 할리우드나 다름없다. '유튜브 오리지널'을 통해 3억 달러를 투자해 가장 유명한 콘텐츠 크리에이터들, 유명 인사들, 그리고 유튜브 채널 스타들과 손잡고 비디오 채널 제작에 나선 것이다. 그리고 1년이 지난 현재 어니언The Onion, 본나루 Bonnnaroo, 뉴스코스 위그즈 채널NewsCorp's Wigs Channel, 모터 트렌드 Motor Trend 등과 손잡고 100개의 채널을 개설했다. 그리고 이 멋진 채널들 가운데 톱 20개 채널들은 1주에 100만 회 이상의 조회수를 올리고 있다.

그러나 성공한 채널들이 특별히 품위 있는 채널들은 아니어서, 거의 옷을 다 벗은 여성들이나 멋진 자동차들, 음악, 만화 등을 다루고 있다. 그리고 케이블 TV와 마찬가지로, 특히 젊은이들에게 초점을 맞추고 있다. 그러면서 유튜브는 지금 은밀히 수백만 개의 비디오들로 이루어진 깊이 있고 풍부한 양질의 콘텐츠 세계에 이르는 길을 모색 중이다. 그리고 그 모든 콘텐츠를 관리하기 위해, 유튜브는 지금 빠른 속도로 크리에이터에서 큐레이터로 진화 중이다. 드로르 심쇼비츠가 깨어 있는 시간을 몽땅 새로운 유형의 사용자들을 유튜브로 끌어들일 방법을 생각하는데 보내는 것도 바로 이 때문이다. 심쇼비츠는 유튜브에서 큐레이션 로드맵 구축 작업을 하고 있는 제품관리자팀의 리더이다. 그는 큐레이션은 유튜브 2.0의 핵심 비법이 될 잠재력을 갖고 있다며 이렇게 말한다. "한때 유튜브는 업로드되는 모든 콘텐츠를 다뤘습니다. 하지만 유튜브 채널을 향해 가는 이 시점에서, 이제 유튜브 채널에 의해 업로드된 콘텐츠와 다른 자원들에 의해 큐레이트된 콘텐츠를 구분하기란 힘들어질 겁니다."

그렇다면 유튜브는 어떻게 콘텐츠 업로드 센터 역할에서 탈피해 비디오 큐레이션 중심의 웹을 움직이는 엔진 역할을 해줄 수 있을까?

심쇼비츠는 오늘날의 TV 포맷에서 그 실마리를 찾았다. 그의 말을 들어보면 조금 놀라울 수도 있다. "ESPN의 스포츠센터 같은 TV 프로그램을 생각해 보십시오. 바로 그 포맷입니다. 클립 비디오 쇼인 거죠. 그 프로에는 쇼 호스트들이 몇 명 나와 몇 분간 토론을 한 뒤, 자신들이 만든 게 아니라 다른 데서 가져온 콘텐츠들을 다룹니다. 이제 우리는 그 포맷을 유튜브에 적용하려 합니다. 누구든 방대한 양의 비디오 콘텐츠를 이용해 호스트가 있는 프로그램을 만드는 겁니다."

유튜브는 사용자들이 스포츠, 음악, 엔터테인먼트 등과 관련해 큐레이트된 TV 프로그램들의 크리에이터가 되길 바란다. 사실 유튜브는 콘텐츠 제작자들이 꼭 최고의 콘텐츠 큐레이터들이 될 필요는 없다는 사실을 알게 됐다. 콘텐츠 제작자들이 자기 자신의 콘텐츠를 끌어 모으는 경향이 있다면, 진정한 콘텐츠 큐레이터들은 드넓은 유튜브 세계를 탐구해 콘텐츠를 큐레이트하려 할 것이다. 이 전혀 새로운 유튜브 큐레이터들은 누구를 닮았을까? 아마 당신 같은 사람을 닮았을 것이다.

시바 라자라만은 인도 첸나이에서 태어난 미국인 이민 1세대이다. UC버클리와 와튼대학교 출신으로 스토리와 기술을 모두 좋아하는 그는 세상을 변화시키는 유튜브의 막강한 힘과 영향력에 완전히 매료됐다. 오늘날 따뜻한 웃음과 맑은 눈을 가진 그는 유튜브에서 제품관리책임자 자리에 앉아 있다. 그의 말을 들어보자. "아버지는 현재 60대 중반이신데, 거의 시골이나 다름없는 인도의 한 조그만 도시에서 자라셨습니다."

라자라만은 이렇게 말을 잇는다. "아버지는 10년간 고향에 돌아가 보지 못했고 언제든 돌아갈 생각이었지만, 어머니가 몸이 편치 않아 여행을 할 수가 없었습니다. 아버지는 고향이 어찌 변했나 보고 싶었던 겁니다…… 그런데 누군가가 유튜브에 비디오를 여럿 포스팅했습니다. 아버지의 고향을 이곳저곳 걸어 다니며 찍은 비디오인데, 모든 게 변해 있었습니다. 각 비디오는 조회수가 10회 정도밖에 안됐지만, 아버지는 어쨌든 유튜브에서 그 비디오들을 찾아냈고, 그걸 보며 자신의 어린 시절들을 회상했습니다. 그리고는 그 비디오들을 자신이 알고 있는 모든 사람들과 공유하기 시작했습니다. 이용 가능한 소셜 네트워크는 모두 동원했습니다. 순전히 그 비디오들을 공유하기 위해 소셜 네트워크들에 회원 가입도 했습니다. 유튜브가 조그만 장소에 사는 사람들에게 영향을 주고 역사를 기록하는데 중요한 역할을 한 순간인 것입니다." 그의 아버지가 유튜브상에서 자기 고향인 인도 티루바루르와 관련된 비디오들의 큐레이터가 된 순간이기도 했다.

지금 유튜브 큐레이션은 이런 식으로 이루어지고 있는 듯한데, 그 이유가 아주 흥미롭다. 웹 비디오는 지금 데스크톱 컴퓨터에서 평면 스크린 쪽으로 옮겨가고 있으며, TV 시청자들이 웹 비디오와 TV에 대해 거는 기대는 아주 다르다. "당신이 하루 일과를 마치고 집에 돌아와 TV를 켰을 때의 상황을 생각해 보십시오. 당신은 프로그램들을 검색하진 않습니다." 드로르 심쇼비츠의 말이다. "10개 내지 20개 정도의 프로그램이 녹화된 DVR을 꺼내 그중 한 프로그램을 보든가 좋아하는 방송국 쪽으로 채널을 돌리거나 아니면 셋톱박스에 저장해둔 채널들을 볼 겁니다. 우리가 원하는 유튜브 활용 방식이 바로 이런 겁니다."

지난 7년간 유튜브 웹사이트를 세계 최대의 비디오 콘텐츠 저장소로 만드는 일을 해온 유튜브 팀에게 큐레이션은 아주 의미 있는 변화이다. 그러나 거실 평면 TV가 출현하면서, 유튜브는 지금 '큐레이트하느냐 아니면 큐레이트되느냐'를 결정해야 하는 기로에 섰다. "큐레이터는 '밈' 스토리를 가장 잘 들려줄 수 있는 사람입니다. 그 모든 콘텐츠가 수천 명까지는 아니더라도 수백 명의 크리에이터들로부터 오기 때문입니다." 라자라만의 말이다. 이는 우리가 지금 큰 관심을 보이는 유튜브의 한 요소이기도 하다.

　웹 비디오가 데스크톱 컴퓨터에서 거실 평면 TV로 옮겨가고 있어, 시청자들 입장에서는 비디오 클립을 보는 것보다는 프로그램이나 채널을 보는 게 훨씬 더 편해지고 있다. 라자라만의 말을 들어보자. "사용자들로 하여금 채널 안에서 콘텐츠를 큐레이트하게 하는 것은 TV에서 더 많은 유튜브 비디오를 보게 만드는 최선의 방법들 중 하나입니다."

　이제 막 유튜브에서 채널화 프로젝트가 시작된 상황에서, 조회수는 이미 엄청나다. 유튜브 측에 따르면 2014년 9월 현재 월 10억 이상의 조회수를 기록 중이다.

　평균적인 시청자는 매월 유튜브 비디오를 보는데 282.7분, 그러니까 4시간 30분 이상을 보냈다. 유튜브 조회수는 적절한 웹사이트나 유튜브 플레이어가 장착되어 있는 수많은 웹사이트들 중 한 웹사이트에서 발생한다. 이는 세계적으로 거의 문제가 되지 않는다. 심쇼비츠의 설명을 들어보자. "우리의 사업 모델은 비디오가 어디서 플레이되든 똑같습니다. 전 세계적으로 가능한 한 많은 비디오 스크린에서 유튜브가 시청되는 게 우리의 바람입니다."

　그렇다면 유튜브는 대체 어떻게 해서 이렇게 발전했을까? 그 이유를 한 가지로 설명할 수는 없다. 먼저 유튜브 측에서는 업로드할 때의 비디오 길이를 늘리고, 그 다음엔 파일 크기 한도를 올렸다. 그러나 무엇보다 중요한 것은 콘텐츠 제작 및 소비 장치로서의 휴대폰과 태블릿의 발전으로 유튜브 사용이 급증하게 됐다는 것. 심쇼비츠는 그 결과 '세계 최초의 진정한 글로벌 비디오 네트워크'가 구축됐다고 했는데, 그건 전혀 과장된 말이 아니었다.

　월 8억 명에 이르는 유튜브 시청자들 가운데 70퍼센트는 미국 이외 국가들의 시청자들이며, 전체 조회수의 무려 4분의 1은 모바일 장치들을 통한 조회수이다. 모든 수치들을 고려해 볼 때, 2011년의 유튜브 조회수는 1조가 넘었다. 이는 지구 위 모든 사람들의 1인당 조회수가 거의 140회 정도 된다는 얘기이다. TED 콘퍼런스의 큐레이터인 크리스 앤더슨은 최근에 이런 글을 썼다. "비디오는 지식 전파를 가속화시키는 능력이 있다. 그리고 유튜브는 크든 작든 세계를 변화시켰다. 또한 멀리 떨어진 장소들을 디지털 이웃들로 만들었다. 유튜브는 우리에게 개인 스토리들을 공유할 툴들을 주었다. 또 따돌림과 동성애 혐오에 대한 사람들의 관심을 환기시키기도 했다. 살 칸 같은 교육자들에게 교육 커뮤니티를 건설할 플랫폼을 제공해 주기도 했다. 채드 헐리와 스티브 첸이 2005년에 개설한 비디오 웹 공유 사이트 유튜브는 예술, 과학, 정치, 사법, 음악, 엔터테인먼트 등 거의 모든 분야에서 우리가 사람들에게 우리 자신의 스토리를 들려주는 방식에 영향을 주었고, 또 우리가 서로를 보고 서로의 말에 귀 기울이는 방식에도 영향을 주었다."

이제 유튜브는 비디오의 다음 단계를 끌어안고 있다. 그게 바로 큐레이션이다. 서로 다른 것들을 끌어 모아 새로운 경험을 만들어내고 콘텐츠 맥락도 만들어내는 독특한 인간적 활동 말이다. 큐레이터들은 가끔 크리에이터도 되고 가끔은 그렇지 못하다. 큐레이션 기술들은 서로 관련이 있지만 다르다. 유튜브가 제대로 뒷받침해 주기만 한다면, 비디오 큐레이터라는 직업은 그야말로 완전히 새로운 직업, 그러니까 혼잡한 유튜브 비디오 세계를 누구나 접근할 수 있는 멋진 비디오 갤러리로 탈바꿈시켜 줄 새로운 직업이 될 수 있을 것이다.

유튜브의 큐레이션 비전-그 영향력

유튜브 측에서 큐레이션이 비디오 콘텐츠에 맥락을 부여할 전략의 핵심이 될 것이며 큐레이터들에게 상응하는 대가를 지불할 거라는 걸 밝히면서, '공정 이용 및 리믹스Fair Use and Remix' 커뮤니티의 리더들은 이제 큐레이션에 더 큰 관심을 보이고 있다.

패트리샤 아우프데르하이데는 저작권 공정 이용 문제에 관한 한 미국 내에서 가장 영향력 있는 전문가이자 열정적인 지지자 중 한 사람으로 인정받고 있다. 그녀는 지금 아메리카대학교 내 커뮤니케이션 대학 소셜 미디어센터에서 '공정 이용과 언론 자유' 연구 프로젝트를 이끌고 있다. 또한 풀브라이트 장학금과 존 사이먼 구겐하임 장학금을 받고 있으며, 선댄스영화제에서 심사위원을 맡고 있기도 하다.

아우프데르하이데에 따르면, 큐레이터들은 콘텐츠 생태계의 신천지인 큐레이션 분야에서 활동할 자격이 충분하다. 다음은 그녀의 말

227

이다. "나는 큐레이터들이 편집자들이나 박물관 또는 미술관 큐레이터들과 마찬가지로 창의적인 사람들 대열에 서 있다고 생각한다. 그들은 제작 세계를 잘 알고 있으며 표준들을 시행하고 많은 지식과 뛰어난 판단력으로 뭔가 의미 있는 새로운 맥락 속에서 나름대로의 작품을 보여 준다."

그녀가 피터 야스지와 함께 쓴 책『공정 이용 되찾기: 저작권 문제에 균형을 취할 방법』에는 다음과 같이 공정 이용을 강력 지지하는 목소리가 담겨 있다. "나는 모든 문화는 늘 리믹스 문화였다고 생각한다. 창작자들의 작품이 완전히 독창적이라고 생각하는 건 착각이다. 그렇다, 그저 착각이다. 그리고 나는 큐레이터들 또한 여기저기서 좋은 자료들을 수집해 새로운 콘텐츠들을 만들어낸다고 믿는다. 지금은 인류 역사상 가장 생산적이고 참여적인 문화 표현의 시대이다."

큐레이터들에게 금전적인 보상을 해주기로 한 유튜브의 결정은 아우프데르하이데가 알고 있는 리믹스되고 재해석된 비디오의 세계에 어떤 영향을 주게 될까? "큐레이션 작업으로 인한 수익 창출의 조짐이 보인다는 건 고무적이다. 앞으로는 보다 높은 수준의 노력을 기울인 작품들이 보다 높은 수익을 창출하게 될 것이다. 나는 지금 이 분야에 대한 규제 필요성을 얘기하는 게 아니다. 그보다는 현재 큐레이션에 대한 인식이 너무 낮은데, 그 인식이 개선되고 큐레이션의 가치를 제대로 평가하는 방법들이 등장할 경우, 수익 창출이 유용한 촉진제가 될 거란 얘기를 하고 싶은 것이다."

그렇다면 공유하고 리믹싱하고 기존 미디어에서 새로운 작품을 만들어내는 게 왜 중요한 것일까? 아우프데르하이데는 이렇게 설명한다. "새로운 시장은 그 속에 공유 가능성을 담고 있다. 동시에 지금은 기존 미디어 기업, 특히 물리적인 타워와 안테나와 인쇄 기계 등을 보유한 미디어 기업들에게 아주 괴로운 시대이다." 그러나 아우프데르하이데에 따르면, 기존 사업 모델들이 이렇게 많은 어려움을 겪고 있지만, 우리는 지금 아주 흥분되면서도 중요한 기로에 서 있다. 아우프데르하이데는 이렇게 말을 잇는다. "공유 가능성을 제한한다는 건 이 새로운 시장에 뛰어드는 걸 가로막는 것이나 다름없다."

물론 아직은 모든 게 시작에 불과하다. 또한 유튜브 측에서 중요한 걸음을 내디디긴 했지만, 콘텐츠 공유와 콘텐츠 보호 간의 균형을 어떻게 맞출 것인가 하는 문제를 둘러싸고 앞으로 계속 복잡한 문제들이 생겨날 것이다. "확장성 높은 큐레이션 분야의 수익 창출이 더 활발해지면, 점점 더 많은 사람들이 저작권법 하에서 자신들의 권리가 제약받고 있다는 사실에 관심을 갖게 될 것이고, 동시에 자신의 작품을 만들기 위해 공정 이용에 대한 권리를 필요로 하게 될 것이다. 그렇게 되면 창작자들은 저작권 균형의 양쪽 측면을 다 알 필요가 있다. 우리 대부분이 그 양쪽 측면을 다 원하고 필요로 하기 때문이다." 아우프데르하이데의 말이다.

구글, 적합성과 비디오

웹 비디오 시장이 얼마나 커질 것인지 짐작이나 가는가? 디지털 미디어 분석 기관 컴스코어Comscore의 조사에 따르면, 2014년 6월 현재 1억 8,690만 명의 미국인들이 온라인 비디오 콘텐츠를 봤다고 한다. 물론 그중 유튜브를 소유한 구글이 조회수 1위였다.

아주 오래전, 그러니까 이젠 기억도 가물가물한 먼 옛날에, 누구나 쉽게 정보를 접하고 이용하고 공유할 수 있는 세상에 대한 꿈이 있었다. 그리고 구글이 정말 큰일을 해냈다. 구글이 만든 검색 엔진이 사람들이 찾는 정보를 마법처럼 찾아내 전해줄 수 있게 되었다. 이는 현대 세계의 경이였고 지금도 그렇다. 처음에 구글은 애드테크AdTech(광고라는 뜻의 AD와 기술이란 뜻의 Technology가 합쳐진 말로, 디지털과 모바일, 빅데이터 등 IT 기술을 적용한 광고 기법을 뜻함—역자 주) 기업이 아니었으나, 전 세계의 정보를 체계화할 경우 광고 분야에서 엄청난 기회를 창출해낼 수 있다는 걸 재빨리 간파했다. 그렇게 해서 2000년 10월에 구글 애드워즈Google AdWords가 탄생했다. 이는 원래 신생 기업 아이디어랩Idealab의 설립자 빌 그로스의 아이디어로, 고투닷컴GoTo.com으로 명명했다가 나중에 오버추어Overture로 개명됐다. 2000년 10월 구글은 애드워즈를 출범시키며 자신들의 홈페이지에 다음과 같은 간단한 말을 올렸다. "신용카드가 있고 5분의 여유가 있으십니까? 오늘 구글에 광고를 내십시오."

　　오버추어와는 별도로 구글은 두 가지 놀라운 혁신적인 조치를 내놓았다. 오버추어의 경매 모델은 가장 많은 금액을 낸 광고주의 광고가 가장 많이 노출되는, 그러니까 광고주가 돈의 힘을 빌어 자신의 광고를 검색어 상단에 올리는 방식이었다. 그러나 구글은 클릭수당 광고료를 지불하는 세계에서 이런 접근법으로는 실패할 수밖에 없다는 걸 깨달았다. 전혀 적합하지 않은 광고들이 몰려들어 웹페이지들이 오염되면, 그런 광고 페이지를 클릭해서 볼 사람은 없을 것이기 때문이었다. 그래서 구글은 광고의 적합성을 측정하기 위해 '클릭률clickthrough rate'(웹페이지에 실린 광고가 노출 대비 실제로 클릭으로 연결되는 비율—역자 주)이란 걸 고안해냈다. 사용자의 반응을 가장 중시해, 광고료를 적게 낸 광고라 해도 적합성이 더 높으면 더 상위에 노출되게 한 것이다. 그 결과 나타난 것이 유명한 저자이자 사업가 존 배텔이 말한 이른바 새로운 '적합성의 경제economy of relevance'이다.

적합성의 경제 덕에 구글은 거대한 기업으로 성장했고, 광고주들이 웹을 이용하는 방식에도 변화가 일어났다. 오늘날 애드워즈는 구글의 주요 수익원으로, 2012년 현재 425억 달러의 수익을 올렸다. 그리고 그 덕에 구글의 세계가 제대로 돌아가고 있는 것이다.

그러나 그 와중에 웹의 세계는 변화했다. 과거 '시청자' 또는 '독자'로 불리던 사람들이 콘텐츠 소비자로 또 콘텐츠 크리에이터로 떠올랐다. 오늘날 우리는 블로깅을 하고 트윗을 하고 공유를 하고 재트윗을 하고 링크를 건다. 그리고 이 모든 공유 행위는 끊임없는 콘텐츠의 확대로 이어지는 알고리즘을 연상케 한다. 그뿐 아니라 많은 기업과 언론 매체, 출판사, 잡지사, 데이터 수집 기업, 연구 기업 등도 콘텐츠 제작 시장에 뛰어들었다. 광고주들과 구글 양쪽 모두를 곤혹스럽게 만든 건 이처럼 비디오를 제작하는 주체가 너무 많다는 것이었다.

특히 구글은 이 곤혹스런 상황의 한가운데에 놓여 있으며, 그래서 어수선하기 이를 데 없는 비디오 콘텐츠를 적합성이 높고 광고 가치가 있는 콘텐츠로 만들기 위해 여러 가지 시도를 해왔다. 그러나 현재까지 몇 차례 쓴맛만 봤을 뿐 기대한 만큼의 큰 성공은 거두지 못했다.

그러다가 유튜브가 구글의 수장 보이치키에게 넘어갔다. 보이치키는 구글의 16번째 직원이었으며, 구글은 문자 그대로 그녀 부모의 차고에서 탄생했다. 그녀는 광고 프로그램 애드센스AdSense를 개발한 걸로 유명하다. 크고 작은 웹사이트들이 이 프로그램에 가입하면 구글측에서 그 웹사이트에 광고를 올리고 광고료를 지불했는데, 이런 광고 방식이 웹의 발전에 일조했다고 말하는 사람들이 많다. 이건 잘 알려지지 않은 사실인데, 보이치키는 오랫동안 비디오 분야에 깊이 관여했었다. 2006년에 이미 구글 비디오 운영을 맡았었는데, 이는 유튜브에 맞설 목적으로 만들어진 무료 비디오 호스팅 사이트였다. 그러나 그녀는 구글 이사회에서 구글 비디오를 운영하지 말고 16억 5,000천만 달러에 아예 유튜브를 인수하자는 주장을 폈다. 그 직후에 구글은 유튜브를 인수했고, 구글 비디오는 폐쇄됐다.

구글은 다음과 같은 방법으로 비디오 광고 시장에 접근하고 있다. 애드워즈의 사용자들은 새로운 형태의 커뮤니티에 속한 광고주들이다. 저렴한 광고료와 사용 편의성, 간단한 결과 측정 방법 덕에 상대적으로 예산이 적은 광고주들이 새로운 사용자층으로 떠오른 것. 누구든 신용카드와 키보드만 있으면 맥락상 적합한 광고를 할 수 있었고 클릭수로 매출이 발생했다. 그야말로 마법 같은 묘약이었다. 그러나 비디오 광고는 그런 식으로 움직여주지 않았다. 구글은 그간 다양한 툴들을 공유해 비디오 광고 제작을 사용자 지향적인 광고로 만들어주었지만, 비디오 광고들은 애드워즈를 급성장시켜 준 바로 그 얼리 어댑터 광고주들과 연결되는 것 같지 않다.

'롱 테일long tail'(다품종 소량 생산된 비주류 상품이 대중적인 주류 상품을 밀어내고 시장점유율을 높여가는 현상—역자 주) 콘텐츠를 뒷받침해줄 법한 광고주들은 웬일인지 좀처럼 구글의 셀프 서브self-serve 광고(광고주가 광고 채널 판매자를 통하지 않고 직접 광고를 게재하는 온라인 광고 방식-역자 주) 모델로 옮아가지 않았다. 롱 테일은 유명한 저널리스트 크리스 앤더슨이 생각해낸 개념으로, 2004년 10월 〈와이어드 매거진〉에서 처음 사용됐다. 구글이 점점 더 중요해지는 웹 비디오 광고 시장에 지속적인 관심을 보이는 가운데 유튜브 트래픽이 증가하자, 유튜브 '선정 콘텐츠', 그러니까 양질의 채널들을 시장의 수요에 맞출 필요성이 생겨나고 있다. 그렇다고 해서 유튜브가 엄청나게 큰 사업이 아니라는 얘기는 아니다. 분명 엄청난 사업이다. 유튜브는 2013년 현재 56억 달러의 매출을 올리는 사업으로, 이는 2012년에 비해 무려 65퍼센트나 늘어난 금액이다. 그런데 이는 모바일 분야에서의 유튜브 성장에 힘입은 바 크다. 2012년에 25퍼센트였던 모바일 트래픽 비중이 2013년에는 40퍼센트로 치솟은 것이다. 2013년 실적 발표 당시, 구글은 2011년에는 모바일 트래픽 비중이 6퍼센트에 불과했다면서 40퍼센트라면 상당한 증가라고 했다.

현재까지 혁신과 수익은 주로 가장 인기 있고 조회수 많은 유튜브 채널들에서 발생했다. 그렇다. 예를 들어 퓨디파이PewDiePie 같은 유튜버가 엄청난 수익을 거두고 있는데, 그의 경우 무려 조회수가 54억에 달한다. 가장 빠른 속도로 수익이 늘고 있는 곳은 시청자들에게 케이블 TV 같은 모습과 느낌을 주는 유튜브 채널들로, 이런 채널들은 다루는 주제도 다양하고 시청자 수도 엄청나다. 그러나 애드센스와 함께 시작돼 웹사이트 및 블로그의 급성장을 이끌어온 혁신이 그간 웹 비디오 분야에서는 힘을 발휘하지 못했다. 이는 유튜브를 혹평

하자는 게 아니라, 그 반대이다. 유튜브는 '비디오 발견'을 위한 플랫폼을 만들어냈다. 그러나 비디오 분야에서의 수익 모델을 그대로 틈새 비디오 콘텐츠로 가져가는 게 집중적인 판매 접근법에서는 덜 맞는 듯하다.

문제는 이것이다. 유튜브 틈새시장의 시청자들이 만일 자신의 네트워크 안에서 적합한 콘텐츠를 제공하는 웹페이지들에 등장하는 관련 비디오들을 보고 있다면, 수익과 매출 또한 거기에서 나와야 할 것이다. 유튜브에서 집계되는 1,530억 이상의 조회수 가운데 몇 퍼센트가 유튜브닷컴YouTube.com 이외의 비디오 조회수일까? 공식 자료는 아니지만, 소식통들에 따르면 전체 조회수의 60퍼센트는 될 거라고 한다. 그 시청자들을 수익 대상으로 삼는다면, 구글로선 엄청난 사업이 될 것이며, 틈새 네트워크 시장에서 활동하는 콘텐츠 크리에이터와 큐레이터들에게도 엄청난 새 수익원이 될 것이다.

이 모든 걸 유튜브의 새로운 최고경영자 수잔 보이치키보다 잘 아는 사람은 없으며, 그래서 그녀는 기회 있을 때마다 웹 비디오의 채널화가 얼마나 중요해질 것인지에 대해 목소리를 높여왔다. 다음은 그녀가 〈포브스〉지의 로버트 호프에게 한 말이다. "아마 조만간 TV에서, 그러니까 거실에서 보다 많은 인터넷 검색을 할 수 있게 해줄 장치가 나올 겁니다. 그리고 장담컨대, 그 시점이 되면 TV는 온라인 비디오와 아주 흡사해질 겁니다. 사람들은 아주 다양한 채널들을 확보하게 될 것이고, 보고 싶은 걸 골라볼 수 있게 될 겁니다. 모든 게 시청자 요구에 맞춰지는 거죠. 아마 현재 콘텐츠 시장에서 활동 중인 모든 개인과 조직들이 그 새로운 환경에 뛰어들 겁니다."

그러니 이걸 잊지 말라. 웹 비디오가 계속 진화하다 보면, 프로그래밍 수익 또한 계속 늘어난다. 웹사이트들 안에 채널화된 틈새 콘텐츠 시장이 출현할 날도 그리 멀지 않았다.

Chapter

25 텍스트 툴들을 이용한 큐레이션

텍스트는 큐레이션 우주의 중심이다. 왜? 텍스트가 웹상에서 단연 가장 널리 쓰이는 커뮤니케이션 형태이기 때문이다. 그리고 웹상의 텍스트는 그 양이 워낙 방대해, 차고 넘치는 텍스트들 가운데 의미 있는 텍스트를 분리해 내자면 큐레이션이 필수불가결하다.

현재 텍스트 기반의 큐레이션 툴들은 결코 적지 않으며, 지금도 계속 진화 중이다. 이제 가장 잘 알려진 텍스트 큐레이션 툴과 솔루션들을 몇 가지만 살펴보기로 하겠다. 지금도 매일 온라인에는 새로운 툴과 솔루션들이 올라오고 있다.

1. 스쿠프잇

2011년 11월에 공개된 스쿠프잇Scoop.it은 출시 18개월 만에 방문자 수가 7,500만을 넘을 정도로 대성공을 거두었다. 이 툴만 있으면, 누구나 아주 멋진 콘텐츠 제작자가 될 수 있다. 이 툴을 활용해 자신의 사업이나 관심 분야에 적합한 정보를 찾아내고 가져온 뒤, 거기에 자신의 생각을 보태 자신의 블로그나 소셜 네트워크에 올릴 수 있다. 스쿠프잇이 많은 기업과 학생, 교육자, 조직들이 선택하는 콘텐츠 큐레이션 툴이 된 이유들로는 그 특유의 소셜 네트워킹 기능과 매력적인 외관 그리고 방대한 검색 능력 등을 꼽는다.

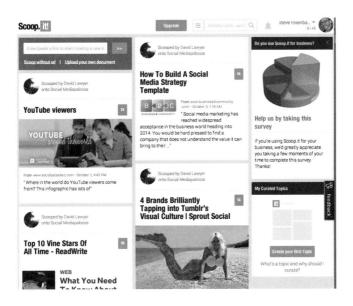

기욤 드뀌지는 스쿠프잇의 최고경영자이자 공동설립자이다. 그가 이전에 몸담았던 뮤지웨이브는 2000년대 초 모바일 음악 분야의 선구자적인 기업으로, 초창기 모바일 음악 시장에 히트작들을 여럿 선보였다. 그의 뮤지웨이브는 전 세계 주요 이동통신망 사업자들의 음악 플랫폼들에 영향을 미치는 업계의 리더 기업으로 성장했으며, 그러다가 2007년에 마이크로소프트에 인수됐다. 드뛰지는 프랑스 파리 이공대학을 졸업한 뒤 1995년에 미국 스탠퍼드대학교에서 석사 학위를 땄다.

마크 루지예는 구젯Goojet과 스쿠프잇의 사장 겸 공동설립자이다. 그 전에는 2005년에 IBM에 인수된 가상현실 분야의 신생 기업 메이오시스Meiosys의 사장이었다.

그럼 대체 스쿠프잇은 무엇 때문에 경쟁 기업들을 제치고 이렇게 주목받는 기업이 된 것일까? 샌프란시스코에 기반을 둔 이 기업은 온라인 콘텐츠를 의미 있게 제대로 큐레이션하려면 단순한 알고리즘 이상의 것이 필요하다고 생각하고 있으며, 또 빅 데이터 '시멘틱 기술semantic technology'과 인간 큐레이션의 결합이야말로 기업들의 적합한 콘텐츠 제작에 도움을 줄 최선의 해결책이라고 믿고 있다.

비전

기술 뉴스 및 분석 업체인 벤처비트닷컴VentureBeat.com과의 인터뷰에서 스쿠프잇의 설립자 기욤 드뛰지는 자기 회사의 비전을 이렇게 요약했다. "점점 더 많은 사람과 전문가, 기업, 브랜드들이 자신을 홍보하기 위해 온라인 콘텐츠를 제작하고 있습니다. 그러나 그건 시간이 많이 걸리는 일이며, 그 많은 콘텐츠 중에서 눈에 띌 만한 양질의 콘텐츠를 제작한다는 건 쉬운 일이 아닙니다. 우리는 그들로 하여금 자신들의 전문 분야와 관련된 콘텐츠를 찾을 수 있게 도와주고 있으며, 그래서 그들이 자신들의 웹사이트와 소셜 미디어 채널, 검색 엔진, 회보 등에 필요한 콘텐츠를 올릴 수 있게 해주고 있습니다."

드뀌지와 그의 팀은 큐레이터들에게 자기 콘텐츠에 대한 더 큰 지배력을 주고 싶어 하며, 또한 그런 일이 큐레이터들의 작업 흐름 속에 자연스레 녹아들게 하길 원합니다. 다음은 드뀌지의 말이다. "우리는 어떻게 콘텐츠를 찾나 하는 문제에 전력투구했습니다. 웹상에서의 정보 과잉 현상은 큰 문제이며, 그래서 우리는 그런 웹을 재정비하기 위한 큰 비전을 갖고 있으며, 그 일을 사람들이 보다 쉽고 보다 의미 있고 보다 보람된 방식으로 콘텐츠를 제작할 수 있게 돕는 걸로 시작하려 합니다."

활용 방법

스쿠프잇을 활용해 우리는 간단한 주제에 대한 간단한 웹페이지를 만들 수 있다. 예를 들어 특정 주제(공휴일, 국가, 사람 등)에 대해 깊이 있는 가르침을 주고 싶은 교육자라면 한 웹페이지에 그 주제에 대한 기사들을 끌어 모을 수 있다.

블로거들이라면 흥미 있다고 생각되는 주제 또는 관련 주제들을 놓고 동료들이나 생각이 같은 사람들을 위한 웹 잡지 같은 걸 만들 수 있다.

교사나 교수라면 스쿠프잇을 활용해 여러 강의실에서 쓸 수 있는 자료들을 정리해 놓을 수 있다. 스쿠프잇 웹페이지는 교육용 비디오, 온라인 퀴즈, 스펠링 자료, 기타 필요한 자료들을 모으는 데 활용될 수 있다.

활용 예 : 실제 사례들

캐나다 조지브라운대학의 한 교수는 스쿠프잇을 활용해 우리 사회에 만연한 소비만능주의의 과거와 현재와 미래에 대한 정보를 큐레이트했다.

샌프란시스코 소재 베이 프로퍼티 그룹과 본스타인 & 본스타인 법률사무소는 부동산 관리 서비스를 제공함으로써 지역 부동산 소유주와 지주, 부동산 중개인, 다세대 투자가들을 돕고 있는데, 그들이 운영하는 스쿠프잇 웹페이지는 바로 그런 목적에 쓰이고 있다.

더그 피터슨은 캐나다 온타리오의 윈저대학교에서 컴퓨터 과학 강사로 일하고 있다. 그는 그라운드호그 데이Groundhog Day(다람쥐 비슷하게 생긴 그라운드호그가 겨울잠에서 깨어난다는 날로 2월 2일. 흔히 성축절이라 함−역자 주)를 주제로 한 스쿠프잇 웹페이지를 운영하고 있다. 당신은 아마 이런 생각을 할 것이다. '그렇다면 영화 〈사랑의 블랙홀〉 그라운드호그 데이와 그 주연 배우 빌 머레이 얘기도 나오겠군.' 맞다, 물론 그 얘기도 나온다. 피터슨은 QR 코드를 주제로 한 스쿠프잇 웹페이지도 갖고 있다.

스쿠프잇 정보 및 요점 정리

- 스쿠프잇을 쓰면 콘텐츠 제작이 쉽고 사용자들이 마치 자기 관심 분야의 전문가처럼 보이는데, 그런 게 바로 설립자들의 목표였다.
- 스쿠프잇은 깨끗하고 세련된 형태로 비교적 사용하기 간단하지만, 제대로 기능하려면 복잡한 알고리즘과 인간의 창의력이 필요하다.

- 스쿠프잇은 무료 회원들에게도 기본 기능을 제공한다. 프리미엄 서비스들은 월 12.99달러부터 이용 가능하다.
- 업그레이드 버전에서는 보다 다양한 주제와 소셜 공유 기능, 맞춤 기능, 각종 분석법 등이 제공된다.
- 스쿠프잇은 구젯Goojet에서 갈라져 나온 것으로, 크런치베이스닷컴 Crunchbase.com에 따르면 구젯은 '웹 콘텐츠 발견 기능을 가진 최초의 모바일 소셜 미디어'였다.
- 지금 많은 교육자들과 학생, 기업들이 이 앱을 사용 중이다.

2. 큐레타

2007년에 선보인 큐레타Curata는 웹 기반의 비즈니스용 콘텐츠 큐레이션 소프트웨어로, 기업들이 이 소프트웨어를 활용할 경우 편하게 관련 정보를 찾아내고 다듬고 정리하고 분석해 풍부한 콘텐츠를 만든 뒤 자신들의 사용자들에게 배포할 수 있다.

파완 데쉬판데가 이 회사의 설립자이자 최고경영자이다. 따라서 그가 앞장서 회사의 비전과 관리, 각종 개발 프로젝트를 이끌고 있다. 데쉬판데는 한때 마이크로소프트와 구글에서 소프트웨어 엔지니어링 분야의 일들을 했었으며, 소셜 네트워킹 및 자연어 처리natural language processing(인간의 언어를 컴퓨터에 인식시키는 기술-역자 주) 분야에서 특허를 여럿 받았다. 그는 매사추세츠공과대학교에서 컴퓨터 과학을 전공해 공학 석사 학위를 받았다.

마케팅전문가들은 왜 큐레타를 사용하나?

속도+효율성 : One4Marketing.nl에 따르면, 큐레타를 사용할 경우 콘텐츠 큐레이션을 하는데 하루에 20분이 채 안 걸린다고 한다.

지능적인 정리 : 큐레타는 당신의 콘텐츠에서 자주 언급되는 주제와 최근 화제가 되고 있는 주제들을 알아낸다. 또한 당신의 웹 사용 이력을 토대로, 분류 시스템을 통해 당신의 콘텐츠를 자동적으로 정리하고 분류한다. 관련 그림과 인용문, 비디오 등으로 당신의 콘텐츠를 풍요롭게 만들어 당신의 독자들이 계속 찾아오게 만들어주기도 한다.

자연스런 공유 : 워드프레스Wordpress, 허브스팟HubSpot, 마케토Marketo, 드루팔Drupal, 트위터, 구글+, 링크드인, 페이스북 같은 인기 있는 제3의 플랫폼들과 자연스레 통합된다.

일체형 기능 : 큐레타를 활용하면 자체 내에서 멋진 콘텐츠를 만들

수 있을 뿐 아니라, 다른 플랫폼들에서 만들어진 관련 정보를 찾아내 가져다가 정리한 뒤, 그 정보를 이메일을 비롯한 여러 플랫폼에 재배포할 수도 있다.

비전

한 인터뷰에서 큐레타의 설립자 파완 데쉬판데는 자신이 큐레타를 만들게 된 계기가 무엇인지 또 큐레타가 어떻게 진화되어 왔는지에 대해 이렇게 설명했다. "큐레타를 만든 계기는 사용자들로 하여금 관심 분야의 콘텐츠를 끌어 모아 그걸 보다 많은 독자들과 공유할 수 있게 해주자는 것이었습니다. 그 과정에서 저는 두 가지 사실을 알게 됐습니다. 첫째, 마케팅전문가들은 신선하고 적합한 콘텐츠에 목말라 있었습니다. 둘째, 단순히 콘텐츠를 모으는 게 아니라 잘 선정해서 큐레이트해야 했습니다. 해서 우리는 우리의 소프트웨어를 이에 맞게 개발해, 결국 콘텐츠 큐레이션 전용 툴을 만들어냈습니다. 그리고 그걸 큐레타란 이름으로 출시했습니다. 그 이후는 아시는 바와 같습니다."

기업들은 자신의 존재를 알리고 기존 고객들의 참여를 이끌어내고 새로운 고객들을 끌어들이기 위해 큐레타를 사용한다.

활용 예 : 실제 사례들

오리건 와인위원회는 미국 오리건주에서의 와인 마케팅 및 연구, 교육 등에 관여하는 반(半)독립적인 단체로, 오리건주의 와인 업계 및 와인용 포도 재배 업계를 지원하고 발전시키는 일을 한다. 이 단체는 현지 와인 제조업체들과 업계 전문가들을 한데 묶기 위해 큐레타를 활용했다. 콘텐츠 마케팅연구소와의 인터뷰에서, 오리건 와인위원회 위원장 찰스 험블은 큐레타를 활용해 회보를 큐레이트하는 건 쉬운 일이라며 이렇게 말했다. "오리건 와인 뉴스룸을 출범시킨 이래, 우리는 믿을 만한 소식통으로 구글과 손잡고 일하고 있습니다. 우리는 사실 직원도 몇 안 되며 큐레이션이란 건 전혀 해본 적도 없습니다. 하지만 지금 우리는 그 결과들을 보며 놀라고 있습니다."

IBM은 웹상에서 자신들의 기존 고객과 잠재 고객들에게 믿고 활용할 만한 정보를 제공하기 위해 빅 데이터 & 분석Big Data & Analytics 허브를 개발했다. 그리고 자신들이 만든 콘텐츠의 부족한 면을 보완해줄 콘텐츠 큐레이션의 중요성을 깨닫고, 큐레타 콘텐츠 마케팅 소프트웨어를 활용해 웹상에서 관련 정보를 찾아 정리하고 공유하기로 했다. "우리는 지금 주로 큐레타 소프트웨어를 통해 우리 웹사이트를 방문객들에게 도움이 될 콘텐츠로 가득한 웹사이트로 변화시키고 있습니다." IBM의 빅 데이터 & 분석 부문 디지털 마케팅팀의 프로그램 책임자인 맷 카터의 설명이다.

큐레타 본사는 지금 미국 매사추세츠주 보스턴에 있다.

2014년 5월에 큐레타는 MITX 시상식에서 가장 혁신적인 B2B 기술상을 받았다.

큐레타는 콘텐츠 마케팅과 콘텐츠 큐레이션이란 용어가 생겨나기 2년 전인 2007년에 설립됐다.

- 큐레타는 콘텐츠 마케팅 분야의 선두주자이다.
- 큐레타는 그야말로 전문적인 콘텐츠 큐레이터들을 위한 소프트웨어 이다.
- 큐레타는 3가지 모델이 있다.

  기본 모델(월 349달러 또는 연 4,188달러)

  전문가 모델(월 667달러 또는 연 8,004달러)

  기업 모델(월 999달러 또는 연 11,988달러)
- 요청 시 가격을 책정하는 특별 '에이전시'도 있다.
- 큐레타는 보다 깊이 있는 콘텐츠 큐레이션을 필요로 하는 기업 사용자 들에게 적절한 소프트웨어이다.

3. 리스트.리

리스트.리List.ly만 있으면 '톱 10' 또는 '베스트 오브best-of' 리스트를 만드는 일을 간단히 할 수 있다. 이 툴을 사용하는 블로거와 기업들은 블로그 포스트들 안에 포함된 라이브 리스트 콘텐츠를 통해 콘텐츠 큐레이션과 크라우드소싱을 해 독자들의 관심을 끌 수 있다.

리스트.리 공동설립자인 쉬얌 수브라만얀에 따르면, 모든 웹 콘텐 츠의 30퍼센트가 리스트이거나 리스트 관련 콘텐츠를 담고 있다고 한다. 회사 설립 당시부터 함께해온 파트너 닉 켈릿은 일반적인 블로 그 포스트들의 경우 블로거들은 대개 어떤 리스트가 나올 때마다 뭔 가 설명을 달아야 하기 때문에, 그런 리스트는 공개되는 순간 바로 진부한 리스트가 된다고 주장한다. 그 문제를 해결하기 위해 리스트.리는 사용자로 하여금 직접 리스트를 만들어 자신의 블로그에 집어넣을 수 있게 해주며, 그래서 독자들은 계속 업데이트된 새로운 리스트를 볼 수 있게 된다.

닉 켈릿은 리스트.리의 공동설립자이지만, 동시에 B2B(기업 대 기업)와 B2C(기업 대 소비자) 분야에서도 회사를 설립했다. 그는 낡은 카테고리의 콘텐츠 큐레이션은 물론 새로운 카테고리의 콘텐츠 큐레이션 문제에도 관심이 많다.

그는 비즈니스 인텔리전스(기업의 의사결정을 위해 데이터를 분석해 필요한 정보를 도출하는 활동-역자 주) 분야에서 셋 애널라이저Set Analyzer라는 시각 세분화 툴을 만들어냈다. 이 툴은 벤 목사와 조지 불의 연구를 토대로 만들어진 툴로, 낡은 아이디어들을 큐레이트해 새로운 아이디어들로 바꾸는 일을 해준다. 사람들이 여전히 복잡한 불 논리Boolean logic(0과 1 또는 참과 거짓의 두 가지 값을 이용하는 논리학의 한 분야-역자 주)로 골머리를 앓는 상황에서, 그 논리를 시각적인 벤 다이어그램Venn diagram과 결합시킴으로써 데이터 선정 및 세분화 작업을 훨씬 더 쉽게 할 수 있게 된 셈이다. 이 셋 애널라이저는 비즈니스 오브젝츠사에 인수됐으며, 지금은 SAP라 불린다.

닉 켈릿은 또 보드 게임 분야에서는 기프트트랩GiftTRAP을 만들었는데, 선물 교환 행위를 게임화한 것으로, 이 보드 게임은 현재까지 12개 국어로 번역되었다. 기프트트랩은 전 세계적으로 20개 이상의 상을 시상했는데, 그중에는 보드 게임계의 오스카상이라 할 '오늘의 게임상Spiel des Jahres'도 들어 있다.

리스트.리의 공동설립자 쉬얌 수브라만얀의 경우도 리스트.리는 첫 기술 기업이 아니다. 그는 2007년에 b하이브 소프트웨어bHive Software를 공동 설립해, 2010년까지 최고경영자를 역임했다. 수브라만얀의 사업 경력은 10년 정도 된다.

예전에 수브라만얀은 멘토웨어Mentorware의 설립자들 중 한 사람이었으며, 그 이전에는 뱅크 오브 아메리카를 위해 인공지능 및 데이터 마이닝 솔루션들을 제작하기도 했다. 그는 인도 마드라스대학교에서 컴퓨터 과학을 전공해 학사 학위를 받았으며, 플로리다대학교에서 컴퓨터 과학을 전공해 석사 학위를 받았다.

비전

리스트.리의 주요 목표는 블로그 포스트 안에 리스트를 집어넣어 더 보기 쉽고 편하게 만들어주는 것이다. 그렇다면 리스트는 대체 뭐가 그리 대단한가? 켈릿은 이렇게 설명한다. "태어나는 순간부터 우리의 이름이 아기 이름 리스트들 중에 선택되고, 또한 죽는 순간까지 하고 싶은 일들을 적은 버킷리스트에서 한 일을 하나씩 지워나가는 등, 우리는 리스트들에 둘러싸여 삽니다. 기업 입장에서도 이는 다를 게 없습니다. 예를 들어 우리는 우리 기업과 우리 업계에 대해 다른 사람들이 작성한 리스트를 보면서, 우리가 얼마나 잘하고 있는지를 확인합니다. 사람들의 리스트를 훑어보면서 각 사항에 대해 우리가 이미 잘 알고 있다는 걸 확인하며 안도감을 느끼는 겁니다. 아니면 우리가 잘 모르고 있던 사항을 발견하고, 그 점에서 더 분발해야겠다고 다짐하는 겁니다."

활용 방법

역사 교사라면 학생들의 관심을 끌거나 학생들 간의 협력을 이끌어 내기 위해 리스트.리를 활용해 특정 주제에 대한 리스트를 만들어볼 수 있다. 예를 들어 '역사상 가장 중요한 발명 10가지'라는 리스트를 만들어보게 된다. 기업이라면 리스트.리를 활용해 미래 제품들에 대한 아이디어 리스트를 만들어, 고객들로터 평가를 받아볼 수 있다.

작가라면 리스트.리를 활용해 앞으로 낼 책 주제들의 리스트를 만들어 독자들의 의견을 들어볼 수 있다.

활용 예 : 실제 사례들

마리 에니스-오코너는 소셜 미디어 컨설턴트이자 연설가이다. 그녀는 또 『웅웅거림을 넘어: 의료 소셜 미디어』의 저자이기도 하다. 그녀의 리스트.리 웹페이지는 의료를 주제로 하고 있다. 그녀는 특히 만성 질환이나 불치병을 앓는 사람들에게 더없이 큰 도움이 될 수 있는 방대한 양의 리스트들을 갖고 있다. 2014년 7월 20일, 그녀가 트윗한 환자 지원 커뮤니티 리스트는 리스트.리의 '사람들의 웹페이지 트렌드 리스트'에 올랐다.

더그 케슬러는 크리에이티브 디렉터이자 B2B 마케팅 기관인 벨로서티Velocity의 공동설립자이다. 그 자신의 리스트.리 프로필에 따르면, 그는 주로 B2B 광고 문안 작성과 소셜 미디어 및 기술 마케팅 등에 대한 트윗을 하고 있다. 물론 그는 콘텐츠 마케팅 툴들의 리스트도 갖고 있다.

스콧 스캔론은 디지털 마케팅 기업인 유 브랜드You Brand의 최고경

영자이다. 그는 책을 아주 좋아한다. 그리고 서로 다른 많은 책 주제
들에 대한 여러 리스트들을 갖고 있다. 나 역시 책 읽는 걸 아주 좋아
하며, 그래서 그가 만든 '최고의 역사서들' 리스트에 공감이 간다.

리스트.리 정보 및 요점 정리

- 디지털 콘텐츠에 리스트를 포함시키는 일은 새로운 현상은 아니지만,
  대부분의 리스트들은 고정적이며 변화가 없다. 그러나 리스트.리는 그
  걸 변화시키려 했다.
- 리스트.리는 처음에는 무료이다.
- 리스트.리에는 두 가지 프리미엄 서비스가 있다. 하나는 블로거나 콘
  텐츠 마케팅전문가들을 위한 서비스이며, 다른 하나는 여러 팀원들이
  공동 작업을 하는 기업들을 위한 서비스이다.
- 두 서비스 모두 회비는 월 9.99달러, 연 99달러이다.
- 당신이 만일 계속 업데이트되는 라이브 리스트들이 들어가는 블로그
  포스트들을 만듦으로써 도움을 받을 수 있는 블로거나 기업 직원이라
  면, 리스트.리가 안성맞춤인 툴이다.

4. 스토리파이

뭔가 중요한 뉴스가 터질 경우, 그 뉴스는 그야말로 거의 실시간으
로 전 세계의 각종 소셜 미디어 피드에 소개된다. 인터넷에 즉시 각종
증언과 사진, 의견 등이 쏟아져 나온다. 스토리파이Storify를 사용하면
사용자들은 유튜브나 인스타그램, 트위터, 페이스북 같은 여러 소셜
미디어 플랫폼에서 특정 주제나 사건에 대한 정보를 수집해, 그걸 가

지고 자기 자신의 스토리를 만들어낼 수 있다. 이 툴 스토리파이는 현재 많은 주요 뉴스 매체나 조직들에서 사용 중이다.

스토리파이의 공동설립자이자 최고경영자인 사비에르 댐맨은 2009년 여름 벨기에에서 미국으로 이주해 왔는데, 당시 그는 소셜 미디어상에는 주류 미디어들에 소개해도 될 만큼 가치 있는 목소리들이 많다는 비전을 갖고 있었다. 그리고 그 비전이 바로 스토리파이의 토대가 됐다. 그는 1999년에 벨기에 전역에서 학생들의 콘텐츠를 끌어모으는 웹사이트 트라이벌Tribal을 개설했는데, 이는 전국 고등학교 학생들을 상대하는 일종의 웹 잡지로 회원 수가 3만 명이었다. 그는 마이크로소프트 같은 세계적인 기업들과 콘텐츠 제휴 관계를 맺었다. 그는 벨기에 루벤대학교에서 컴퓨터 과학을 전공했으며, 뛰어난 성적으로 대학원을 졸업했다.

스토리파이 공동설립자인 버트 허만은 사업 개발 및 제휴, 협력 분야의 전문가로, 뛰어난 저널리스트와 기술전문가들로 구성된 세계적인 단체 핵스/핵커스Hacks/Hackers의 설립자이기도 하다. 그전에는 AP통신 통신원으로 12년간 일했으며, AP통신 한국 지사장을 역임했고, 전 소비에트 중앙아시아의 5개 나라를 담당하는 부서를 이끌기도 했다. 전 세계를 무대로 여러 가지 일을 했는데, 이라크 전쟁 당시에는 종군 기자로 이라크에 들어가 미 해병대를 따라다녔으며, 9/11 사태 이후에는 아프가니스탄에서 활약했고, 은둔의 국가 북한에도 여러 차례 들어가 여행했으며, 아시아 쓰나미와 파키스탄 핵 개발 문제를 취재하기도 했다.

허만은 뛰어난 저널리스트들을 선발해 장학금을 주는 프로그램인

스탠퍼드대학교 나이트 저널리즘 펠로우를 통해 1년간 장학금을 받기도 했다. 또한 스탠퍼드대학교에서 정치학을 전공해 우등으로 문학 학사 학위를 받았고, 러시아 및 동유럽학을 전공해 문학 석사 학위를 받았다.

스토리파이 본사는 샌프란시스코에 있으며, 2013년에 미국 기술 기업 라이브파이어Livefyre에 인수됐다.

비전

스토리파이의 설립자들은 대부분의 사람들이 정보에 관심은 많지만 사실을 알기 위해 그 많은 정보를 다 뒤질 시간이 없다는 걸 잘 알았다. "사람들은 바쁘고, 그래서 간단명료한 스토리를 원해요." 미국 클라우드 서비스 업체 조이언트Joyent와의 인터뷰에서 스토리파이의 공동설립자이자 최고경영자인 사비에르 댐맨이 한 말이다. "우리의 목표는 사용자들이 다른 사람들이 소셜 네트워크에 올리는 소식들을 제대로 알 수 있게 해주는 겁니다."

활용 방법
어떤 사건에 대한 소셜 미디어 반응들을 정리

스토리파이는 특정 사건들에 대한 사람들의 반응들을 토대로 포스트를 만드는데 활용될 수 있다. 예를 들어 구글이 새로운 알고리즘 펭귄을 내놓았을 때 트위터와 페이스북에는 엄청나게 많은 관련 콘텐츠들이 올라왔다.

스토리파이는 특정 사건의 역사를 다루는데 활용될 수도 있다. 사용자들은 스토리파이를 통해 특정 사건의 역사와 관련된 소셜 미디어 콘텐츠나 비디오, 이미지, 문서 등을 끌어 모을 수 있는 것이다.

또한 스토리파이는 어떤 한 가지 주제를 토대로 포스트를 작성하는 데 활용될 수도 있다.

- 스토리파이는 몇 날, 몇 주, 몇 달 동안 이어지기도 하는 어떤 화젯거리를 끌어 모으는데 아주 도움이 된다.
- 그 이름에서도 알 수 있듯, 스토리파이는 당신 독자들로 하여금 어떤 사건을 이해할 수 있게 해줄 스토리를 만드는 데도 큰 도움이 된다.

활용 예─실전 사례들

2012년에 있었던 페이스북의 주식 공개 상장은 워낙 큰 뉴스여서, 시장 예측가들과 기술전문가들은 그것이 업계 전체에 미칠 영향이 어떨지에 대해 촉각을 곤두세웠다. 당시 스토리파이 사용자 마이크 커시디는 록픽Lockepick, 트위터, 페이스북 등에서 정보를 끌어 모아, 페이스북 주식 공개 상장가 38달러가 모든 사람에게 의미하는 바가 무언지에 대해 자세히 설명해 주었다. 그의 포스트는 정말 멋지고 매력적이고 재미있었다.

2011년에 미국 민주당 의원들은 급여세 감세를 연장하려 했는데, 그럴 경우 평균적인 미국 가정들은 급여당 40달러를 절감할 수 있었다. 그러나 야당 의원들은 40달러라면 많은 돈이 아니라며 그 시도를 무산시켰다. 그러자 백악관 측에서는 40달러면 무얼 할 수 있는지를 보여 주기 위해 소셜 미디어를 활용했다.

남아프리카공화국과 전 세계는 7월 18일에 '만델라 데이'를 자축한다. 유엔은 전 세계가 67분간(만델라가 인권 운동에 헌신한 67년을 기리기 위해 67분간 봉사 활동을 하는 운동–역자 주) 어떤 봉사 활동을 하는지를 알아보기 위해 스토리파이를 활용했다.

스토리파이 정보 및 요점 정리

- 스토리파이를 활용할 경우, 사용자들은 별 어려움 없이 텍스트와 문서, 비디오, 이미지 등을 큐레이트해 소셜미디어를 통해 사람들에게 자신의 스토리를 들려줄 수 있다.
- 스토리파이는 저널리스트와 미디어 외 블로거들 사이에 널리 사용 중인 툴이다. 이 툴을 사용하는 사람들은 똑똑하고 믿음직하며 때론 위트가 넘치는 사람처럼 보이게 된다.
- 스토리파이는 무료 버전과 프리미엄 버전이 있는데, 프리미엄 버전은 미디어 단체나 콘텐츠 전문 제작사, 그리고 보다 폭넓은 경험을 원하는 개인들을 위한 것이다.
- 유엔과 백악관은 물론 톱 25위 안에 드는 주요 미디어들 중 22곳이 스토리파이를 활용 중이다.

5. 번들러

번들러Bundlr를 사용하면, 관심이 있는 특정 주제와 관련해 가장 적합한 정보(사진, 비디오, 트윗, 프레젠테이션 자료, 기사 등)를 수집한 뒤, '번들bundle'을 만들어 다른 사람들과 공유할 수 있다. 스토리파이와 아주 흡사해 보일 수도 있지만, 설립자 필리페 바티스타와 세리지오 산토스는 번들러는 인터넷에 넘쳐나는 정보 문제에 대한 답이라며 이렇게 말한다. "현재 인터넷은 정보 과잉 공급 상태입니다. 게다가 새로운 웹 미디어들이 계속 출현 중이고, 전문가들은 온라인에 올라온 그 많은 정보 속에서 필요한 정보를 찾는 중입니다. 그러나 온라인에서 적합한 정보를 최대한 빨리 찾아내 정리하고 공유할 수 있게 해줄 툴은 그리 많지 않습니다."

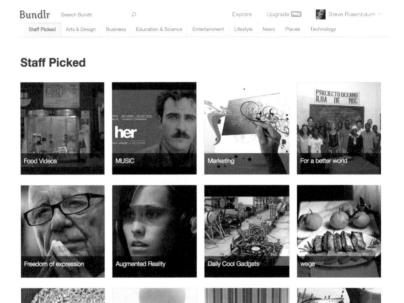

두 사람은 이렇게 말을 잇는다. "번들러만 있으면 기사, 사진, 비디오, 트윗, 링크 등 그 어떤 형태의 콘텐츠든 번들, 즉 묶음으로 만들 수 있습니다. 당신의 소식통들로부터 나오는 실시간 긴급 뉴스를 다 다룰 수 있죠. 어떤 사건을 온라인 피드백들의 묶음으로 싸십시오. 웹 페이지를 만들어, 거기에서 당신의 전문 분야와 관련해 가장 적합한 콘텐츠를 뽑아 쓰십시오.”

두 사람의 말을 좀 더 들어보자. “번들러의 브라우저 버튼 ‘번들 디스Bundle This’를 사용하면, 인터넷 검색을 하는 중에 콘텐츠를 저장할 수 있습니다. 그 버튼만 눌러 원하는 콘텐츠를 당신이 지정한 번들에 저장할 수 있는 것입니다. 그리고 각 번들에는 그 자신의 공개된 웹페이지가 생겨나, 당신은 그걸 마음대로 공유할 수 있습니다. 아울러 비디오 클립들을 필터링하고 시각화할 수 있을 뿐 아니라 그 번들들을 어떤 웹사이트에든 집어넣을 수 있습니다.”

삽입되는 웹페이지들에 대한 실시간 업데이트 기능, 협력 기능 등은 번들러 설립자들이 생각하는 다른 툴들과 차별되는 점들이다. 번들러가 차별되는 점들을 설립자 바티스타와 산토스의 말로 직접 들어보자. “첫째, 우리 번들러는 사용자가 웹페이지 내에 어떤 걸 넣고 싶어 하는지를 미리 예측합니다. 예를 들어 유튜브에서라면 사용자가 원하는 건 분명 비디오일 거고, 플리커Flickr에서라면 이미지이겠죠. 둘째, 우리는 해당 이미지만 클립하는 게 아니라 이미지 발표일, 지리 위치 데이터, 저자, 조회수 등 관련된 모든 메타데이터metadata(대량의 데이터를 구조화한 데이터-역자 주)를 클립합니다. 만일 어떤 웹페이지가 번들러의 지원을 받는다면, 번들러를 가지고 맞춤형 작업을 할 수 있게 되어 클립핑 과정이 아주 자연스러워집니다. 셋째, 우리는 시간표 틀 안에서 레이아웃을 제한하지 않습니다. 또한 우리는 비디오 클립들을 눈금 보기로 보여 줍니다. 미래에는 우리가 수집한 이 모든 메타데이터를 가지고, 아주 창의적인 비디오 클립 레이아웃을 할 수 있을 겁니다.”

번들러 공동설립자인 필리페 바티스타와 세르지오 산토스는 포르투갈 코임브라대학교에서 컴퓨터 과학을 공부하다가 만났다. 개발자이자 사업가인 산토스는 코임브라대학교에서 컴퓨터 과학을 전공해 석사 학위를 땄다. 반면에 바티스타는 대학을 졸업하지 못했다. 그는 번들러를 설립하기 전에 코임브라대학교 과학 및 기술 분야 교수진으로 이루어진 기업 제놀리지JeKnowledge에서 최고운영책임자를 역임했다.

미션

번들러의 미션은 인터넷 사용자들이 웹상에 차고 넘치는 그 많은 정보들 가운데 적합한 멀티미디어 콘텐츠를 찾아내 자신의 네트워크에서 다른 사람들과 공유할 수 있게 만든다.

활용 방법

콘텐츠 큐레이터들은 이 툴을 활용해 많은 주제와 관련된 '링크 번들들'을 만들어낸다.

활용 예—실전 사례들

- 2011년 5월, 뉴스 : 리와이어드는 방대한 양의 데이터와 소셜 네트워크 등을 필터링해 명확한 데이터를 뽑아내주는 최신 툴과 전략들에 대해 더 많은 걸 알고 싶어 하는 저널리스트와 커뮤니케이션 전문가들을 상대로 '소음에서 신호로Noise to Signal'라는 1일 일정의 콘퍼런스를 개최했다. 그 당시 번들러 설립자들은 그 행사를 위해 뉴스 : 리와이어드용 웹페이지를 만들었다.

- 번들러 툴이 비메오^{Vimeo} 웹사이트에서 어떻게 작동되는지 알고 싶으면 다음을 참조하라. http://vimeo.com/76890542.
- 제목에서 짐작이 되겠지만, 프리티 걸 뉴스^{Pretty Girl News}는 예쁜 아가씨들에 대한 13페이지짜리 번들 뉴스이다. http://bundlr.com/b/pretty-girl-news
- 안나 파친스카는 디자인 미학을 보여 주는 멋진 번들들을 많이 갖고 있다. Wow : http//bundlr.com/b/all-kinds-of-wow Shoes: http://bundlr.com/b/shoes14furniture: http://bundlr.com/b/furni

번들러 정보 및 요점 정리

- 번들러는 큐레이트를 하고 콘텐츠를 공유하게 해주는 멋진 툴이다.
- 번들러 공동설립자들은 한 콘퍼런스에 참석하면서 번들러에 대한 아이디어를 생각해냈다. 그들은 사진과 비디오와 보고서들을 쉽게 공유할 수 있게 해줄 플랫폼이 없다는 걸 알게 됐고, 그래서 자신들이 직접 그런 플랫폼을 만들어냈다.
- 번들러의 무료 계정에는 기본적인 기능들만 들어 있다. 프리미엄 버전은 연 19.95달러에 이용 가능하다.
- 번들러 본사는 설립자들의 고향인 포르투갈 코임브라에 있다.
- 번들러에는 유사한 툴들의 특징들이 들어 있지만, 현재까지 이 툴만큼 뛰어난 실시간 업데이트 기능과 공동 작업 기능 등을 갖고 있는 툴은 없다. 공동설립자들은 그 때문에 이 툴이 다른 툴들과 차별된다고 믿고 있다.
- 번들러의 브라우저 버튼 '번들 디스'는 아주 멋진 기능을 갖고 있어 번들러를 더 돋보이게 만든다.

26 소셜 툴들을 이용한 큐레이션

소셜 미디어 분야, 검색엔진 최적화SEO 분야 또는 심지어 앱 업계에서 일하는 사람들의 입장에서 소셜 미디어 플랫폼에 최고의 콘텐츠를 올리는 건 지상 과제이다. 일반적인 검색 엔진들로는 잡다한 콘텐츠 중에서 양질의 콘텐츠를 가려내기 힘들기 때문에, 사용자 경험을 개선하기 위한 목적으로 큐레이션 앱과 툴들이 갈수록 더 널리 사용되고 있다.

정말 묘한 일이지만, 사용자들은 자기 자신의 콘텐츠를 큐레이트하는 걸 좋아한다. 그리고 여러 플랫폼에서 쓸 수 있는 소셜 미디어 툴과 큐레이션 앱들이 많아지면서, 콘텐츠 큐레이션은 갈수록 더 쉬워지고 있다. 이제 큐레이션 용도로 가장 널리 쓰이는 소셜 툴들에 대해 간단히 알아보고, 그 툴들이 큐레이션 분야에서 어떻게 쓰이고 있는

지도 살펴보자.

주요 소셜 미디어 플랫폼들 : 구글+, 페이스북, 텀블러, 트위터, 핀터레스트

개인의 입장에서든 아니면 주요 기업의 입장에서든, 소셜 미디어 플랫폼들은 우리가 활용할 수 있는 넘버1 큐레이션 툴들이다. 무엇보다 우선, 이 플랫폼들을 통해 사람들은 자신의 서클들, 친구들, 팔로워들과 관심 있는 링크와 사진들을 공유할 수 있다. 사람들이 콘텐츠를 재공유할 수 있게 됨으로써, 양질의 콘텐츠가 누군가의 새로운 포스트 리스트에 나오는 경우가 점점 많아지고 있다.

원래 소셜 미디어 플랫폼들은 주로 다른 사람들과의 연결을 도와주는 툴로 알려졌다. 그러나 시간이 지나면서 점차 다른 사람들과 콘텐츠, 사진, 비디오 등을 공유하기 위한 수단으로 발전됐다. 많은 소셜 미디어 웹사이트들의 경우, 일반적인 소셜 미디어 웹사이트와 콘텐츠 큐레이션 툴 간의 경계가 모호해지고 있다는 측면에서 가장 급격한 변화를 보이고 있다. 예를 들어 핀터레스트는 소셜 미디어 플랫폼이지만 동시에 쓸모없는 콘텐츠를 걸러내는 툴 역할도 한다. 그래서 양질의 콘텐츠를 시각적으로 제일 눈에 띄게 보여 줄 수 있는 등, 콘텐츠 큐레이션에 큰 도움이 된다.

대부분의 소셜 미디어 플랫폼들의 경우, 사람들 사이에 많이 공유되는 포스트는 '인기 있는popular' 포스트나 '핫한hot' 포스트로 모든 사람에게 노출된다. 마찬가지로 '좋아요'를 많이 받는 인기 포스트들 역시 사람들의 주목을 받을 가능성이 아주 높다. 반면에 질이 떨어지고 관심도도 낮은 포스트들은 한 옆으로 밀려나 다른 수많은 포스트들 속에 묻혀 버리는 경우가 많다.

소셜 미디어 플랫폼에서는 회원수가 너무도 중요한데, 그건 회원수가 콘텐츠 큐레이션에서 가장 기본적인 요소들 중 하나이기 때문이다. 그리고 대부분의 인기 콘텐츠가 올라와 있고, 많은 고객들에게 접근할 수 있으며, 거의 모든 콘텐츠 큐레이션 툴들이 집중적으로 몰려 있는 곳도 바로 이 소셜 미디어 플랫폼들이다.

구글+

구글+는 각종 링크와 사진, 비디오 등을 공유하는데 더없이 좋은 소셜 미디어 플랫폼이다. 이 플랫폼은 특히 '서클들circles'이 있는 걸로 아주 유명한데, 그 서클들을 통해 포스팅하는데 도움을 받고 어떤 사람들에게 어떤 포스트를 보여 줄지를 정할 수 있다(물론 서클들 역시 공유 가능하다). 구글+는 시각적 콘텐츠와 텍스트 콘텐츠를 다 다루는 소셜 미디어 플랫폼이다.

구글+를 가장 잘 활용하려면 이렇게 하라.

- 가능한 한 많은 서클들을 모아라.
- 공개적으로 포스팅하라.
- 트렌드에 맞는 자료를 공유하라.
- 관심을 끌 만한 콘텐츠를 열심히 찾아 꾸준히 포스팅하라.
- 당신의 콘텐츠 리스트 및 허브들을 구글+와 공유하거나 아니면 당신의 허브와 큐레이션 리스트들 안에서 구글+를 활용하라.

페이스북

페이스북은 거대한 소셜 미디어 플랫폼으로, 현재 10억 명 이상이 페이스북 계정을 갖고 있다. 이 플랫폼을 통해 메시지를 보낼 수 있고, 강력한 알림 기능들을 이용할 수도 있으며, 그룹 또는 기업의 웹페이지를 만들 수도 있고, '좋아요Like' 버튼을 눌러 쉽게 콘텐츠를 공유할 수도 있다. 그리고 구글+의 경우와 마찬가지로, 페이스북에서도 각종 링크와 텍스트, 사진, 비디오 등을 공유할 수 있으며, 시각적 콘텐츠와 텍스트 콘텐츠를 모두 다룰 수 있다.

페이스북은 사용자들에 대한 데이터를 활발히 수집해 각 사용자에게 적합한 광고들을 보여 줌으로써 수익을 창출하는 대표적인 소셜 미디어 플랫폼들 중 하나이다. 기업 웹페이지와 조직 웹페이지 등이 보다 광범위한 사용자층에 호소하기 위해 광고비를 지불하는 게 가능하며, 그렇게 할 경우 다른 사람들의 큐레이션 노력을 통해 자신들의 콘텐츠를 더 좋게 다듬을 수 있게 된다.

페이스북을 가장 잘 활용하려면 이렇게 하라.

- 당신 기업의 웹사이트에 포스팅을 함으로써 독특한 콘텐츠를 공유하라.
- 포스트들을 개선하는데 투자를 하라.
- 페이스북 팔로워들에 의지할 수도 있지만, 늘 권할 만한 일은 아니다.
- 당신의 포스트가 많은 사람들에게 공유되고 '좋아요'를 많이 받을 수 있게 늘 노력하라. 그럴 경우 당신의 콘텐츠가 다른 사람들의 큐레이션 리스트에 들어가게 되고, 그들의 링크를 통해 당신의 웹사이트가 주목받게 될 가능성이 높아진다.

트위터

트위터는 포스트당 최대 140자까지 올릴 수 있는 텍스트 기반의 소셜 미디어 플랫폼이다. 주로 휴대폰을 통해 사용되며, 각종 링크와 사진들을 공유하는데 사용되기도 한다. 또한 콘텐츠 큐레이션에 사용될 수도 있으며, 주로 한 가지 주제와 관련된 것들을 포스팅하는 사람들의 경우 콘텐츠 큐레이션 툴로 사용되기도 한다.

트위터를 가장 잘 활용하려면 이렇게 하라.

- 양질의 콘텐츠가 중요하며, 상호작용도 중요하다.
- 트위터 팔로워들의 마음을 살 경우 콘텐츠 큐레이션의 질을 높이는데 도움이 된다.
- 해시태그(소셜 네트워크 서비스 등에서 사용되는 것으로, 해시 기호 # 뒤에 특정 단어를 쓰면 그 단어에 대한 글을 모아서 볼 수 있음–역자 주)를 사용할 경우 큐레이션에 도움도 되고 트렌드에 맞는 주제들도 모을 수 있다.

텀블러

텀블러는 주로 사진과 그림을 공유하는데 사용되는 비주얼 중심의 소셜 미디어 플랫폼이자 마이크로블로깅micro-blogging(짧은 메시지를 주고받으며 의사소통을 하는 소셜 네트워킹–역자 주)이다. 거의 완전한 비주얼 중심의 플랫폼으로 현재 2억 이상의 블로그를 거느리고 있다. 텀블러는 콘텐츠 큐레이션 형태의 자체 콘텐츠 편집을 통해 유명 블로거와 사용자들을 홍보하는 데도 널리 쓰인다.

콘텐츠 큐레이션을 하면서 팔로워들을 만들기 위해서는 당신의 콘텐츠와 네트워킹을 주요 텀블러 사용자들과 재공유하는 것이 가장 중요하다. 공유 가능한 허브를 사용해 텀블러 점유율을 높이고 콘텐츠 큐레이션을 개선하는데 많은 제3의 큐레이션 툴들이 쓰이고 있다.

핀터레스트

핀터레스트는 주로 사진 콘텐츠를 공유하는 비주얼 중심의 소셜 미디어 플랫폼이란 점에선 텀블러와 아주 비슷하다. 이 플랫폼에 대한 큐레이션은 '핀pin'이라 불리는 비주얼 북마크와 '보드board'라 불리는 것들을 통해 이루어진다. 핀터레스트에서 인기 있는 콘텐츠는 페이스북이나 구글+ 같은 다른 소셜 미디어 플랫폼들을 통해 공유되는 경우가 많다.

핀터레스트를 가장 잘 활용하려면 이렇게 하라.

- 콘텐츠 큐레이션 잠재력을 극대화하기 위해 여러 분석 툴들을 활용토록 하라.
- 큐레이션과 공유를 더 잘하려면 허브 콘텐츠 관리자를 두는 것이 좋은 방법이다.
- 당신의 큐레이션 리스트에 비주얼이 매력적이고 공유 가능성이 높은 콘텐츠를 추가하라.

제3의 큐레이션 툴들

제3의 큐레이션 툴들이란 앞서 언급한 소셜 미디어 플랫폼 하나 또는 그 이상에 적용 가능한 툴들을 의미한다. 그런 툴들을 활용할 경우 특정 플랫폼에 정리된 콘텐츠를 볼 때 사용자 경험이 개선될 뿐 아니라, 사용자들이 콘텐츠를 다양한 여러 플랫폼에서 공유하는 것도 더 수월해진다. 또한 제3의 큐레이션 툴들은 소셜 미디어 플랫폼 소유주들에 의해 만들어지는 큐레이션 툴들이 아니다.

적스터포스트

적스터포스트Juxtapost는 보다 잘 알려진 핀터레스트와 공통점이 많은 큐레이션 플랫폼이다. 콘텐츠 큐레이션의 시각적인 북마킹 기능과 수집 기능이 뛰어난 적스터포스트는 다른 소셜 미디어 플랫폼들의 유사한 공유 기능들은 물론 유사한 북마킹 기능도 갖고 있다. 또한 사용자들이 관심이 있을 만한 콘텐츠들을 찾는데 도움을 준다.

그러나 적스터포스트는 핀터레스트와는 달리 개인적인 공유 옵션들을 갖고 있다.

적스터포스트를 활용할 경우, 당신은 당신의 콘텐츠를 스프레드시트로 보낼 수 있고 그걸 하나의 허브로 볼 수도 있다. 그리고 적스터포스트의 협력 툴은 마케팅은 물론 큐레이션과 네트워킹에도 아주 뛰어나다. 또한 칼라 색인 기능, 특별한 관련 콘텐츠 특징들, 쉬운 공유 옵션들도 갖고 있다.

콘텐트젬스

이런 검색 엔진을 상상해 보라. 사람들로 하여금 뭔가 영감을 주는 양질의 콘텐츠를 찾아내, 그걸 그들의 소셜 미디어 플랫폼에서 공유할 수 있게 도와주는 검색 엔진을. 콘텐트젬스ContentGems는 검색할 때마다 20만 개의 다른 피드를 스캐닝해 영감을 줄 만한 콘텐츠를 선별 제공하며, 그 결과 콘텐츠 크리에이터들은 콘텐츠 검토를 할 수 있고, 콘텐츠 수집가들은 콘텐츠 공유를 할 수 있게 된다.

콘텐트젬스는 전형적인 블로그들만 스캐닝하는 게 아니라, 관련 계정들과 사용자들 그리고 소셜 미디어 관련 웹사이트들도 스캐닝한다. 그리고 그 스캐닝 결과를 보면 그 모든 것들이 그간 발휘해온 영향력은 물론 그간 있었던 공유 횟수도 알 수 있다. 또한 원클릭 공유가 가능해 큐레이션 기능이 뛰어나다. 이보다 더 쉬운 콘텐츠 공유 방법이 있을까? 아마 없을 것이다.

큐라레이트

큐라레이트Curalate는 소셜 미디어 플랫폼이 아니라, 네트워크상에서 가장 규모가 큰 4개 소셜 플랫폼(인스타그램, 텀블러, 핀터레스트, 페이스북)에서 당신의 콘텐츠 큐레이션과 소셜 미디어 관련 노력들이 어느 정도 성과를 거두고 있는지를 보여 주는 비주얼 중심의 강력한 분석 툴이다. 큐라레이트에는 구매경향like2buy, 커뮤니티 참여도, 소셜 분석 정보 등 많은 분석 카테고리들이 있다. 각 카테고리는 당신의 큐레이션 노력이 당신의 목적에 어느 정도 부합되는지를 설명해 주는 비주얼 그래프를 보여 준다. 또한 큐라레이트는 많은 플랫폼들을 통해 즉각적으로 콘텐츠 큐레이션과 수집, 공유를 할 수 있게 해주는 툴로도 유명하다.

우버플립

양질의 콘텐츠를 찾는 사용자들 입장에서는 최상의 큐레이션 결과를 얻기 위해 자신의 웹 미디어를 그룹 짓는 게 효과적인 경우가 많다. 적어도 그런 일을 소셜 미디어 툴을 이용해 하려고 할 경우, 가장 좋은 방법은 우버플립Uberflip을 이용하는 것으로, 자신의 모든 콘텐츠가 공유되기 쉬운 디자인으로 보여지는 콘텐츠 수집 허브를 만들어냄으로써 사용자들은 자신의 큐레이션 툴로 콘텐츠를 공유하는 게 더수월해질 수 있다.

공유 가능한 이 우버플립을 쓸 경우 비디오에서 사진, 간단한 블로그 포스트, 전자책에 이르는 모든 것들을 다룰 수 있으며, 그 덕에 고객들은 자신이 원하는 정보를 보다 쉽게 찾아낼 수 있다. 이처럼 소셜 네트워킹 웹사이트에서 콘텐츠를 공유함으로써 당신은 수익을 올릴 수도 있고 이름을 널리 알릴 수도 있다. 또한 콘텐츠 큐레이션을 제대로 하려면 콘텐츠 공유야말로 선택이 아닌 필수이다.

바자보이스

우버플립의 경우와 비슷하지만, 바자보이스BazaarVoice 역시 고객과 시청자들로 하여금 당신의 포스트나 제품 또는 전반적인 소셜 미디어 마케팅 캠페인에 2센트를 내게 함으로써 큐레이션에 많은 도움을 준다. 이 툴을 쓸 경우 당신 자신의 제품이나 회사 리뷰 큐레이션은 물론 소셜 미디어 캠페인 큐레이션에도 도움이 되며, 그 결과 보다 많은 사람들의 참여를 이끌어내 전반적으로 성공적인 큐레이션을 할 수 있게 된다.

바자보이스의 큐레이션 툴들은 주로 보다 사용자 친화적인 방식으로 콘텐츠를 수집하고 전시할 수 있는 기능을 갖고 있다. 콘텐츠 전시 기능은 우버플립 같은 허브 형태를 취하는 경우들도 있지만 갤러리들 안에 집어넣어질 수도 있다. 또한 바자보이스의 경우 큐레이션 효과를 높이기 위해 사용자 경험을 눈에 띄게 향상시켜 줄 필터링 툴들을 제공하기도 한다. 대부분의 사람들은 자신이 갖고 있는 양질의 콘텐츠를 늘릴 목적으로 바자보이스를 활용한다.

펄트리스

펄트리스PearlTrees는 자칭 '비주얼 기반의 협력적인 큐레이션 툴'이라 하는데, 사실이 그렇다. 펄트리스는 주로 실제 콘텐츠를 만들어 포스팅하는 걸 도와주는 큐레이션 툴로, 콘텐츠를 큐레이트해 가장 적합한 콘텐츠를 눈에 띄게 앞으로 내보낸다. 이 툴을 쓸 경우, 콘텐츠를 수집하고 다른 콘텐츠 크리에이터들과 협력 작업을 하며 다양한 분석법들을 시각적으로 보여 주는 일이 수월해진다.

펄트리스를 활용할 때의 많은 장점들은 주로 여러 소셜 미디어 플랫폼들을 동시에 움직일 수 있고 사람들로 하여금 좋아하는 콘텐츠를 여러 블로그 플랫폼에 집어넣을 수 있게 해주는 데서 비롯된다. 콘텐츠 공유 회수와 콘텐츠 큐레이션 플랫폼 수를 늘리기를 바라는 고객들의 경우 펄트리스를 통해 소기의 목적을 달성할 수 있다.

Chapter

27 이미지/사진을 이용한 큐레이션

콘텐츠 큐레이션은 오늘날의 모든 온라인 마케팅 접근법의 토대이긴 하지만 절대 완전한 건 아니다.

웹상에는 우리가 맘껏 활용할 수 있는 데이터와 이미지가 워낙 많기 때문에, 지금 어디서건 웹에서 콘텐츠를 가져오는 건 말도 못할 정도로 쉽다. 이런 상황에서 저작권 위배 또는 다른 법적 문제들이 야기될 가능성은 얼마든지 있으며, 그렇게 될 경우 당신의 웹사이트는 하루아침에 된서리를 맞을 수도 있다.

그런 상황에 빠지는 걸 피할 방법이 몇 가지 있는데, 그 대부분은 간단하며 조금만 알아보면 금방 알 수 있다.

• 당신이 사용하는 모든 이미지에 저작권료를 지불해, 어떤 이미지를 사

용하든 법적으로 정당한 사용이 되게 하라.

- 저작권이 있는 이미지들은 쓰지 말라. 저작권 문제가 있을 법한 이미지들은 아예 쓰지 말고, 대신 저작권료를 낼 필요가 없는 공용 이미지나 저작물 이용 허락을 받은 CCL 이미지만 쓰도록 하라.

아니면 틴아이TinEye 같은 '색 역전 이미지reserved image' 검색 엔진을 이용해 당신 이미지들의 루트 파일이 추적당해 저작권을 가진 콘텐츠와 연결되는 일이 없게 하라. 이미지들을 사용하기 위해 저작권료를 지불하는 건 그만한 투자 가치가 있지만, 콘텐츠 출처를 정확히 알고 있어야 당신이나 당신 조직이 법적인 문제에 휘말리지 않게 된다.

어떤 업계에서든 마찬가지지만, 소유권이 다른 사람한테 있는 온라인 이미지들을 사용할 때는 따라야 할 윤리 규범이 있다. 저작권이 있는 이미지를 사용할 경우 반드시 저작권자로부터 승인을 받아야 한다. 늘 콘텐츠 제작자와 큐레이터 그리고 당신의 독자들, 이렇게 세 그룹을 염두에 두어야 한다. 그리고 당신의 웹페이지나 소셜 미디어 플랫폼에 가치를 추가하고 고객들에게 최고의 콘텐츠를 제공하되, 법적인 문제는 일으키지 않도록 해야 한다.

미국 저작권법은 비평, 논평, 뉴스 보도, 교육, 학문, 연구 목적 등등 특정 작품의 복제가 공정하다고 간주될 수 있는 다양한 목적들을 열거하고 있다. 또한 법률 107항에는 어떤 사용이 공정하고 어떤 사용이 공정하지 않은지를 결정짓는 4가지 요소도 나와 있다.

- 작품 사용의 목적과 특성, 그리고 그 사용이 상업적인 성격을 갖고 있

는지 아니면 교육적인 비영리 목적을 위한 것인지

- 저작권이 있는 작품의 특성
- 저작권이 있는 작품과 관련해 전체 분량에서 사용된 양과 정도
- 저작권이 있는 작품의 사용이 잠재적 시장 또는 그 작품의 가치에 미칠 영향

이미지 콘텐츠를 입수할 때 아차 실수할 가능성이 아주 높기 때문에, 자신도 모르는 사이에 저작권법을 위해하게 되는 사례들이 많다. 그래서 예를 들어 소셜 미디어 플랫폼 핀터레스트의 경우 사용자 몇 사람과 법적 분쟁에 휘말린 적이 몇 번 있다. 이런 소셜 미디어 플랫폼들은 당연히 콘텐츠 재활용에 의존해 사용자층을 구축하게 되며, 그 사용자들이 자신의 '핀'이나 관심사에 따라 다른 사람들과 콘텐츠를 공유하거나 상호작용하게 된다. 한 사용자의 오리지널 콘텐츠만 올라와도 순식간에 그 콘텐츠가 확산되고 복사될 수 있기 때문에, 소셜 미디어 플랫폼 스타일 자체가 저작권법에 극도로 취약할 수밖에 없다. 이로 인해 누가 제일 먼저 저작권법을 어겼는지 추적할 확실한 방법이 없어, 웹은 혼란과 오욕의 세계로 변하고 있다.

물론 콘텐츠 공유와 이미지 큐레이션이 점점 더 보편화되면서, 이제 소셜 미디어 플랫폼들은 저작권법에 보다 현명하게 대처하고 있다. 에버노트Evernote, 서프마크Surfmark, 기타 새로운 미디어 기반의 플랫폼 같은 소셜 미디어 플랫폼들은 사용자 편집 기능을 자신들의 웹사이트에 통합시켜, 특정 콘텐츠를 보내고 끼워 넣고 심지어 수정해 웹상에서의 저작권법 위반을 피할 수 있게 해준다. 이 새로운 소셜 미디어

플랫폼들은 콘텐츠 큐레이션의 미래 트렌드를 대변할 만한 첨단 기능, 그러니까 저작권법을 피할 수 있는 기능을 갖추고 있는 셈이다.

이처럼 저작권법을 피하려는 새로운 욕구들 때문에 클러스터^{Cluster} 같이 전혀 새로운 사진 공유 앱들이 생겨나기도 했다. 클러스터는 합의 하에 자신의 콘텐츠를 무료로 제공하겠다는 사용자들의 선의를 토대로 탄생했다. 사용자들은 선별된 카테고리들에 자신들의 콘텐츠를 업로드해, 다른 사람들이 클라우드 컴퓨팅을 통해 그 콘텐츠를 맘껏 사용할 수 있게 해준다. 합의 하에 자신의 오리지널 콘텐츠를 무료로 제공하는 행위는 계약에 서명한 것과 같은 효력이 있어, 사람들은 법적인 문제에 대한 걱정 없이 마음껏 그 콘텐츠를 사용할 수 있다.

이처럼 새롭고 흥미로운 트렌드들 덕에 지금 미디어 마케팅 분야는 혁신기를 거치고 있으며, 그 결과 이미지 큐레이션에 유연성이 생겨 어려울 수도 있는 시기를 잘 지나가게 해주고 있다. 미디어 마케팅 시장은 법의 테두리를 벗어나지 않는 선에서 스스로 재창조되어 상황에 잘 적응해 나갈 새로운 방법들을 찾아낼 것이다.

5

황야에서의
큐레이션

Curation

28

기업 마케팅전문가/
콘텐츠 마케팅을 위한
큐레이션

　기업들은 소셜 미디어가 출현하면서 기존의 마케팅 방식이 완전히 뒤집어지는 걸 목격했다. 기업들은 이제 가장 강력한 언론 매체들을 앞세워 시장을 지배하는 게 불가능해졌다. 잘 알겠지만, 이제 진실성이 너무도 중요해진 것이다. 그래서 콘텐츠 큐레이션이 중시된 이 새로운 세상에서 기업들이 갖게 된 큰 의문은 "대체 어떤 걸 트윗해야 하는가?"이다. '자기지시적인self-referential'(작가 자신이나 작가의 다른 작품에 대해 언급하는-역자 주) 소셜 메시징과 큐레이트된 콘텐츠 간의 균형 문제가 주의 깊게 고려해야 할 사항들 중 하나가 된 셈이다. 웹 페이지에 자기지시적인 링크 등이 너무 많을 경우 공허하거나 거만하게 느껴지기 쉽다. 그렇다고 또 외부 편집이나 소셜 콘텐츠에 대한 의존도가 너무 높으면, 마치 팬들과 고객들은 무임승차시켜 주면서 너무 쉽게 가는 것처럼 느껴질 수도 있다. 대화를 독점해서도 안 되고 뒤에 숨어서 지켜만 봐도 안 되며, 대화의 일부가 되는 게 목표가 되어야 한다.

트리스찬 핸디는 소셜 미디어 마케팅전문가로, 이런 주제에 대해 아주 구체적인 연구를 했다. 그는 이런 질문을 했다. "당신 자신의 콘텐츠를 홍보하는 건 당신 자신에 대해 얘기하는 것과 비슷하지 않은가? 아니면 그건 무례한 짓이며 효율적이지도 못한 것인가?" 그는 이 질문에 답하기 위해 15만 이상의 소셜 미디어 포스트들을 분석했다. 그 연구 샘플들 안에는 트위터와 페이스북, 링크드인의 고객들, 그러니까 업계의 크고 작은 기업들을 대표하는 마케팅전문가 1,000명 이상의 트윗 글들과 정보 업데이트들이 포함되어 있었다.

당시 핸디가 던진 질문은 "큐레이션과 크리에이션 중 어느 쪽이 더 중요한가?"였다. 그리고 그 답은 이랬다. "클릭수를 고려할 땐 분명 큐레이션이 더 중요하다. 제3의 웹사이트와 연결된 포스트들은 자체 웹사이트와 연결된 포스트들보다 클릭수가 33퍼센트나 더 많다. 이는 일리가 있는데, 그건 인터넷상에서 가장 뛰어난 콘텐츠는 대개 '당신기업닷컴yourcompany.com' 안에 있지 않기 때문이다. 그런데 정작 중요한 건 큐레이션과 크리에이션 중에 선택하는 게 아니다. 우리는 그 둘 다 해야 한다. 정말 필요한 질문은 '큐레이션과 크리에이션 중 어느 쪽이 더 효과적인가?'가 아니라, '클릭수와 대화를 극대화하려면 그 두 전략을 어떻게 섞어 사용해야 하는가?'인 것이다."

큐레이터 기업들 = 모든 시간의 75퍼센트 이상을 제3의 웹사이트

들과 연결되는 기업들

표 #1

포스트당 클릭수	클릭수 대 대화 배율	포스트당 대화
47.8	.2%	.10

이 그룹에 속하는 기업들은 큐레이션에 아주 큰 비중을 두며, 자신들의 콘텐츠에 연결하는 경우는 드물다. 그 결과 클릭수는 늘어나지만 대화다운 대화는 이루어지지 않는다.

균형 잡힌 기업들 = 모든 시간의 50퍼센트에서 75퍼센트를 제3의 웹사이트들과 연결되는 기업들

표 #2

포스트당 클릭수	클릭수 대 대화 배율	포스트당 대화
38.4	2.5%	.95

이 그룹에 속하는 기업들은 콘텐츠 크리에이션과 콘텐츠 큐레이션 사이에 균형 잡힌 전략을 쓴다. 그 결과 큐레이터들에 비해서는 포스트당 클릭수는 적지만, 대화다운 대화를 훨씬 더 많이 하게 된다.

자기홍보 기업들 = 모든 시간의 50퍼센트 이상을 자신들의 콘텐츠와 연결되는 기업들.

표 #3

포스트당 클릭수	클릭수 대 대화 배율	포스트당 대화
17.0	2.4%	.41

이 그룹에 속하는 기업들은 대부분의 시간을 자신들의 콘텐츠에 연결하는데 보내며, 그것이 포스트당 클릭수에는 부정적인 영향을 준다. 그렇다고 이 같은 클릭수 감소가 클릭수 대 대화 비율의 증가로 이어지지도 않는다.

이 데이터를 보면 균형 잡힌 기업들이 전반적인 면에서 가장 나은 결과를 본다는 게 분명하다. 그런 기업들은 큐레이터 기업들에 비해 포스트당 클릭수가 20퍼센트 적지만, 대화 비율은 무려 10배나 더 높다. 나 같으면 언제든 그런 기업들에 표를 던질 것이다.

크리에이션과 큐레이션의 절충점

우리는 모든 시간의 25퍼센트에서 50퍼센트를 자신의 웹사이트에 연결하는 것이 최상의 결과를 본다는 결론을 얻었다. 그런데 만일 우리가 클릭수와 대화를 만들어내는 톱5 기업들의 관행들을 살펴본다면 어떨까? 대체 무엇이 그 기업들에게 그런 결과를 안겨주는 것일까?

크리스찬 핸디가 연구 대상으로 삼은 기업들 중 가장 많은 클릭수를 이끌어낸 톱5 기업들은 모든 시간의 37.9퍼센트를 자신의 웹사이트에 연결하는데 보냈다. 그러나 대화다운 대화를 이끌어낸 톱5 기업

들은 모든 시간의 41.6퍼센트를 자신의 웹사이트에 연결해, 이 정도
가 가장 적절한 절충점으로 보인다.

이 연구에서 얻을 수 있는 교훈들 그리고 요점들

통계 수치들을 면밀히 분석한 결과, 대부분의 기업들에게 최선의
절충점은 모든 시간의 25퍼센트에서 50퍼센트를 자신의 웹사이트에
연결하는 것이었으며, 이상적인 절충점은 40퍼센트로 나타났다. 그
러나 실제의 세상사는 어떤가? 통계 수치들이 전반적으로 그렇게 나
온다 해서, 그게 당신 기업에도 그대로 적용되는 건 아니다. 예외란
늘 있기 때문이다.

29

교육을 위한
큐레이션

러닝 2.0-콘텐츠 큐레이션

온라인상에서 그리고 각종 모바일 장치를 통해 우리가 어떻게 정보를 소비하고 있는지를 알아보다 보면, 우리는 곧 지식을 쌓아가는 과정에서 콘텐츠 큐레이션 방법이 얼마나 중요한지를 깨닫게 된다. 우리는 매순간 온라인상에서 많은 정보를 대충 훑어보거나 면밀히 살펴보며, 여기서 조금 저기서 조금씩 정보를 가져온다. 그리고 그 정보들중 일부는 우리의 기억 속에 저장되고 나머지는 잡다한 정보들과 함께 사라진다. 이제 큐레이션은 단순히 앞서가는 개념일 뿐 아니라, 우리로 하여금 현실 속에서 정보를 흡수하고 정보의 흐름을 마스터하며 기술 소비자로서의 지적 능력을 향상하고 학습 시스템들이 계속 진화하는 상황에서 글로벌 차원에서의 경쟁을 가능하게 해준다.

큐레이션을 가장 간단히 정의하자면, '특정 주제와 관련해 온라인에서 콘텐츠를 수집하고 정리하며 프레젠테이션하는 것'이다.

로빈 굿은 포괄적이며 뛰어난 자신의 논문 〈큐레이션은 왜 교육과학습을 변화시킬 것인가?〉에서 콘텐츠 큐레이션이 체계적인 학습 과정들에 영향을 미치는 핵심적인 이유 10가지에 대해 설명하고 있으며, 또한 전통적인 교육 기관들이 하나 둘 해체되고 있는 '교육 생태계'의 미래를 진단하고 있다. 사실 그는 전통적인 교육 기관들은 곧구시대의 유물이 될 거라고 믿고 있다.

그가 말하는 이른바 '패스트푸드식 정보 소비'와 그 같은 소비의 하락 추세를 정확히 지적한 말이라 할 수 있겠다. 로빈 굿에 따르면, 우리는 이제 구글 같은 초대형 검색 엔진을 통해 각종 정보와 데이터를 빠른 속도로 수집하는 게 아니라, 우리가 수집하고 축적하고 공유하고 싶어 하는 보다 잘 다듬어진 정보들을 검색해 찾아냄으로써 '배우는 법을 배울 수밖에 없는' 상황에 처한 것이다. 그런 점에서 콘텐츠 큐레이션은 보다 집중적이고 상호작용적인 개인 맞춤식 학습 기회를 준다. 콘텐츠 큐레이션의 다차원적인 애플리케이션들을 쓸 경우 우리 자신의 분별력을 활용함으로써 우리의 학습 지식과 참여도가 훨씬 더 높아지게 된다. 그러니까 재활용되는 정보를 소화할 뿐 아니라, 그 가치를 분석까지 하는 것이다. 로빈 굿은 디지털 사용 능력(예를 들어 각종 컴퓨터 소프트웨어와 앱의 사용 능력)을 언급하면서, 콘텐츠 평가 및 정리 과정을 지원하기 위한 디지털 사용 능력 활용의 중요성을 강조하고 있다.

로빈 굿의 말처럼, '열린open' 가르침/배움 콘텐츠 허브들이 증가하고 있다는 건 그만큼 큐레이트된 콘텐츠의 중요성이 커지고 있다는 의미이기도 하다. 미국 전역의 대학들이 제공하는 수백 가지의 무료 온라인 교육 과정을 이용할 수 있는 '열린 문화Open Culture'와 같은 열린 콘텐츠 자원들이 급격히 늘어나면서, 지금 교육 시스템 자체가 재정비되고 있는 중이다. 현재 이 같은 교육 포럼들은 교과서 차원을 뛰어넘어 새로운 정보를 공유하고 구식 플랫폼들에서 낡은 아이디어들을 걸러내며 특정 연구 주제 안에서 현대적인 관점들을 통합하는 방식으로 조직화되고 있다. 보다 높은 수준의 배움을 얻기 위해선 반드시 대학을 가야 했던 시대는 갔다. 온라인 학습 허브들은 교실 벽 너머 글로벌 학습 커뮤니티들로 확대된 네트워크들을 통한 혼합된 학습을 가능하게 해주고 있다.

전통적인 교실 환경 하에서 교사들은 자신의 교과서들을 큐레이트하고, 가장 효율적으로 이용 할 수 있다고 생각하는 학습 주제들을 선택하며, 자신의 학생들에게 업그레이드된 버전의 교실 학습을 제공한다.

로빈 굿이 콘텐츠 큐레이션을 미래의 교육을 위한 길로 생각하는 또 다른 이유는 우리의 직업 시장이 변화하고 있다는 점이다. 이제 더 이상 옛날처럼 대학 졸업장이나 각종 자격증이 취업을 보장해주지 않는다. 오늘날처럼 모든 게 기술에 의해 연결되고 결정되는 취업 시장에서 경쟁력을 가지려면 보다 광범위한 기술을 갖고 있어야 한다. 또한 이제 기업의 세계에서 개인적인 역할이나 전문지식 분야들은 따로 분리해 고려하기보다는 서로 연결 지어 고려해야 한다. 그래서 우리는 이제 여러 분야에 대한 지식을 갖고 있어야 하며, 새로운 정보 공유 방식들을 통해 그 여러 분야들에 접근해야 하고, 보다 큰 틀 안에서 각자의 역할이 어떻게 상호작용하는지를 보다 잘 알고 있어야 한다.

로빈 굿이 말하는 콘텐츠 큐레이션이 학습 과정에 영향을 미치는 10가지 이유 가운데 10번째 이유, 그러나 중요성 면에서 결코 작지 않은 이유는 믿을 만한 안내의 필요성이다. 정보의 '과잉 흐름' 때문이든 정보의 '과다 공급' 때문이든, 우리는 가상 학습 공간에 연결될 때마다 정보의 쓰나미에 파묻힌다. 많은 경우 그것은 우리가 지금 시대에 뒤떨어진 진부한 정보들을 처리하고 있다는 뜻이다. 또 일부 경우 우리는 인터넷에서 잘못 내던져진 허위 정보들을 만나게 된다. 어떤 경우가 됐든, 차고 넘치는 많은 정보들 속에서 어떤 정보가 처리되고 있는지, 그 정보가 가치가 있는지, 또 그 정보가 보다 실행 가능하고 덜 고정된 방법으로 우리의 지식에 통합될 수 있는지를 정확히 알아보는 법을 배우는 건 우리의 몫이다. 전문적인 큐레이터(예를 들면 교사)가 되기 위해 자신의 시간과 자원들을 투자하고 있는 개인들은 21세기의 이 학습 시장에서 부인할 수 없는 이점을 갖게 될 가능성 매우 높다.

교사들과 큐레이션

자신의 논문 〈교실에서의 큐레이션〉에서 낸시 화이트는 학생들을 더 잘 가르치기 위한 21세기의 기술들에 대해 논하고 있다. 큐레이션 지지자인 화이트는 그 논문에서 학생들로 하여금 21세기 기술들로 무장한 채 수업을 임하게 하는 게 목적인 한 보조금에 대해 언급한다.

그러면서 화이트는 '큐레이션의 정의는 그 경계가 없는 듯하다'면서, 큐레이션이 대체 무얼 의미하는지 또 궁극적으로 학습에 어떤 도움을 주는지에 대해 의문을 제기한다. 또한 교실 안에서 활용할 경우 큐레이션이 어떻게 교사와 학생들 모두에게 큰 영향을 주게 되는지를 면밀히 고찰한다.

화이트는 도표를 활용해 학습 수준들을 반영하는 피라미드 구조를 보여 준다. 그 피라미드 구조 밑바닥에는 '지식'이 있고 꼭대기에는 '평가'가 있어, 가르치는 내용에 대한 평가가 교실 큐레이션의 주요 목표들 중 하나라는 걸 보여 준다. 평가 단계에 이르기까지는 거쳐야 할 단계가 여럿 있다. 화이트는 일부 정보 수집 행위에는 '깊은 생각'이 결여되어 있어, 심지어 정보를 수집하는 사람이 자신이 수집 중인 정보에 대해 고마워하는 마음도 없다고 말한다. 화이트의 판단에 따르면, '탐구 과정'은 교육 분야에서의 큐레이션 과정에 없어선 안 될 부분이다. 무얼 포함하고 무얼 버릴 건지를 결정하는 일에는 '깊은 생각'과 의미 있는 논의가 필요하다. 그리고 그런 과정을 정보를 종합하는 수준으로 끌어올리는 것은 평가 바로 아래 단계이다.

화이트는 이런 종류의 '깊은 생각'에 익숙하며, 교실 큐레이션의 목적들과 관련해 보다 명료한 관점을 갖고 있다. 그래서 학생들이 일방적으로 수업을 들어야 하는 교실은 더 이상 필요 없게 되고, 또한 학생들로 하여금 용기를 내 스스로 큐레이터가 되는 경험을 할 수 있게 해준다. 그러니까 참여하는 학습을 통해 더 많은 걸 배우게 되는 셈이다.

큐레이션 툴들

1. 큐레이션소프트

큐레이션소프트CurationSoft는 모든 기능이 한데 합쳐진 일체형 툴이다. 사람들은 이 툴을 이용해 인터넷 사용자들이 원하는 정보를 웹에서 찾아 끌어온 뒤 자신의 웹사이트에 포스팅함으로써 부가 가치가 있는 콘텐츠를 자신의 웹사이트에 통합시킬 수 있으며, 그걸 통해 자신의 웹사이트를 정보가 필요한 사람들의 '성지'로 만들 수 있다. 이 툴이 있으면 수많은 검색 결과를 일일이 분석할 필요가 없으며, 또한 큐레이터들로 하여금 자신의 웹사이트를 부가 가치가 있는 콘텐츠로 쉽게 채울 수 있게 해준다. 이 툴을 사용할 경우 웹사이트가 구글 검색 순위에서 위로 올라가게 되는데, 그건 해당 웹사이트가 주요 소식통 내지 정보 전문 웹사이트로 인정받게 되기 때문이다. 신선한 양질의 콘텐츠는 이 툴의 인트로 비디오에서도 강조되는 것으로, 큐레이션소프트는 업데이트된 콘텐츠의 필요성이 갈수록 커지고 있다고 역설하고 있다. 사용자들은 이 툴을 이용해 낡은 콘텐츠를 새로운 콘텐츠로 재창조할 수 있으며, 그 결과 다른 사용자들을 자신의 웹페이지로 끌어들여 자신의 이름을 더 널리 알릴 수 있게 된다.

이 툴을 통해 사용자들은 키워드로 출처 콘텐츠를 찾아낼 수 있고, 그로 인해 웹사이트 방문객수를 늘릴 수 있다. '포스트 빌더Post Build-er'를 이용할 경우 웹사이트 운영자들이 동시에 여러 블로그에 포스팅할 수도 있어 블로깅 작업을 단순화할 수 있다.

큐레이션소프트는 워드프레스(웹페이지 제작 및 관리를 위한 오픈 소스

콘텐츠 관리 시스템-역자 주)와 호환이 되게 만들어져, 필요할 경우 큐
레이션소프트에서 바로 워드프레스 기능을 쓸 수 있다. 또한 RSS 피
드들을 스캔해 큐레이션소프트에 추가한 뒤, 그 피드들에서 큐레이
트된 콘텐츠를 끌어낼 수도 있다. 결국 이 툴 덕에 당신의 웹사이트에
꾸준히 양질의 콘텐츠를 추가할 수 있으며, 그 덕에 양질의 콘텐츠를
만드는 게 가능해져 방문객 수가 늘어나게 된다. 또한 그 양질의 콘텐
츠에 웹사이트 운영자 자신의 해설까지 곁들여질 경우, 콘텐츠가 보
다 신선하고 독창적으로 느껴지게 된다. 큐레이션소프트에는 구글 블
로그스Google Blogs, 구글 뉴스, 위키피디아 같은 웹사이트들의 리스트
가 추가돼 있어, 언제든 필요한 정보들을 쉽게 끌어올 수 있다.

큐레이션소프트 요점 정리

- 큐레이션소프트는 신선한 콘텐츠를 보충해 방문자 수를 늘리고 검색
  순위를 높이고자 하는 정보 중심의 독립적인 웹사이트들을 지원하고
  있다.
- 양질의 정보가 모이는 곳들에 대한 정보를 지속적으로 받기를 원하는
  사람들에게 큐레이션소프트는 아주 유용한 교육 툴이다.
- 결국 큐레이션소프트는 자기 분야에서 전문가가 되고자 하는 웹사이트
  운영자들 또는 방문객 수를 늘릴 방법을 찾고 있는 초보 블로거들에게
  가장 안성맞춤인 툴이다.

2. 디이고 교육용 버전

홈페이지에서 '클라우드에 기반을 둔 개인관리 시스템'이라고 소개되고 있는 디이고Diigo는 원래 온라인 북마킹 툴로 개발됐다. 그러나 시간이 지나면서 점차 양방향 학습 및 프로젝트 공유 포럼으로 발전되어갔다. 디이고를 쓸 경우 사용자들은 그 다양한 검색 툴들을 이용해 정보를 수집해 '디이고 클라우드Diigo Cloud'라는 가상 도서관에 저장한 뒤, 이 웹사이트가 지원하는 모바일 장치를 통해 그 도서관에 접근할 수 있다. '디지털 하이라이트'와 양방향 포스트잇을 추가할 수도 있다. 어떤 웹페이지의 정보가 하이라이트될 경우, 디이고를 통해 그 웹페이지로 되돌아가 해당 정보를 가져올 수 있다. 웹 브라우저 안에 디이고 툴바가 설치되기 때문에, 이 디이고 툴은 언제든 쉽게 사용할 수 있다. 그런 다음 각 웹사이트들은 쉬운 검색/참고 태그를 활용해 북마크될 수 있으며, 웹페이지 상에서 정보에 주를 달아 참고 노트들을 계속 추적할 수도 있다.

또 다른 멋진 기능은 '스냅샷snapshot'으로, 이 기능으로 웹페이지를 저장할 경우 설사 그 웹사이트가 사라진다 해도 디이고에 저장된다. 디이고를 통해 오프라인에서 웹페이지들을 볼 수도 있고, 당신이 저장하고 싶은 아이디어들을 메모해 두거나 사진을 찍어둘 수도 있다.

디이고는 학생들을 위한 프로젝트 중심의 학습용 포럼처럼 쓰일 수도 있다. 교육 도메인과 교육자 계정으로 되어 있으며, 교사들은 K-12(유치원에서부터 고등학교를 졸업할 때까지의 교육 기간-역자 주) 학생들은 물론 그 위의 교육 과정의 학생들을 위한 교실들도 만들 수 있다. 교사들은 전체 학급용으로 쓸 학생 계정들을 만들 수 있으며, 그러면 학생들은 바로 웹사이트 상에서 온라인 검색 및 노트 공유, 양방향 학습 등을 시작할 수 있다.

디이고 요점 정리

- 현재 디이고에는 법률회사, 마케팅 에이전시, 컨설턴트들, 신입사원 채용 담당자들, 웹 디자이너, 연구원, 학생, 교사 등 700만 명이 회원으로 등록돼 있다. 많은 지식 정보를 필요로 하는 사람이라면 누구든 디이고를 사용할 수 있다.
- 디이고는 교실에서 학생들에게 양방향 실전 학습 경험을 주고자 하는 교사들에게 더없이 좋은 학습 툴이다.
- 프로젝트 개발에 참여해 각종 아이디어와 스토리, 참고 정보를 수집해야 하는 전문가들에게도 아주 좋은 툴이다.

3. 디피티

디피티Dipity를 활용하면 소셜 미디어와 검색 엔진, 선별된 웹사이트 등에서 가져온 '유용한 정보'의 가상 연대표를 만들 수 있다. 이 같은 연대표를 만들 수 있는 정보는 세계적인 사건들, 역사적인 인물들, 기타 각종 연구 주제들과 관련된 정보이다.

사용자들은 연대표를 만들어 문화적·역사적 사건들을 재구성해볼 수 있다. 이 웹사이트 디피티를 이용하는 사람들은 다양하다. 예를 들어 한 저널리스트는 디피티를 활용해 후쿠시마 원전 사고에 대한 연대표를 만든 걸 기사화했다. 그 기사는 주제를 자신만의 독특한 관점으로 처리해, 그러니까 멀티 미디어를 활용해 사건들을 시간순으로 정리해 사건 진행 과정이 바로 눈앞에 보이는 듯했다.

연대표는 단편적인 이미지들과 제목들 그리고 설명들로 구성되어 있다. 사용자들은 자신이 조사한 자료를 보탬으로써 연대표를 수정할 수 있다. 콘텐츠는 특정 사건 등의 시간 순서를 알려주는 비디오 클립들과 함께 유튜브 같은 웹사이트들에서 가져올 수 있다. 각 설명에는 반드시 완전한 날짜(예를 들어 달, 요일, 년도)가 붙어야 한다. 사용자들은 연대표의 주제나 배열을 바꿀 수도 있고 덧글 같은 것들을 허용할 수도 있다. 연대표에 필요한 콘텐츠는 플리커, 비메오, 페이스북 같은 소셜 미디어 웹사이트들에서 검색해 가져올 수 있다. 완벽한 교육 툴인 디피티는 학습 및 창의적인 교육을 공유할 목적으로 교사와 학생들에 의해 많이 사용된다. 이 툴을 통해 사용자들은 자신이 좋아하는 주제들과 관련해 가상의 저자가 될 기회를 갖게 되며, 그런 주제에 대해 관심을 새로이 하고 다른 사람들과 논의를 해볼 수도 있다.

디피티 요점 정리

- 디피티는 전통적인 교육 방법들의 진화를 한눈에 보여 주는 스냅 사진 같은 것으로, 교사들의 입장에서 실험해 볼 만한 매력적인 툴이기도 하다.
- 디피티를 통한 참여 학습은 적극적이고 집중적인 학습 환경을 유지하고자 하는 교육자들에게 유용한 방식이다.
- 디피티는 사회적, 문화적, 역사적 사건들에 대한 정보를 축적하고 공유하는데 안성맞춤이다.
- 디피티의 사용자들은 주로 교육자들, 대학원 학생들, 교육전문가들이다.

4. 에버노트

에버노트Evernote는 가상의 메모장이요 프로젝트 철이며 해야 할 일을 적은 리스트이다. 각종 파일과 노트, 프로젝트 아이디어, 북마킹된 웹사이트, 사진, 여행 일정표 등을 저장하는 창고처럼 사용할 수 있으며, 사용자들이 자신의 작품을 공유할 수도 있다. 오디오 녹음도 가능하다. 또한 에버노트 '웹 클리퍼Web Clipper'를 활용하면 북마킹된 웹사이트, 노트, 이미지 등을 한 장소에 저장할 수도 있다.

이 웹사이트에는 유용한 블로그 포스트들이 있는 '팁스 앤 스토리즈Tips and Stories'도 있어, 정보를 보다 체계적으로 정리할 수 있는 각종 팁들, 콘텐츠를 가장 효율적으로 수집할 수 있는 방법, 에버노트의 각종 앱들을 가장 잘 활용할 수 있는 방법, 이 웹사이트에 있는 '노트북' 공유에 필요한 지침 등을 볼 수 있다. 또한 '당신의 지식을 에버노트로 공유하라'를 보면 노트북을 통한 정보 공유법을 알 수 있다. 노트북은 큐레이트된 콘텐츠를 저장하기 위해 만들어지며, 나중에 그 노트북의 크리에이터가 친구들을 초대해 그걸 보거나 수정하게 할 수도 있다. 공유하기에 앞서 미리 당신의 친구 목록에 있는 사람들에게만 '공유 허용'을 설정할 수도 있다. 예를 들어 친한 동료의 경우 노트북의 콘텐츠에 뭔가를 추가하거나 수정할 수도 있지만, 온라인 친구들은 그냥 보기만 할 수도 있는 것이다.

에버노트에는 '에버노트 헬로Evernote Hello'라는 독특한 기능이 있는데, 이 기능을 활용하면 만나는 사람들에 대한 일지를 작성할 수 있으며, 나중에 각 사람의 얼굴 이미지를 클릭하고 들어가 그 사람과 함께한 일들을 추억할 수도 있다. 에버노트에는 교실 교육용 툴 기능도 있어, 교사들이 각종 학급 프로젝트를 위해 노트북을 만들 수 있다. 그래서 학생들에게 필요한 학습 자료와 프로젝트 관련 블로그 등을 제공할 수 있으며, 프로젝트 진행 사항과 관련해 의견을 주고받을 수도 있다.

에버노트 요점 정리

- 에버노트는 소셜 네트워킹, 지식 공유, 프로젝트 체계화 등에 두루 효과적인 툴로, 교육자, 사업가, 창의적인 사고가 등의 네트워크들을 연결해 주는데 안성맞춤이다.
- 에버노트는 사업가들에게 더없이 좋은 동반자 툴로, 새로운 아이디어들을 체계적으로 정리하거나 고객 및 동료들과 공동으로 어떤 프로젝트를 진행하려 할 때 많은 도움이 된다.

5. e러닝 태그스

교육 기술의 허브인 e러닝 태그스eLearning Tags는 소셜 북마킹 웹사이트로, 이 웹사이트에서 교육자들과 학생들은 소셜 러닝, 게임화, 인포그래픽, 학습관리 시스템LMS 같은 e러닝 콘텐츠를 공유할 수 있으며 또 그 콘텐츠에 투표도 할 수 있다. 칼라 구티에레즈의 논문 〈당신이 꼭 알아두어야 할 놀라운 18가지 e러닝 통계 수치들〉에 따르면, e러닝은 여러 조직들 안에서 두 번째로 중요한 훈련 방법이다.

이 웹사이트에서 사용자들은 e러닝 툴들에 대한 설명을 포스팅하고 또 각종 정보의 유용성에 대한 투표도 한다. 톱 스토리들과 최신 뉴스, 사용자 덧글 등을 추적하는 메뉴도 있다. 오른쪽 끝 여백에는 톱 5 기여자 및 사용자들의 참고 리스트가 있는데, 거기에서 그들이 이 웹사이트에 꾸준히 올리고 있는 양질의 정보들을 알 수 있다. 이 웹사이트는 여러 소셜 미디어 사이트들과 긴밀히 연결되어 있으며, 그 웹사이트들을 제대로 활용하는데 필요한 많은 팁과 방법들도 나와 있다. 트위터 해시태그를 가장 효과적으로 사용하는 방법에 대한 깊이 있는 지침서가 그 좋은 예이다.

e러닝 태그스 요점 정리

- 오늘날의 교육자나 학생들이라면 누구나 얼마든지 e러닝 태그스 사용법을 익힐 수 있다. 기술 교육 분야의 최신 정보를 구할 수 있는 너무도 멋진 웹사이트이다.
- 구티에레즈의 논문에 따르면, 전 세계의 e러닝 웹페이지 계정 중 70퍼센트 이상이 유럽과 미국에 몰려 있으며, e러닝을 통한 지식 유지 증가율은 25퍼센트에서 60퍼센트나 된다고 한다.

6. 심발루

심발루Symbaloo는 아주 간단명료한 클라우드 기반의 웹 서비스로, 당신이 좋아하는 웹사이트들과 북마킹해 놓은 웹사이트들을 하나의 인터페이스로 잘 정리해준다. 섬네일 형태의 아이콘들로 구성된 맞춤형 시작 페이지를 활용할 경우, 사용자들은 단 한 번의 클릭으로 바로 자신이 좋아하는 웹사이트로 갈 수 있다. 또한 이 심발루는 거의 모든 모바일 장치에서 사용 가능하며, 자주 방문하는 웹사이트들을 맞춤화해 편하고 쉽게 돌아다닐 수 있다. URL(인터넷상의 웹사이트 주소-역자 주)을 일일이 입력하지 않고도 내비게이션 바navigation bar(웹사이트의 상단이나 측면에 있는 다른 웹사이트의 링크-역자 주)에서 바로 웹 검색이 가능하며, 이 같은 화면 구성 방법은 웹에서 시간을 보내는 거의 모든 사람들에게 환영받는다.

심발루 요점 정리

- 심발루는 검색 시간을 줄일 방법을 찾는 사람들에게 더없이 편한 웹사이트이며, 즐겨 찾는 웹사이트들을 검색하기 쉬운 포맷으로 압축해 놓고 싶어 하는 체계적인 사람들에게 인기가 높다.

30 패션을 위한 큐레이션

인터넷이 발명되기 이전에는 백화점과 쇼핑몰 그리고 스트립몰strip mall(번화가에 상점과 식당들이 일렬로 늘어서 있는 곳—역자 주) 등이 소매 시장을 지배했었다. 그러나 인터넷이 점점 대중화되고 모바일 앱들이 계속 등장하면서, 온라인 매장과 오프라인 매장 간의 간극이 꾸준히 좁아지고 있다.

오프라인 매장은 분명 온라인 매장과는 달리 즉각적인 만족감을 준다는 장점이 있다. 또한 소비자들은 급히 화장실이나 동네 편의점 에 가야 할 상황에서 초조히 택배 배달원이 오길 기다릴 필요도 없다. "인터넷은 비용 면에서는 아주 효율적이지만, 소비자가 제품을 구입 한 날 바로 받아볼 수 있게 하려면 아직 가야 할 길이 멉니다." CBRE 그룹 연구소 미국 책임자 랜디 앤더슨이 WPC 뉴스와의 인터뷰에서 한 말이다.

게다가 오프라인 매장의 경우 소비자들이 제품을 구입할 때 직접 만져보고 느낄 수 있기 때문에, 마음에 안 든다고 우체국까지 들고 가 반품하지 않아도 된다. 그러나 온라인 매장의 경우 전 세계 모든 소비자들을 상대로 제품을 판매할 수 있으며, 1년 365일 매일 24시간 매장 문을 열 수 있다. 아마존의 경우 심지어 당일 서비스 비용도 받지 않고 당일 서비스를 제공하기도 한다.

- 온라인에서 쇼핑을 하는 사람들은 25퍼센트가 예상보다 더 많은 시간을 쓰는데 반해, 오프라인 매장에서 쇼핑을 하는 사람들은 40퍼센트가 예상보다 더 많은 시간을 쓴다.
- 전자상거래는 지난 10여 년간 놀라운 성장을 해왔다. 2004년에 전자상거래 매출은 소매 시장 전체 매출의 25퍼센트밖에 안 됐다. 그런데 그 수치가 10여 년 사이에 31퍼센트로 늘었고, 그중에서도 특히 아마존의 매출이 눈에 띄게 늘었다.
- 아마존의 2013년 4분기 수입은 20퍼센트가 늘어난 255억 9,000만 달러였다.
- 매년 3분기 기준 소매 시장 전체 매출은 4.7퍼센트씩 늘었다. 반면에 같은 기간 중에 전자상거래 매출은 그보다 훨씬 높은 18.2퍼센트씩 늘었다.

전자상거래 패션 큐레이션

　전자상거래 소매 기업들은 지난 몇 년 사이에 기하급수적인 발전을 거듭해왔다. 그리고 패션에 밝은 소비자들은 선택의 폭이 엄청 넓어졌다. 큐레이션이 잘된 5대 온라인 시장을 꼽자면 다음과 같다.

자포스의 글랜스

　자포스Zappos는 할인된 가격에 디자이너 신발을 제공하면서 큰 성공을 거둔 전자상거래 사이트이다. 이 온라인 거인은 최근에 제품 라인을 의류와 액세서리, 가정용품으로까지 확대했다. 〈패스트 컴퍼니〉에 따르면, 자포스는 현재 12만 7,000가지 이상의 제품 스타일과 1,000개가 넘는 브랜드들을 자랑하고 있다.

　자포스는 이 많은 제품 스타일과 브랜드 때문에 소비자들의 선택이 너무 어려워질 수 있다는 사실에 주목해, 사람들이 큐레이션을 통해 자포스에서 원하는 제품을 찾을 수 있게 해주는 전자상거래 앱 '글랜스GLANCE'를 개발했다. 이 앱을 사용할 경우 소비자들은 자신이 좋아하는 제품은 물론 다른 소비자들이 좋아하는 제품도 쉽게 찾을 수 있다.

　자포스연구소의 책임자인 윌 영은 예전에 소프트웨어 프로그래머로 여러 기업들을 상대로 독립적인 컨설팅을 해주는 일을 했다. 그는 또 주로 초창기 투자를 통해 신생 기업의 어려운 문제를 해결해 주는 라스베이거스의 기술 펀드 베가스테크펀드VegasTechFund를 위해 일하기도 한다. 이 펀드의 투자자들은 라스베이거스 시내에 긴밀히 연결된 활기찬 기술 커뮤니티를 구축하는 일에 힘을 쏟고 있다. 윌 영은 캐나다 브리티시컬럼비아대학교에서 교육을 받았다.

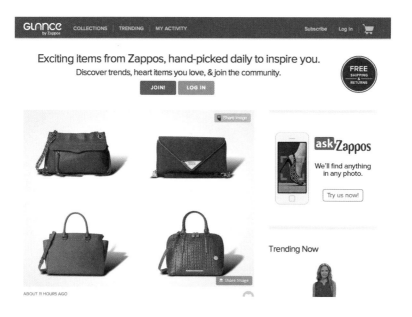

오늘날 자포스는 10억 달러 이상의 매출을 올리고 있다. 자포스연구소는 샌프란시스코에 본부를 두고 있으며, 자포스 본사는 라스베이거스에 있다.

미션

유사한 종류의 다른 많은 앱들과 마찬가지로, 글랜스는 차고 넘치는 너무 많은 정보를 제거해 쇼핑객들이 보다 쉽게 쇼핑을 할 수 있게 해주자는데 그 목적이 있다. "여기에서는 제품과 사람들이 주인공입니다." 자포스의 제품 및 사용자 경험 관리자 캐리 화이트헤드의 말이다.

사업 방식

제품들은 매일 큐레이트되어 웹사이트에 업로드된다. 그러면 사용자들은 제품들을 낱개로 또는 한 번에 여럿 구입할 수 있고, 나중에 구입할 수도 있다. 인기 제품들은 모든 사람한테 잘 보이게 진열되며, 따라서 사용자들은 자연스레 다른 사람들이 좋아하는 제품들을 구입하게 된다.

자포스의 글랜스 요점 정리

- 자포스는 시장의 틈새를 메우는 역할을 했고, 처음에는 신발류 쪽에 대성공을 거둔 뒤 여러 분야로 사업을 확장했다.
- 자포스는 성공했지만, 너무 많은 옵션을 안겨줘 소비자들을 당혹케 만드는 또 다른 문제에 직면했다. 그 많은 옵션들을 정리해 주는 해결책이 바로 글랜스이다.
- 자포스연구소는 샌프란시스코에 본부를 둔 자체 싱크 탱크로, 디지털 시대에 발맞춰 혁신적인 방법들을 찾기 위해 2012년에 설립됐다.
- 글랜스는 자포스가 소셜 네트워킹 분야에서 시도한 첫 도전은 아니다. 여러 해 전에 마이.자포스My.Zappos를 내놓았는데, 이 웹사이트는 이후 폐쇄됐다. 트위터 열풍에 편승해 트윗월Tweetwall도 내놓았는데, 이것 역시 큰 반향을 불러일으키는데 실패했다.

팬시

팬시Fancy는 전자상거래 앱으로, 이 앱을 사용할 경우 많은 팬시 회원들로 이루어진 전 세계적인 커뮤니티에 의해 큐레이트된 제품들을 찾아 구입할 수 있다. 팬시는 사진 공유 기능도 있고 저장 기능도 있으며, 패션 큐레이션 용도뿐만이 아니라 다양한 용도로 사용된다.

〈비즈니스 인사이더〉는 이 팬시를 '아마존의 소셜 버전'이라고 했다. 팬시는 핀터레스트와 비슷하지만, 전자상거래에 보다 많은 비중을 두고 있다. 팬시가 핀터레스트와 확연히 구분되는 점은 큐레이트된 제품들을 구입할 수 있다는 점이다.

미션

한 인터뷰에서 팬시 설립자 조셉 아인혼은 자신은 그저 또 다른 멋진 앱을 만들려는 게 아니라, 계속 영향력을 발휘할 유용한 앱을 만들고 싶었다고 했다. 다음은 그의 말이다.

"먼저, 텀블러가 있죠. 여러분은 그 앱으로 뭔가 멋진 이미지를 볼 수 있지만 그걸로 끝입니다. 다음엔 핀터레스트가 있는데, 역시 마찬가지입니다. 그리곤 우리가 있는데요. 우리는 가격표가 있습니다. 우

리는 여러분이 진정 사고 싶어 하는 제품들에 초점을 맞추고 있습니다. 그런데 그 제품들이 사용자들이 다른 웹사이트들에서 살 수 있는 제품들이라는 걸 이미 잘 알고 있는 제품들입니다. 큐레이트된 제품들인 거죠. 아마존 생각을 해 보시면 됩니다. 그들은 다른 사람들이 하지 않거나 할 수 없었던 놀라운 일들을 많이 해왔습니다. 아마존과 우리가 다른 점이라면, 우리는 전자상거래 분야에서 검색은 낡은 방법이라 믿고 있으며, 그래서 새로운 방법으로 필요한 제품들을 찾게 해준다는 것입니다."

팬시의 설립자이자 최고경영자인 조셉 아인혼은 16세의 나이에 자신의 첫 기술 기업인 캐피털 IQ Capital IQ를 설립했다. 그러다 2004년에 인폼 테크놀로지즈의 최고기술책임자를 역임했고, 2009년에는 자신의 회사 팬시를 설립했다.

사업 방식

팬시 커뮤니티의 사용자들은 본질적으로 큐레이터들이다. 사용자들은 북마크렛bookmarklet(브라우저의 북마크를 응용하는 기술—역자 주) 툴을 이용해 팬시 커뮤니티에 기여한다. 뭔가 흥미로운 일들이 발견되면 그것들을 선별해 설명하고 개인 피드에 추가하며, 그러면 자동적으로 다시 오리지널 웹페이지에 연결되게 된다.

팬시 박스

팬시 박스Fancy Box는 월간 구독 서비스로, 사용자들이 39달러를 내면 팬시의 여러 제품들로 가득한 박스를 받게 되는데, 그게 값으로 따질 경우 총 80달러가 넘는다. 이 박스들은 남자, 여자, 가정용품, 각종 장치, 미디어 등의 카테고리에 의해 맞춤형으로 제공받을 수도 있다.

선물하기

팬시는 '선물Gift' 탭을 통해 사용자들에게 선물 아이디어들을 제공한다. 사용자들은 아는 사람에게 선물로 60달러짜리 팬시 박스를 보낼 수도 있고, 검색을 해 1달러에서 500달러+ 가격대의 선물 아이디어를 찾아볼 수도 있다. 팬시 측에서는 '학창 시절로 돌아가기Back to School', '그를 위해For Him', '기념일Anniversary', '겨울 휴가지Winter Get-aways' 식의 선물 지침을 제공하기도 한다. 마지막으로 사용자들은 자신이 원하는 제품에 대한 개인 맞춤형 설명을 보내 선물을 추천받아 원하는 사람에게 보낼 수도 있다.

홍보

사용자들은 친구 하나를 회원으로 가입시킬 경우 1달러를 받게 되며, 그 친구가 60일 이내에 뭔가를 구입할 경우 10달러를 받게 된다.

사용 예

〈비즈니스 인사이더〉의 다음 링크에는 이 앱의 작동 방식이 시각적으로 아주 잘 설명되어 있다. http://www.businessinsider.com/the-fancy-app-guide-2012-8?op=1.

아하라이프

아하라이프닷컴AHAlife.com의 설립자이자 최고경영자인 쇼나 메이는 여행광이었으며 특이한 물건들을 수집하는 걸 좋아했다. 아하라이프는 패션, 디자인, 기술, 미디어, 음식, 미용품, 여행 등 다양한 분야의 제품들을 살 수 있는 온라인 쇼핑 장소로, 주로 큐레이트된 제품들을 다룬다. 큐레이션 기반의 전자상거래 사이트는 많지만, IT 전문매체 〈테크크런치TechCrunch〉의 고정 필자 리나 라오는 아하라이프가 그중 군계일학이라면서 이렇게 말한다. "이 웹사이트가 매력적인 건, 아하라이프의 플랫폼 안에 콘텐츠와 상업과 큐레이션이 적절히 섞여 있다는 겁니다."

아하라이프에는 프로젝트 런웨이Project Runway(패션 디자이너를 발굴하는 미국의 리얼리티 프로그램—역자 주)의 팀 건, 패션 디자이너 도나 카란, 미디어계의 거물 티나 브라운 등 유명인 큐레이터가 많다는 게 자랑이다.

Shop the World's Most Unique Designers & Artisans

We scour the globe to find exceptional objects for every aspect of your life. Shop from 1,000+ designers and artisans in 45+ countries.

Get Your Daily Dose of Inspiration

Enter Your Email   SIGN UP

LIMITED TIME EVENT, TODAY'S TOPIC: WELLNESS

Only for 10/4 and 10/5. Spend $100, get $20* toward your next purchase. Shop Now

쇼나 메이는 아하라이프 외에 패션/디자인과 풍요로운 삶을 두루 추구하는 기업 모비우스 스트립Mobius Strip, LLC도 설립했다. 그녀는 또 스톡홀름을 중심으로 활동 중인 스웨덴 건강/스포츠웨어 기업 카살 인터내셔널의 최고경영자를 역임하기도 했다. 그 전에는 제프리 아론슨(도나 카란 인터내셔널, 마크 제이콥스, 오스카 드 라 렌타의 최고경영자 역임)과 함께 럭셔리 패션 분야 투자 및 자문 기업인 아론슨 그룹을 공동 설립하기도 했다. 그들은 매튜 윌리암슨 같은 패션 브랜드들에서부터 미쓰이Mitsui 같은 무역 회사들에 이르는 많은 기업들에게 투자와 자문을 해주었다. 메이는 골드만 삭스에서 사모펀드 및 투자은행 관련 일도 했는데, 니만 마커스 그룹 매매 계약 등 패션—미디어 쪽에서 여러 차례 계약을 성사시켰다.

메이는 MIT에서 전기공학과 컴퓨터 과학을 복수 전공하면서, 주로 인공지능 및 경영재무 분야에 많은 시간을 투자했다.

미션

아하라이프는 디자이너와 장인, 혁신가 등으로 하여금 온라인에서 성공을 거두고 세계 각국의 사람들과 연결되게 해주는 걸 목표로 삼고 있다. 다음은 그녀의 말이다. "아하라이프는 웹사이트에서 팔리는 제품의 양보다는 질에 집중하고 있으며, 고객들로 하여금 차고 넘치는 정보 속에서 필요한 정보를 찾게 해주는 게 목표입니다."

사업 방식

아하라이프는 뉴욕을 중심으로 활동 중인 아하라이프 팀인 아하라이프 큐레이터들을 통해 새로운 제품들을 찾아내는데, 아하라이프 웹사이트를 위해 큐레이터 일을 해줄 수 있는 웹사이트 멤버들 또한 잠재적인 제품들을 제출함으로써 큐레이터가 될 수 있다. 길트닷컴Gilt.com이나 우트Woot의 경우와 마찬가지로, 새로 선정된 제품은 매일 웹사이트에 포스팅되며 또 아하라이프 회원들에게 이메일로 전송된다. 또한 아하라이프 웹사이트에서는 큐레이트된 제품들을 언제든 바로 직접 구입할 수 있다. 그러나 날짜별로 할인 행사 같은 걸 실시하는 다른 많은 웹사이트들과는 달리, 아하라이프의 제품들은 날짜 제한이 없다. 그러니까 아하라이프 웹사이트에서는 월요일에 올라온 제품을 금요일 밤에 구입할 수도 있는 것이다.

- 쇼나 메이는 스톡홀름발 미국행 비행기 안에서 아하라이프의 사업 아이디어를 떠올렸다고 한다.
- 아하라이프는 패션 및 엔터테인먼트, 비즈니스 업계에서 존경받는 사람들이 큐레이트한 고급 제품들을 구입할 수 있는 플랫폼을 소비자들에게 제공한다.
- 아하라이프는 독립적인 디자이너와 장인들이 자신의 작품을 팔 수 있는 플랫폼이다. 아하라이프에선 모두가 승자이며, 특히 큐레이트된 제품들을 내놓을 수 있는 사람이라면 누구라도 전문가가 될 수 있다.
- 회원 가입은 무료이다.
- 아하라이프는 직원이 45명이며, 뉴욕 소호 지역에 본사가 있다.
- 아하라이프는 지난해에 사진 공유 사이트 캡투르Kaptur를 인수했는데, 쇼나 메이는 이렇게 설명했다. "우리 회사가 사용자층을 확대하려면 캡투르의 온라인 전문 기술이 필요했습니다."
- 아하라이프는 아하노어AHAnoir를 소유하고 있는데, 섹스 토이라는 은밀한 물건을 주로 다루는 웹사이트이다.

스릴리스트

노래 Girls Just Want to Have Fun(여자들은 그저 즐기고 싶을 뿐이다)은 80년대에 히트한 미국 여가수 신디 로퍼의 여전사 찬가였다. 분명 남자들 역시 즐기고 싶어 하는데, 스릴리스트Thrillist 설립자들은 먹고 마시고 즐기는 일에 도움을 주려 한다.

스릴리스트는 앞서 가는 남성 디지털 라이프스타일 브랜드로 음식,

음료, 엔터테인먼트, 밤의 유흥생활, 각종 장치, 패션 분야에서 잘 알려지지도 않고 그 진가를 인정받지 못하고 있으며 새로운 모든 걸 제공한다.

스릴리스트는 원래 남성들에게 매일 이메일 소식지를 보내 어디서 파티를 하고 먹고 쇼핑을 하는 게 좋을지를 알려주는 웹사이트로 출발했다. 그러다 2010년에 회원제 남성 패션 반짝 세일을 전문으로 하는 웹사이트 잭스레즈JackThreads를 인수하면서, 한창 커가는 새끼 아마존이 되었다.

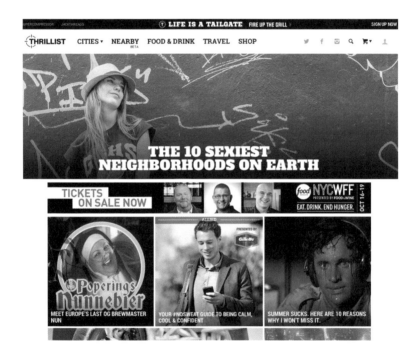

스릴리스트는 날카로운 유머 감각과 뛰어난 패션 감각을 갖고 있으며 삶을 즐기고 싶어 하는 히피 스타일의 젊은 도시 남성들을 틈새

시장으로 갖고 있다. 그들은 옛날 토크쇼 진행자인 제이 레노나 데이비드 레터맨보다는 신세대 토크쇼 진행자인 지미 팰런이나 코난 오브라이언에 더 가깝다. 스릴리스트의 글들은 독자들의 눈높이에 맞춰져 있다. 회원들은 한때 매일 "a strip and an strip"이라는 특별 서비스를 받았었다. 스트립쇼를 하는 클럽 스코어즈Scores에서 춤을 추고 그 식당에서 스테이크를 먹을 수 있는 특혜였다.

스릴리스트의 공동설립자이자 최고경영자인 벤 레러는 〈허핑턴 포스트〉의 공동설립자인 자신의 아버지 켄 레러가 설립한 벤처 캐피털 펀드 레러 벤처스Lerer Ventures의 관리책임자이기도 하다.

애덤 리치는 스릴리스트닷컴Thrillist.com의 공동설립자 겸 편집장이다. 그는 스릴리스트 소식지의 콘텐츠 편집을 주관하고 있다. 캘리포니아주 태생인 리치는 2002년에 펜실베이니아대학교를 졸업했으며, 그 이후 뉴욕시로 이주해 선도적인 웹 기술 공급업체인 뷰포인트Viewpoint Corp.에서 소프트웨어 개발 일을 했다.

스릴리스트는 현재 23개 도시에서 이용 가능하며 거기에 21개 도시가 더 추가될 예정이다. 본사는 뉴욕시에 있고, 〈포브스〉지에 의해 '가장 유명한 기업들' 리스트 15위에 랭크되기도 했다.

미션

젊은 도시 청년들을 주 고객으로 삼아 흥미로운 음식과 장소, 활동 그리고 장치를 발굴하는 게 스릴리스트의 목표이다.

사업 방식

스릴리스트는 매일매일 신속하게 전달되는 무료 이메일이다. 압생트absinthe(독한 술의 일종—역자 주)만 파는 칵테일 바들, 'BBQ 방울뱀 샐러드'와 '버번 소스 안의 순록'을 내놓는 식당들, 대마초가 화폐처럼 쓰이는 자동입출금기ATM 등 매일 회원들에게 새로운 아이템들 가운데 꼭 권하고픈 아이템들을 알려준다.

스릴리스트는 자신들이 좋아하는 것들만 다룬다면서 이렇게 약속한다. "우리는 형편없는 아이템들로 우리의 시간과 여러분의 시간을 허비하지 않을 겁니다. 그래서 우리는 평가는 하지 않고 그냥 추천만 합니다. 또한 허접한 것들 사이에서 최고의 것들만 찾아냅니다. 그래서 여러분은 여러분이 사는 도시에서 가장 멋진 음식과 음료, 장치, 서비스, 엔터테인먼트, 여행 옵션들, 그리고 부즈 크루즈booze cruise(먹고 마시며 즐기는 뱃놀이—역자 주)와 그 부즈 크루즈에서 생겨난 스트리퍼 크루즈 같은 이벤트를 독점적으로 누리게 됩니다.

아마존은 워낙 거대한 인터넷 거인이어서, 늘 많은 기업들의 표적이 되고 있으며 기업가들은 이 골리앗을 거꾸러뜨릴 방법을 찾아내느라 바쁘다. 〈포천〉지와의 인터뷰에서 벤 레러는 자신의 성공 요인을 이렇게 설명했다. "아마존이 갖지 못한 걸 가지려 했습니다. 스릴리스트에서는 사람들이 다른 어디서도 구할 수 없는 필요한 것들을 팝니다. 우리가 파는 아이템들 중 거의 절반은 다른 데선 찾을 수 없습니다. 사실 상당 부분은 저희가 직접 만들어낸 것들이거든요. 아마존의 경우 그들이 직접 취급하는 게 아닌 제품들은 가격 통제도 안 되죠. 게다가 특히 패션 분야는 아마존같이 1.0 상업 모델에 집착하는 기업이 다루긴 힘든 분야입니다. 그들의 DNA 속에는 영감이 없습니다. 그리고 그들은 큐레이션이 브랜드나 사람이 하는 일이 아니라, 단순히 어떤 알고리즘으로 해결되는 거라 생각합니다. 이는 소셜 미디어의 철학과는 배치되는 일로, 소셜 미디어 환경에서 자란 사람이라면 알고리즘이 시키는 대로 뭔가를 구입하는 건 원치 않습니다. 그들은 자신들에게 뭔가를 파는 브랜드를 믿고 싶어 하죠. 그런데 패션은 아마존이 믿는 분야는 아닙니다."

또한 스릴리스트는 각종 오프라인 파티를 주관해 성공을 거둬왔다. 2014년 6월 이 회사는 두 번째 연례 '당신 생애 최고의 날Best Day of Your Life' 행사를 주관했다. 참석자들이 참석해 먹고 마시고 대개 스릴리스트에서만 볼 수 있는 아이템들을 구입할 수 있는 큐레이션 행사였다.

스릴리스트 정보 및 요점 정리

- 스릴리스트에서는 물건을 액면가 그대로 살 수 있다. 스릴리스트는 특정한 남성들, 그러니까 히피 스타일의 세련된 젊은 도시 남성들을 위한 곳으로, 그 그룹을 주 고객으로 삼아 성공했다.
- 스릴리스트 설립자들은 해당 도시에서 가장 좋은 것들을 발굴해 내는 데 관심이 많다. 그들은 초심을 잃지 않고 있으며, 스릴리스트를 날로 번창하는 전자상거래/콘텐츠 큐레이션 기업으로 변신시켰다.

슈대즐

슈대즐ShoeDazzle은 리얼리티 쇼 출신의 여배우 킴 카다시안이 설립한 회원제 온라인 패션 서비스 기업이다. 이 회사는 나름대로의 패션 철학에 따라 패션 전문가들에 의해 큐레이트된 전시실을 갖춘 채 매달 신발과 핸드백, 보석류를 선별해 회원들에게 제공하는 것으로 시작했다.

나중에는 유명 스타일리스트 레이첼 조가 킴 카다시안 대신 슈대즐의 수석 스타일리스트가 되어 신발 스타일을 선별하는 일을 전담했으며, 매월 부티크를 큐레이트했고, 또 슈대즐 고객들을 상대로 패션 상담도 했다.

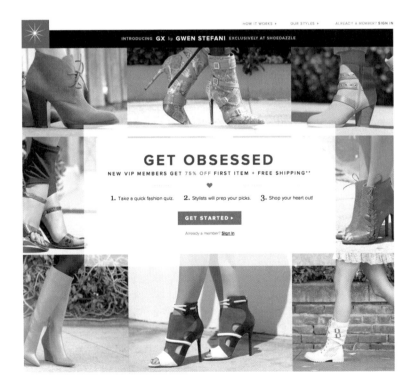

큐레이션 실전편

미션

회사의 웹사이트에는 이런 글이 써 있다. "슈대즐은 모든 여성은 자기 스타일과 트렌드에 맞는 양질의 신발을 신을 수 있는 권리가 있다는 믿음을 기업 이념으로 삼고 있다."

사업 방식

수석 스타일리스트 레이첼 조가 이끄는 슈대즐 패션 팀은 매월 고객들에게 맞춤형 신발과 핸드백, 액세서리를 추천한다. 또한 고객들은 회원 전용 부티크를 통해 매월 신상품을 구입할 수 있을 뿐 아니라 각종 상을 수상한 고객 서비스도 받을 수 있다.

고객들은 회원 가입을 할 때 자신의 개인 프로필을 작성해야 한다. 그러면 24시간 이내에 각종 신발과 핸드백들로 가득 찬 최초의 전시실이 준비된다. 또한 회원들은 스타일리스트가 큐레이트한 최신 트렌드의 부티크와 룩북lookbook(패션 디자이너 등의 의상 사진집-역자 주)을 볼 수 있다.

슈대즐은 전문 스타일리스트들의 조언 서비스도 제공해, 회원들은 패션에 대한 열정을 한껏 살릴 수 있다. 이 스타일리스트들은 회원들로 하여금 늘 최신 트렌드에 맞는 신발과 핸드백과 보석류를 접할 수 있게 해주며, 또 그 제품들을 트렌드와 계절에 맞게 착용하는 법도 가르쳐준다.

슈대즐에서 쇼핑을 하는 건 무료이다. 무료 배송과 회원 전용가 등의 특혜가 주어지는 VIP 경험을 하고 싶은 고객의 경우, 월 39.95달러를 내고 VIP 엘리트 멤버십 제도를 이용하면 된다. 그럴 경우 곧바로 구독자 계정으로 들어가 'VIP 크래딧'으로 물건을 구입할 수 있다.

VIP 고객의 경우 매월 수석 스타일리스트 레이첼 조가 스타일 조언을 해주며 신발과 핸드백 선정도 큐레이트해준다.

리더십

킴 카다시안은 그저 얼굴이 예쁜 리얼리티 쇼 여배우들 중 한 사람으로 보일 수도 있지만(실제 얼굴이 예쁘지만), 아주 똑똑한 비즈니스 전문가이기도 하다. 또한 슈대즐 공동설립자이면서 동시에 여러 제품들에 자신의 이미지를 빌려주었다. 예를 들어 '킴 카다시안: 할리우드'는 최근 들어 가장 잘나가는 게임 앱이다. 〈포브스〉지의 추산에 따르면, 글루 게임즈Glu Games에서 개발한 중독성 강한 이 모바일 게임은 2014년 말 현재까지 2억 달러를 벌어들였다고 한다.

카다시안은 유명한 변호사 로버트 카다시안(OJ 심슨 변호팀에 들어가기도 했음)과 크리스 제너 사이에서 태어났다. 처음에 그녀는 사교계 유명 인사인 패리스 힐튼의 절친으로 타블로이드판 신문들에 자주 이름이 올랐다. 그러다 그녀가 가수 레이 제이와 함께 만든 2007년도 섹스 비디오가 비디오 시장을 강타하면서 비로소 자신의 이름으로 세상에 알려졌다. 그때부터 그녀는 자신의 명성과 기행 덕에 카다시안 따라잡기Keeping Up with the Kardashians와 코트니 앤드 킴 테이크 뉴욕 Kourtney and Kim Take New York 등 여러 리얼리티 쇼에서 주연을 맡았다. 2011년에는 야구선수 크리스 험프리스와의 결혼으로 많은 비난을 받기도 했다. 결혼식은 엄청 요란하고 화려하게 치러졌는데, 정작 결혼 생활은 72일 만에 끝났기 때문이다. 이후 카다시안은 랩 스타 카니예

웨스트와 결혼을 했고, 노스란 이름의 딸을 낳았다.

브라이언 리는 슈대즐의 공동설립자 겸 최고경영자이며, 동시에 아니스트 컴퍼니The Honest Company, Inc.의 공동설립자 겸 최고경영자이다. 그는 BAM 벤처스BAM Ventures의 공동설립자이기도 하다. 그 이전에는 스캐든Skadden 법률회사에서 변호사로 일했고 딜로이트 & 터치 Deloitte & Touche, LLP에서 관리자로 일하기도 했으며, 2001년에는 리걸줌LegalZoom을 공동 설립해 공동 사장을 역임했다. 또한 브쥬Bouju, Inc. 자문단 위원으로 일했고, 로스앤젤레스 유스 네트워크는 물론 UCLA 법학대학교의 로웰 밀켄은 경영법 및 정책연구소의 위원회 위원으로도 일했다. 그는 또 특히 첨단 기술 업계에서 세금 및 회계 문제와 관련해 아주 많은 경험을 쌓았다. 2009년 〈포브스〉지에 의해 '가장 유명한 한국계 미국인 기업가 25인'에 선정돼 사람들의 관심을 끌기도 했다. 그는 1996년 UCLA 법과대학교에서 법학 박사 학위를 받았고, UCLA에서 경영 및 경제학을 전공한 뒤 문학 학사로 우등 졸업했다.

슈대즐의 공동설립자인 로버트 샤피로는 브라이언 리와 함께 리걸줌도 공동 설립했다. 그는 OJ 심슨과 말론 브란도의 아들인 크리스찬 브란도 변호에 성공한 걸로 가장 유명하다.

오프라인 매장들

이제 인기 있는 두 오프라인 매장과 패션 및 패션 큐레이션을 한 차원 끌어올린 한 부티크를 소개하기로 한다.

H&M

H&M은 53개국에 매장을 갖고 있는 스웨덴 소매 의류 기업이다. 이 회사는 2004년부터 칼 라거펠트, 베르사체, 스텔라 맥카트니 같은 유명 디자이너들이 큐레이트한 의류들을 제공하기 시작했다.

- H&M은 1947년 스웨덴 베스테로스에 첫 번째 매장을 열고 여성복을 팔기 시작했다. 그 매장은 헤네스Hennes라 불렸다.
- 1968년 설립자 얼링 페르손은 사냥 및 낚시 장비 매장인 마우르티제 비드흐르스Maurtize Widforss를 인수했다. 그리고 그 매장에서는 남성복 및 아동복을 팔기 시작했다. 그리고 매장 이름도 헤네스 & 마우르티제Hennes & Mauritz로 바뀌었다.
- 2000년에 H&M은 뉴욕시 5번가에 최초의 매장을 열었고 곧이어 스페인에서도 매장을 열었다.

타겟

2012년 타겟Target 그룹은 시험적인 프로그램 '타겟의 매장들The Shops of Target'을 실시했는데, 이 프로그램은 미국 전역에 큐레이트된 부티크들을 조성하는 것이었다. 이 프로그램에는 마이애미의 웹스터Webster, 코네티컷의 프리벳 하우스Privet House, 샌프란시스코의 캔디 스토어The Candy Store 등 트렌드를 앞서가는 부티크형 소매점들이 참여했다. 이 매장들은 지금은 운영되지 않지만, 타겟의 페이스북 관리자 제니퍼는 페이스북 메시지로 내게 이런 말을 했다. "물어봐 주셔서 너무 감사합니다. 현재로선 달리 타겟 매장들을 열 계획은 없지만, 앞으로 여러 협력 작업을 해볼 계획입니다. 지켜봐 주십시오! 감사합니다."

- 최초의 타겟 매장은 1962년 미네소타주 로즈빌에서 문을 열었다.
- 타겟의 애칭 '타줴Tar-zhay'는 이 최초의 매장 오픈 당시에 만들어졌다.
- 타겟 직원들은 1993년에 처음 빨간색 셔츠에 카키색 바지로 구성된 타겟 유니폼을 입었다.
- 2012년 이후 타겟은 지역 사회 중심의 프로젝트들에 매주 총 400만 달러 이상을 지출했다.

큐레이트 부티크

큐레이트 부티크는 오하이오주 신시내티 하이드파크 구역 내에 위치한 오프라인 매장이다. 이 회사는 스스로 '가장 새롭고 독창적인 디자인들을 쇼핑할 수 있는 곳'이라 부르고 있다.

사업 방식

매장을 찾는 고객들은 큐레이션 경험을 안겨줄 '스타일 컬렉션Style Collection'을 하나하나 살펴볼 수 있다. 이 회사 웹사이트에서 설립자 코트니 페간은 각 컬렉션에는 스토리가 있다고 말하면서 스타일 컬렉션에 대해 다음과 같이 설명하고 있다. "우리의 '스타일 컬렉션' 아이디어는 페간이 새로운 패션 트렌드를 중시하고 아주 다른 스타일 및 미학들을 한 지붕 아래 모아놓고 싶어 한 데서 생겨났지만, 질서 비슷한 것이 있다. 이 스타일 컬렉션을 통해 쇼핑객들은 각 아이템이 왜 선정됐는지 또 각 아이템이 보다 넓은 트렌드 및 스타일에 어떻게 맞는지 뒤에 숨겨진 스토리를 알 수 있다. 그리고 끊임없이 진화하는 트렌드와 스타일에 맞추기 위해 큐레이트된 이 컬렉션들은 매 시즌마다 소개된다."

큐레이트 부티크 정보 및 요점 정리

- 큐레이트 부티크 매장에는 현지 장인과 전국적인 디자이너들이 만든 트렌드에 맞는 아이템들이 진열된다.
- 매장 안에 있는 어떤 아이템도 그 가격이 300달러를 넘지 않으며, 대부분의 아이템은 200달러 이하이다.
- 2013년에 설립된 큐레이트 부티크는 사람들의 요구에 따라 1년 후 온라인 매장을 개설했다.

혁신적인 패션 큐레이터 5명

앤드류 볼튼

"패션의 힘은 정체성을 변화시키는 그 힘에 있다. 그래서 나는 시대정신에 맞는 아이디어들을 찾아내려 애쓴다."

2006년 이후 메트로폴리탄 미술관 의상연구소의 큐레이터로 일하고 있는 앤드류 볼튼은 미술관 역사상 가장 획기적이고 혁신적인 패션 전시회들을 앞장서 주관한 걸로 인정받고 있다. 그 전시회들 중 특히 2011년에 대성공을 거둔 〈알렉산더 맥퀸: 야만적 아름다움〉 회고

전이 가장 유명하며, 〈위험한 관계〉와 〈영국 숭배: 영국 패션의 전통과 도전〉 전시회도 그가 주관했다.

이스트앵글리아대학교에서 인류학을 전공한 볼튼은 런던 빅토리아 & 알버트 박물관에서 10년을 보냈으며, 그 후 뉴욕으로 건너갔다. 유명한 큐레이터인 볼튼은 패션 디자이너 폴 푸아레를 기리는 전시회로 국제미술평론가협회에서 시상하는 '베스트 디자인 쇼'상을 수상한 바 있다. 또한 2009에는 〈슈퍼 영웅들: 패션과 환상〉 카탈로그로 미국그래픽아트협회 디자인 어워드와 독립출판 북 어워드를 수상했다.

.

올리비에 사이야르

"그 어느 때보다도 우리 박물관은 어떤 주의나 운동보다는 작가 자신을 보여 주는 역할을 해야 한다."

최근에 올리비에 사이야르는 패션 전문지 WWD에 의해 '화제의 인물'로 선정되었다. 사이야르는 패션계 최고의 역사학자들과 큐레이터들 중 한 사람이다. 그는 파리의 패션 박물관, 런던의 빅토리아 & 알버트 박물관 등에서 가장 혁신적이며 독창적인 패션 전시회들을 큐레이트했다. 2011년에는 〈마담 그레〉 전시회로 비평가들로부터 극찬을 받았으며, 〈꼼므 데 가르송: 화이트 드라마〉 회고전과 〈발렌시아가 패션 콜렉터〉 전시회도 큐레이트했다. 그는 또 〈불가능한 옷〉이라는 제목의 라이브 퍼포먼스 미술 전시회도 열었는데, 파리의 팔레 드 도쿄에서 영국 여배우 틸다 스윈튼과 손발을 맞춘 그 전시회에서는 마리 앙투아네트, 나폴레옹, 엘사 스키아파렐리가 입었던 옷들이 공개됐다. 사이야르는 2010년에 파리 갈리에라 박물관의 관장으로 임명됐다. 이 유서 깊은 박물관은 2010년 이후 개보수 작업을 위해 일시 문을 닫았었고, 2013년 9월 사이야르가 큐레이트한 디자이너 아제딘 알라이아 회고전을 출발점으로 재개관됐다.

사이야르는 프랑스 동부 도시 브장송과 몽펠리에에서 고고학과 현대 미술을 공부했으며, 그 이후에 징집되어 의무 군복무를 하게 됐다. 보다 젊은 시절에 파리의 박물관들을 섭렵했던 사이야르는 군 복무 대신 파리 장식미술 박물관에서 양심적 병역 거부자로 근무할 수 있게 해달라고 요청했으며, 그 박물관에서 복무 기간을 마친 뒤 보조 큐레이터가 됐다. 이후 5년간 마르세이유에 있는 패션 박물관의 관장으로 있었으며, 2002년에 파리로 되돌아갔다. 그리고 파리 패션 박물관의 큐레이터가 되기에 앞서 패션 분야 큐레이터로 일하면서 요지 야마모토, 크리스천 라크르와, 소니아 리키엘 같은 유명 패션 디자이너들의 전시회를 주관했다.

엘리자베스 세멜핵

"패션은 어느 시대든 경제 구조의 중심이었으며, 현재도 우리 경제 구조의 중심이다. 옷은 믿기 어려울 만큼 복잡미묘하며, 성별에서부터 신분에 이르는 모든 것을 결정하는데 반드시 필요하다."

엘리자베스 세멜핵은 2000년 이후 토론토의 바타 신발박물관에서 수석 큐레이터 일을 해 오고 있다. 그녀는 서양미술사 이론을 전공해 석사 학위를 받았고, 일본미술사 분야에서 박사 학위를 받았다. 바타 신발박물관에 부임한 이래 특히 키 높이 신발의 역사에 초점을 맞춰 옷과 성별의 관계를 고찰하는 전시회를 많이 열고 있다.

바타 신발박물관 수석 큐레이터 일을 보면서, 세멜핵은 많은 전시회를 큐레이트했고 또 많은 책과 논문, 기사를 썼다. 그녀는 현재 뉴욕 메트로폴리탄 미술관 의상연구소의 신발 컨설턴트 일도 보고 있으며, 강연도 자주 하고 그녀의 이야기는 〈뉴욕타임스〉, 〈월스트리트 저널〉, 〈워싱턴 포스트〉 같은 주요 언론 매체에서 자주 언급되고 있다.

카트 데보

"패션은 지금 지속적인 민주화 과정을 밟고 있어, 이제 그 누구도 더 이상 사람들에게 어떤 옷을 입으라고 명령하는 몇 안 되는 디자이너가 될 수 없다. 사실 패션은 그보다 훨씬 더 복잡하다."

카트 데보는 현재 벨기에 앤트워프 패션 박물관(MoMu) 책임자이다. 37세밖에 안 된 데보는 단 10여 년 사이에 패션 박물관의 정의 자체를 바꿔놓을 정도로 성공적인 전시회를 많이 큐레이트했다. 그 대표적인 예가 〈메이슨 마틴 마르지엘라 20〉 전시회. 데보는 혁신적인 아이디어들과 원대한 리더십으로 앤트워프 패션 박물관을 패션 전문가들이 주목하는 국제적인 패션 박물관으로 탈바꿈시켰다.

알렉산더 파머

"메이슨 마틴 마르지엘라 같은 현대 패션 디자이너들은 해체주의 이론에 집착하며, 의상 및 직물 박물관들은 이런 상황을 매일매일 일상적으로 다룬다. 그리고 이 같은 패션 이야기는 각종 의상 전시회와 발표 속에 완전히 묻혀버린다."

알렉산더 파머는 노라 E. 본 패션 의상 수석 큐레이터이자 캐나다 온타리오주에 있는 로열 온타리오 박물관의 베로니카 거버스연구소 직물 & 의상 분야 책임자이다. 그녀는 또 최근에 로열 온타리오 박물관의 패트리샤 해리스 직물 & 의상 갤러리에서 열렸던 BIG 전시회의 공동 큐레이터이기도 했다. 파머는 캐나다 토론토대학교에서 미술사를 가르치고 있으며, 요크대학교와 라이어슨대학교에서 미술사 대학원 과정을 가르치고 있다.

파머는 그리스에서 태어난 캐나다인으로 영국에서 성장했으며, 캐나다 토론토대학교에서 미술사를 전공해 학사 학위를 받았고, 메트로폴리탄 미술관 의상연구소와 뉴욕대학교에서는 의상 & 직물 역사를 공부해 석사 학위를 받았으며, 브라이튼대학교에서는 디자인 역사를 전공해 박사 학위를 받았다.

파머는 노바 스코샤 예술대학에서 공예 및 디자인 역사학과 조교수를 역임하다가 1997년에 로열 온타리오 박물관에 부임했다. 그리고 그녀는 로열 온타리오 박물관에 있으면서 사무엘 유러피언 갤러리에서 〈자에서 자로Measure for Measure〉 전시회(1989년)를 큐레이트했고, 〈잘 안다: 현대 캐나다 패션〉(1997) 전시회와 현대문화연구소를 위한 〈유행을 따르는 종이들Papiers a la Mode〉 전시회(2001년)를 큐레이트했으며, 또한 〈직물 & 의상 컬렉션 공개〉(2002년 봄) 전시회와 〈엘리

트 엘레강스: 50대 여성들을 위한 여성복〉(2002년 11월~2003년 봄) 전시회를 큐레이트했고, 패트리샤 해리스 직물 & 의상 갤러리에서 개관 연도인 2007년 이래 많은 전시회를 큐레이트했다.

패션 업계에서 큐레이션은 어떻게 변화되고 있는가?

이와 관련해 전자상거래 기업 자포스의 제품관리자 캐리 화이트헤드는 이런 말을 했다. "큐레이션 트렌드가 제일 먼저 시작된 건 아마 패션 업계일 겁니다. 그 당시엔 큐레이션이 뭔지도 몰랐습니다. 그걸 어찌 알았겠습니까? 큐레이션은 비교적 새로운 용어이지만, 그 용어는 지금 다른 영역들로 계속 퍼져나가고 있습니다. 요즘엔 콘텐츠 큐레이션이니 음악 큐레이션이니 하는 말을 듣게 되는데요. 그건 말하자면 지금 이 업계 기업들이 각 고객의 필요와 욕구와 바람에 따라 맞춤형 제품과 서비스를 제공하고 있다는 뜻으로……. 소매업 분야에서 큐레이션은 전혀 새로운 게 아닙니다."

전통적인 오프라인 매장들은 그간 늘 전략적인 제품 프레젠테이션, 매력적인 윈도 디스플레이, 고객들의 관심을 끌어 신제품들을 찾을 수 있게 도와주는 유능한 판매사원들에 의존해왔다.

온라인 매장들은 이처럼 직접적이고 물리적인 오프라인 매장의 매력은 갖고 있지 못할지 모르나, 풍부한 고객 데이터와 고급 기술, 소셜 미디어 등을 활용해 큐레이션 경험을 한 차원 더 높여주는 일을 하고 있다.

박물관 분야에서의 초창기 패션 큐레이션 예들을 감안해 보면, 앞서 캐리 화이트헤드가 한 얘기는 주목할 만하다. 그러니까 큐레이션은 본질적으로 패션 업계에서의 변화를 이끌어낸 유일한 촉매제는 아니다. 그보다는 큐레이션에 기술이 합쳐지면서, 현재와 미래의 패션 혁신이 이루어지고 있다.

룩랩LookLab의 설립자인 수라지 카푸어와 라드하 카푸어는 이런 말을 했다.

"지금 혁신적인 온라인 패션 기업들이 기술과 패션을 그 어느 때보다 훨씬 더 긴밀하게 결합시키고 있습니다. 그리고 그런 기업들이 고객들에게 새로운 차원의 효율성을 제공하고 있으며, 또한 고객들로 하여금 새롭고 혁신적인 아이디어들에 그 어느 때보다 적극적으로 동참하게 하고 있습니다."

또한 나디아 뷰익과 매들린 킹은 이런 말을 했다. "디자인 큐레이션은 지금 패션 분야와 함께 한창 커나가는 분야입니다. 어쩌면 아마 가장 눈에 띄게 커나가는 분야일 겁니다. 조직들이 다양한 미디어를 통해 고객들을 자신들의 사업에 동참시키려 하는 시대에, 디자인 큐레이터들이 웹의 무한한 잠재력에 눈길을 돌리는 건 너무도 당연한 일일 것입니다."

패션 큐레이션 요점 정리

- 오프라인 매장과 온라인 매장들이 고객들에게 각자 독특하면서도 다양한 경험을 제공하고 있는 상황에서, 아직은 두 매장 사이에 공유할 수 있는 부분들이 있다. 그리고 그 결과 패션 지향적인 고객들과 늘 새로운 트렌드를 추구하려 하는 사람들의 경우에는 선택의 여지가 아주 많다.

31

사고의 리더들을 위한 큐레이션

사고의 리더들은 다른 사람들이 세상을 보는 방식을 만들어내고 또 그 방식에 영향을 준다. 그들은 많은 사람들에 앞서서 먼저 새로운 길을 찾아내는 사람들이며, 또 새로운 개념들을 만들어내고 다른 사람들로 하여금 그 개념들을 받아들이게 돕는 사람들이기도 하다. 또한 그들은 종종 말 그대로 자기 분야에서 전문가이며 트렌드를 만들어가는 사람들로, 기업 내에서 일하기도 하고 직접 기업을 운영하기도 한다. 그리고 '사고의 리더'라 불리는 사람들은 새로운 트렌드와 개념과 뉴스의 토대 위에 세계를 업데이트할 뿐만 아니라, 업계의 첨단을 걷는 걸로 여겨지는 최고급 콘텐츠를 제공하기도 한다. 따라서 일반적으로 큐레이션 소프트웨어와 콘텐츠 큐레이션 기법은 사고의 리더들이나 그런 리더가 되고자 하는 사람들에게 더없이 큰 도움이 된다.

사고의 리더들은 콘텐츠 큐레이션을 어떻게 활용하는가?

사고의 리더들은 물론 사고의 리더가 되려는 사람들 역시 당신에게 콘텐츠는 왕이라는 얘기를 쉽게 할 것이다. 따라서 콘텐츠 큐레이션은 사용자 친화적이고 체계적인 방식으로 최고의 콘텐츠를 제공하고 싶어 하는 사고의 리더들에게 반드시 필요하다.

많은 전문가들에 따르면, 콘텐츠 큐레이션을 한다는 것은 웹에서 흥미로운 노트들을 수집하기 위해 큐레이션 툴들을 활용하는 것 이상을 의미한다. 큐레이션 툴이나 블로그 포스트를 활용해 웹에서 서로 다른 정보들을 수집할 경우 조회수를 늘릴 수는 있다. 그러나 사고의 리더들이 생각하는 콘텐츠 큐레이션은 그게 다가 아니다. 그들에게 이상적인 콘텐츠 큐레이션이란 단순히 포스트들을 수집하는 차원을 넘어, 그 포스트들을 면밀히 살펴 뭔가 새로운 관점과 개념을 끌어내는 행위이다. 물론 콘텐츠를 큐레이트하고 선정하는 일은 좋은 콘텐츠를 제공하려 애쓰는 사고의 리더들에게도 큰 난제이다.

사고의 리더가 좋은 콘텐츠를 찾는 과정

틈새시장을 정하라.

틈새시장은 사고의 리더들이 뭔가 돌파구를 찾기 위해 필요로 하는 시장이다. 틈새시장을 정하고 나면, 큐레이터들이 특정 주제에 집중하는 게 쉬워질 뿐 아니라 전반적인 콘텐츠 검색 능력 또한 향상된다.

콘텐츠 소스들을 찾고 양질의 콘텐츠를 골라라.

큐레이터들은 콘텐츠 확보를 위해 양질의 콘텐츠가 풍부한 웹사이트들을 선정하는데, 그런 웹사이트들이 주요 콘텐츠 소스 리스트가 된다. 다양한 콘텐츠 소스를 선정하는 것은 성공적인 큐레이션에 꼭 필요한 일이며, 그래서 주요 콘텐츠 소스 리스트는 계속 확대되기 마련이다.

또한 성공적인 큐레이션을 위해서는 자신이 선정한 콘텐츠 소스에서 양질의 포스트들을 골라내야 한다. 질이 떨어지는 기사들은 양질의 기사들만큼이나 강력한 영향력을 갖고 있으며, 그래서도 질이 떨어지는 기사들은 고르지 말아야 한다. 당신이 큐레이트할 기사들은 양질의 오리지널 기사여야 하며 당신의 틈새시장에도 잘 맞아야 한다.

정리하고 틀을 짜라.

콘텐츠를 고른 뒤 거기에 당신 자신의 관점이나 견해를 추가하라. 당신은 당신의 콘텐츠가 다른 콘텐츠보다 참신하길 바란다. 콘텐츠를 그 나름대로의 맥락에 맞춰 틀을 짠 뒤, 당신의 독자들과 공유할 수 있는 멋진 포맷을 활용해 그 콘텐츠를 정리하라. 그리고 디지털 밀레니엄 저작권법DCMA을 위배하거나 콘텐츠 무단 사용 혐의를 받지 않기 위해 소스를 밝혀야 한다.

콘텐츠의 틀을 짠다는 것은 손대지 않은 원래 상태의 포맷보다 이해하기 쉬운 방식으로 콘텐츠를 보여 준다는 뜻이다. 이와 관련해 큐레이터 레베카 리브는 이런 말을 했다. "콘텐츠 큐레이션은 피드, 채널 등 여러 형태를 띨 수 있으며, 블로그상에 나타날 수도 있습니다."

그리고 당신이 어떤 포맷을 선택하느냐에 따라, 당신의 틈새시장 고객들을 만족시킬 가능성이 커질 수도 있고 작아질 수도 있다.

공유하라.

콘텐츠 공유는 뛰어난 큐레이션의 중요한 부분이다. 당신의 틈새시장 고객들이 주로 사용하는 소셜 플랫폼들을 통해 콘텐츠를 공유해 최대한 많은 사람들이 당신의 콘텐츠를 접할 수 있게 하라. 고객 참여도 및 공유 상태를 추적해 보면 당신의 콘텐츠 큐레이션이 얼마나 잘 됐는지를 알 수 있다. 그 같은 추적 작업은 바자보이스 같은 콘텐츠 큐레이션 툴 사이트들에서 제공하는 분석 프로그램들을 통해 할 수 있다.

사고의 리더들은 어떻게 큐레이트된 자신의 콘텐츠를 전달하는가?

사고의 리더들은 양질의 콘텐츠를 자신의 목표 고객들과 공유하는 게 얼마나 중요한지를 잘 알고 있다. 그리고 큐레이트된 자신의 콘텐츠를 어떻게 전달하느냐에 따라, 그들의 목표는 성패가 갈리며 고객들로부터의 반응 또한 달라질 수 있다. 그리고 다음 사항들은 상식에 의해 좌우된다.

큐레이트된 콘텐츠는 당신의 목표 고객들이 사용하는 플랫폼들을 통해 전달될 때만 읽힌다.

이런 측면에서 대부분의 업계에서 안전하다고 여겨지는 소셜 미디어 플랫폼들로는 페이스북, 구글+, 핀터레스트, 트위터 등을 꼽을 수 있다. 이메일과 블로깅 플랫폼들 역시 괜찮은 플랫폼으로 꼽힌다. 보다 시각적인 플랫폼으로는 인스타그램을 꼽을 수 있다.

다른 소셜 큐레이션 툴들은 콘텐츠 큐레이션을 쉽고 매력적인 방식으로 마케팅하는 데 도움이 된다.

사고의 리더들은 대개 모든 큐레이션에서 미학적이고 체계적인 게 중요하다는 걸 가장 먼저 간파하는 사람들이다. 그래서 그들은 절대 뭔가 새로운 가치를 추가하거나 큐레이션 툴을 활용하지 않은 채 구태의연한 방식으로 큐레이트하려 하지 않는다.

사고의 리더들은 보다 다양한 고객들을 끌기 위해 종종 다른 사고의 리더들과 손잡고 일한다.

고객들의 인식과 관심 그리고 그들에 대한 영향력은 협력 작업을 통해 증대된다는 건 주지의 사실이다. 그래서 사고의 리더들은 중요한 프로젝트들을 시행할 때 영향력 면에서 자신과 대등하거나 자신보다 나은 다른 사고의 리더들과 손잡고 일하는 경우가 많다. 그 같은 팀워크를 통해 양측 모두 팔로워가 늘게 되고 작업 부담은 줄게 되며 영향력은 증대된다.

페이스북 같은 플랫폼에서는 사고의 리더들이 유료 광고를 통해 콘텐츠로 가득한 포스트들에 힘을 싣기도 한다.

이 전략은 그간 많은 기업들을 통해 아주 효과가 있다는 게 입증됐다.

이메일을 통한 콘텐츠 전달은 메일 수신자 리스트를 업데이트시켜주지만, 소셜 미디어 플랫폼을 통해 온라인상에서 콘텐츠를 널리 알리는 것도 권장할 만하다.

콘텐츠 큐레이션 전달을 위해서는 다양한 방법을 사용할수록 좋다.

모든 큐레이션 전달 방식은 공유 가능해야 한다.

이 전략을 활용할 경우 광고 효과가 더 커지게 된다.

전문가들이 콘텐츠 큐레이션에 대해 말하는 것

콘텐츠 큐레이션을 잘할 경우 틀림없이 인터넷 마케팅 커뮤니티에서 지지자들과 팬들을 확보하게 된다. 내 친구이자 동료 큐레이터인 파완 데스판데는 〈포브스〉지에 기고한 글에서 이런 말을 했다. "인터넷 마케팅전문가들은 거의 대부분 콘텐츠 큐레이션을 활용하는데, 그건 웹상에 질 낮은 포스팅이 엄청나게 증가하고 있고 소셜 미디어 활용에 대한 필요성이 늘어나고 있으며 양질의 콘텐츠를 통한 신뢰 구축에 점점 더 많은 관심을 기울이고 있기 때문이다. 한 연구 결과에 따르면, 인터넷 마케팅전문가의 96퍼센트가 지난 6개월간 콘텐츠 큐레이션 작업을 한 경험이 있었다고 한다."

콘텐츠 큐레이션과 관련해 물어보면, 다른 전문가들은 콘텐츠의 질과 독창성에 더 큰 관심을 보인다. 조수아 메릿의 경우에도 양질의 콘텐츠를 전달하는데 집중할 것을 강력히 권했다. 모든 콘텐츠를 늘 현재의 트렌드와 이슈들에 맞추도록 하고, 또 모든 콘텐츠에 자기 나름대로의 독특한 관점을 결합시킬 것을 권한다.

앞서 나가기를 원하는 사고의 리더라면 반드시 자신의 큐레이션을 개선할 방법을 배워야 한다. 이는 모든 전문가와 톱 리더들이 이구동성으로 하는 말이다.

톱랭크 블로그TopRank Blog에 올린 글에서 리 오든은 많은 사고의 리더들을 상대로 큐레이션 활용법에 대한 조사를 했는데 그 결과가 아주 놀라웠다고 했다. 그 조사 결과는 다음과 같다. 유명한 사고의 리더들이 하는 말을 들어보자.

레베카 리브 Rebecca Lieb**— @lieblink**
노스 아메리카 이콘설턴시의 부사장

"콘텐츠 큐레이션은 미리 정해진 기준과 주제를 중심으로 디지털 콘텐츠를 찾고 수집하고 제시하는데 필요한 아주 선제적이고 선별적인 접근 방식으로 마케팅과 브랜딩, 저널리즘, 보도, 소셜 미디어 등에 꼭 필요한 요소가 되었으며, 가끔은 서로 이질적이고 다른 그 모든 채널들을 뒤섞어 활용하기도 합니다. 콘텐츠 큐레이션은 피드, 채널(유튜브 경우와 같은) 등 많은 형태를 띨 수 있습니다. 때론 블로그에 나타나기도 하고, 때론 페이스북 같은 소셜 미디어 사이트들에 업로드하는 링크 형태를 띠기도 합니다. 온라인 뉴스룸 형태일 수도 있고, 링크들의 컬렉션, RSS 피드들의 모음, 트위터 리스트 형태일 수도 있습니다. 어떤 형태를 띠든, 콘텐츠 큐레이션은 특정 주제를 중심으로 진행되며, 특정 채널이나 콘텐츠 소스를 만들어내는 개인 또는 기업의 개성, 브랜드 메시지, 지식, 전문 기술, 취향 등에 호소하는 어떤 감성을 중심으로 진행되기도 합니다. 왜냐고요? 이유는 수없이 많죠. 우선 거대한 웹의 세계가 있습니다. 갈수록 사람들은 믿을 만한 소스들에 의존해 친구들과 가족, 브랜드, 기업, 전문가들 등에게 계속 정보를 주고 교육을 시키고 심지어 즐겁게 해주려 합니다. 증거가 필요하다고요? 웹에서 가장 인기 있는 블로그들 중 하나로 그 트래픽이 종종 뉴욕타임즈닷컴을 능가하는 bOINGbOING.net을 예로 들어보죠. 이 그룹 블로그야말로 큐레이트된 콘텐츠 그 자체로, 그 아이템들을 콘텐츠 기여자들은 물론 그 독자들이 찾아내 다른 사람들과 공유하곤 합니다. 콘텐츠 채널들은 그 목적이 아주 분명할 수도 있고 아주 모호할 수도 있습니다. 그러나 그 어떤 채널이든 다 정보를 주거나 즐거움을 주는 등 여러 가지 목적을 갖고 있습니다. 지금은 마케팅이 광고를 대체하고 있고, 스토리텔링이 그 어느 때보다 마케팅 메시지에 중요한 요소가 되어버렸으며, 조심스레 큐레이트되어 멋지게 제시되는 콘텐츠가 더없이 중요한 브랜드 자산인 시대입니다. 그건 평범한 일개 블로거든 포천 선정 100대 기업이든 마찬가지입니다."

앤 핸들리 Ann Handley—**@marketingprofs**
마케팅프로프스의 수석 콘텐츠 관리자

"온라인 콘텐츠 제작 분야에서 쓰이는 용어인 콘텐츠 큐레이션이란 특정 주제와 관련해 특정 독자들이 원하는 가장 적합하고 뛰어난 온라인 콘텐츠와 다른 온라인 자원들(그러니까 각종 기사, 블로그 포스트, 비디오, 사진, 툴, 트윗 등)을 끊임없이 찾아내고 선별하고 공유하는 행위입니다. 콘텐츠 큐레이션이 하는 역할은 다음과 같습니다. 이제 모든 조직은 콘텐츠 크리에이터입니다. 그러니까 가장 매력 있고 흥미로운 콘텐츠를 가진 기업이 경쟁에서 이긴다는 말입니다. 그런데 콘텐츠 큐레이션은 꼭 뭔가 새로운 것이어야 하는 건 아닙니다(서로 공유할 수 있는 가장 좋은 콘텐츠를 찾는 일은 이미 많은 사람들이 트위터에서 하고 있는 일이고, 블로거들이 오랫동안 해온 일이며, 또 올톱Alltop이나 디그Digg 같은 웹사이트들이 해오고 있는 일임). 그러나 최근 들어 그 콘텐츠 큐레이션이 새로운 분야로 떠오르며 좀 더 큰 관심을 끌고 있습니다.

그리고 콘텐츠 큐레이션은 조직의 콘텐츠 전략에 멋지게 맞아들어갈 수 있습니다. 왜냐구요? 콘텐츠 큐레이션을 통해 고객들에게 좀 더 좋은 콘텐츠 공급처 역할을 해줄 수 있기 때문입니다. 차고 넘치는 웹 콘텐츠 바다를 뒤져 고객들에게 가장 잘 맞는 콘텐츠를 찾아내주는 일이야말로 고객들을 상대로 신뢰와 권위를 쌓고 특정 주제와 관련해 소중한 콘텐츠 공급처 역할을 해줄 수 있는 좋은 방법인 것입니다. 게다가 조직들이 온라인상에서 콘텐츠 제작을 시작하기만 해도, 그러니까 블로그나 마이크로사이트microsite(대형 웹사이트의 일부. 미니사이트라고도 함–역자 주) 같은 걸 시작하기만 해도, 콘텐츠 큐레이션을 통해 콘텐츠의 질적 측면은 물론 검색 엔진 최적화 측면에서도 곧 큰 도움을 받게 됩니다. 그렇긴 하지만, 저는 이쯤에서 조심스레 다음과 같은 두 가지 조언을 해 드리고 싶습니다.

1. 허기진 배를 채우겠다고(콘텐츠 확보 욕구를 채우겠다고), 자동화된 콘텐츠 큐레이션 서비스 같은 것들에만 의존하진 마십시오. 하이브화

이어HiveFire 같은 콘텐츠 서비스들이 인공지능을 통해 큐레이트된 콘텐츠를 제공해준다는 건 잘 알지만, 그래도 고객들에게 가장 좋은 콘텐츠를 찾아 선별해 보여 주려면 역시 살아 있는 실제 인간 편집자가 필요합니다. 다시 말해 몸속에 따뜻한 피가 흐르는 인간이 필요한 것입니다.

2. 절대 큐레이트된 콘텐츠에만 의존하지 말고, 큐레이트된 콘텐츠와 오리지널 콘텐츠를 잘 섞어 쓰십시오. 콘텐츠 큐레이션은 당신 웹사이트의 콘텐츠를 확대시켜 주는 더없이 좋은 방법이긴 하지만, 어디까지나 오리지널 콘텐츠를 보충해주는 거지 오리지널 콘텐츠를 대신하는 건 아닙니다.”

조 풀리찌Joe Pulizzi—@juntajoe
준타42와 콘텐츠 마케팅연구소의 설립자 겸 『콘텐츠를 확보해, 고객을 확보하라』의 공동 저자

“콘텐츠 큐레이션은 아주 강력한 편집 행위입니다. 실제 콘텐츠 큐레이션은 출판의 태동기 때부터 이미 있었습니다. 편집자가 하는 일은 업계 주변에서 가장 좋은 정보를 끌어 모아다가 그걸 독자들이 이해하기 쉬운 형태로 제공하는 것이었습니다. 웹에서 이게 처음 시도된 것이 바로 콘텐츠 응집, 그러니까 독자들에게 보다 풍성한 경험을 안겨주기 위해 컴퓨터들을 동원해 가장 좋은 관련 링크와 정보를 자동적으로 끌어들인 것이었습니다. 하지만 이제 우리도 알고 있듯, 검

색은 완벽하지 못하며, 그래서 콘텐츠 큐레이션 전문가가 필요한 겁니다. 웹의 세계에 점점 더 많은 콘텐츠가 차고 넘치게 되면서, 점점 더 많은 기업들이 우리가 정말 관심을 쏟아야 할 게 무언지를 깨닫게 됐습니다. 이제 콘텐츠 마케팅 분야에서 콘텐츠 큐레이션은 콘텐츠 크리에이션만큼이나 중요합니다. 우리는 그 둘 모두를 필요로 합니다. 큐레이션은 크리에이션 없이는 존재할 수 없기 때문입니다. (좋은 뉴스들을 필요로 하는 구글이 신문들을 계속 살아남게 하려 애쓰는 것도 바로 이런 이유 때문이지만, 이는 또 다른 이야기임.) 일부 기업들의 경우 큐레이션만으로 충분할 수도 있습니다. 당신 업계에서는 더없이 가치 있고 흥미로운 콘텐츠를 개발하는 데 필요한 자원들을 찾아낼 수 없습니까? 그렇다면 그런 콘텐츠를 갖고 있는 네트워크를 활용해, 그 콘텐츠를 잘 포장함으로써 당신 업계의 신뢰할만한 리더로 변화하도록 하십시오. 이는 크리에이션과는 좀 다른 것으로, 여전히 필요한 서비스입니다. 이 모든 게 어떻게 될지는 아무도 모릅니다. 나는 그간 나보다 더 똑똑한 사람들이 콘텐츠 큐레이션은 미디어의 미래(또는 현재)라고 말하는 걸 들어왔습니다. 하지만 나는 큐레이션과 크리에이션은 마카로니와 치즈처럼 멋진 조합으로, 늘 함께 가야 한다고 말하고 싶습니다."

폴 길린Paul Gillin→@pgillin
컨설턴트. 『새로운 영향력 행사자들』과 『소셜 미디어 마케팅의 비밀들』의 저자

"나는 콘텐츠 큐레이션이란 특정 독자들을 염두에 두고 많은 소스

들에서 필요한 정보를 끌어 모으고 요약하고 카테고리화하고 해석하는 과정이라고 정의합니다. 그리고 미디어의 환경이 급변하고 있는 상황에서, 나는 이것이 미래의 콘텐츠 마케팅 분야에서 꼭 필요한 과정이라 생각합니다. 몇 년 전만 해도 독자들은 정보에 목말라 했고, 그래서 정보를 만들어내는 미디어의 역할에 많은 기대를 걸었습니다. 그러나 지금 우리는 정보의 바다에 빠져 허우적대고 있으며, 그래서 그 많은 정보를 걸러내고 정리해주는 미디어의 새로운 역할을 갈망하고 있습니다.

이 문제는 디그Digg와 스핀Sphinn 같은 소셜 뉴스 사이트들, 딜리셔스Delicious와 레딧 같은 북마킹 사이트들, 드러지 리포트Drudge Report 같은 뉴스 수집 사이트들, 트위터와 페이스북 같은 친구 네트워크 등에 의해 임시적인 수준에서 해결되고 있습니다. 사실 소셜 미디어에서 이루어지는 일의 상당수는 다양한 콘텐츠 큐레이션 형태로 이루어지고 있습니다. 마케팅전문가들은 고객들의 관심 분야와 관련된 콘텐츠 큐레이션을 집중적으로 제공함으로써 그들로부터 신뢰를 받습니다. 오리지널 콘텐츠는 늘 가치가 있지만, 큐레이트된 콘텐츠 역시 거의 그와 맞먹는 가치를 지닙니다. 가장 중요한 것은 나름대로의 주제 영역들을 정해 그 영역들에서 가장 신뢰할 만한 소스 역할을 하는 것입니다. 그러기 위해 많은 돈이 필요한 건 아니며, 그저 주제 분야를 제대로 잘 알면 됩니다."

에릭 퀄먼Erik Qualman—@equalman

『소셜노믹스』의 저자, 경영학 박사, 헐트 경영대학원 교수

"오늘날 모든 사람은 잠재적인 매스컴입니다. 큐레이터는 자기 독자들에 대해 훤히 알고 있으며, 또 이해 가능한 방법으로 크레에이트된 콘텐츠를 포장할 줄 압니다. 크리에이터들은 큐레이터들을 자신의 콘텐츠를 훔쳐가는 해적이라기보다는 더 많은 사람들에게 전달하는 배포자로 봐야 합니다. 새로운 콘텐츠 세계에서 번성하게 될 콘텐츠 크리에이터와 큐레이터들은 이 같은 공생 관계의 중요성을 잘 압니다. 그런데 이게 과연 공생 관계일까요? 결국 거의 모든 사람은 일부는 크리에이터이고 일부는 큐레이터입니다. 어쨌든 이 세상에 새로운 아이디어만한 건 없으며, 모방은 가장 진지한 형태의 영합이니까요."

발레리아 말토니Valeria Maltoni—@conversationage

스트래티지, 파워드사Strategy, Powered, Inc의 임원, 대화 에이전트

"콘텐츠 큐레이션은 콘텐츠 마케팅 전략의 핵심들 중 하나입니다. 콘텐츠 큐레이션은 끌어 모으고 조사하고 정리하고 공유한다는 점에서 박물관 큐레이션과 비슷하며, 디지털 미디어 때문에 쌍방향성을 갖고 있습니다. 콘텐츠 큐레이션의 영향력을 극대화하기 위해, 당신은 브랜드가 만들어내는 콘텐츠와 홍보물들 안에 큐레이션을 통합시키고 싶어 하며, 그래서 팬들로 이루어진 당신 커뮤니티에서 가져온 가장 뛰어난 브랜드 관련 콘텐츠를 강조하게 됩니다. 큐레이터는 대

화를 모니터링해 기업의 목소리를 고객의 목소리에 맞추고 외부 콘텐츠 큐레이터들을 끌어들이며 기업의 공유 전략 내에서 가장 뛰어난 제3의 콘텐츠를 돋보이게 할 기회를 찾습니다."

마크 메이어^{Marc Meyer}—@marc_meyer
DRMG의 소셜 미디어 및 검색 책임자

"오늘날의 콘텐츠는 우리 아버지 시대의 콘텐츠와는 다르며…… 바로 10년 전의 콘텐츠와도 다릅니다. 지금 콘텐츠는 과거와는 비교도 할 수 없을 만큼 많죠. 워낙 많아 콘텐츠 국가가 있을 정도입니다. 또한 우리에게 큐레이션은 일부는 예술이고 일부는 과학입니다. 본질적으로는 온라인상에서 만들어진 콘텐츠를 제대로 유지하고 보존하는 일과 관련이 있습니다. 그건 쉬운 일이 아니죠. 좀 느슨한 관점에서 볼 때, 콘텐츠 큐레이션은 어떤 기업이 콘텐츠를 만들고 그를 통해 사람들의 관심을 끌고 유지할 수 있는 능력을 뜻합니다. 그리고 전체론적인 관점에서 볼 때, 콘텐츠 큐레이션은 한 개인이나 기업이 웹 콘텐츠를 제대로 관리함으로써 웹 세계에서 계속 앞서갈 수 있는 능력을 뜻합니다. 콘텐츠 마케팅 전략에서 콘텐츠 큐레이션이 하는 역할은 아주 중요하며, 그래서 절대 형식적인 관리로 전락되어선 안 됩니다. 콘텐츠 큐레이션이 기업의 전반적인 디지털 전략에 지대한 기여를 하기 때문입니다."

Chapter

32 기업가들을 위한 큐레이션

콘텐츠 큐레이션은 단순히 기존의 비즈니스와 마케팅 캠페인에 도움을 주는 것 이상의 힘을 갖고 있다. 콘텐츠 큐레이션을 중심으로 완전히 새로운 운동이 일어나기도 한다.

스스로 사회활동가나 미디어 관련 기업가라고 생각하는 사람들은 콘텐츠 큐레이션과 콘텐츠 크리에이션을 통해 그늘 속에 가려져 있던 문제들을 대중들 앞에 보여준다. 코니 캠페인Kony Campaign(어린이들을 납치해 군인을 만들던 우간다인 조셉 코니의 악행을 알리기 위한 캠페인—역자 주), 인터넷 여성해방운동가 캠페인, '아랍의 봄' 기간 중에 촉발된 많은 혁명들이 콘텐츠 큐레이션의 힘을 보여 주는 대표적인 예들로 꼽힌다. 이를 통해 큐레이터들은 보다 공고한 지지층을 확보할 수 있으며, 사람들에게 자기 조직의 스토리를 제대로 전할 수 있게 된다.

콘텐츠 큐레이션을 활용하는 기업가들의 경우, 콘텐츠 큐레이션을 통해 기업 이미지와 명성을 관리하며 홍보도 하고 잠재 고객을 발굴하기도 한다. 심지어 온라인 사업을 하는 다른 기업들의 콘텐츠 큐레이션을 돕는 일을 전문으로 하는 회사들이 설립되기도 한다.

큐레이션 경제와 그 속에서 생겨나는 창업 기업들

콘텐츠 큐레이션 덕에 이미 일부 창업 기업들은 독자 생존이 가능해졌고 일부 기업들은 크게 번성해, 기업가들이 인터넷의 힘을 제대로 활용할 때 어떤 일이 일어나는지를 잘 보여 주고 있다. 또한 최근 몇 년 사이에 많은 분야들이 콘텐츠 큐레이션 혁명의 영향을 받아 가장 수익성이 좋은 분야로 탈바꿈됐다.

정보 중심의 창업 기업들

정보 배포를 전문으로 하는 창업 기업들은 물론이고 개인들의 기술을 연마시켜 주는 유료 교육 과정을 진행하는 창업 기업들 역시 콘텐츠 큐레이션을 통한 마케팅으로 아주 큰 도움을 받고 있다. 이 책에서 소개된 소셜 큐레이션 툴들을 비롯한 많은 소셜 큐레이션 툴들은 각 이해 집단들의 관심을 끄는 데 더없이 좋은 방법일 뿐 아니라 전문가들을 끌어들여 자신의 대의와 문제들을 널리 알리는 데도 아주 좋은 방법이다.

미디어 창업 기업들

정보 중심의 창업 기업들과 마찬가지로 미디어 창업 기업들 역시 사람들의 관심을 증대시키기 위해 콘텐츠 큐레이션을 활용하고 있다. 또한 콘텐츠 큐레이션을 활용할 경우 팬들과 잠재적인 직원들 모두로 부터 많은 창의력을 이끌어낼 수 있다. 그리고 출판사와 영화사들은 큐레이션 플랫폼에 참여함으로써 투자자와 고객을 확보하고 있다.

소셜 미디어 창업 기업들

또 다른 중요한 소셜 미디어 플랫폼으로 발돋음하고 싶어 하는 창업 기업들은 콘텐츠 큐레이션 툴들의 영향을 아주 크게 받는다. 점점 더 많은 사람들이 새로운 소셜 미디어 플랫폼들에서 쌓은 경험과 관심 있는 웹사이트들을 다른 사람들과 공유하기 시작하면서, 소셜 미디어 창업 기업들 역시 점점 더 그런 소셜 미디어 플랫폼들에 관심을 갖지 않을 수 없게 되어가고 있다. 그래서 소셜 미디어 창업 기업들은 큐레이션을 활용해 콘텐츠 제작 및 광고, 온라인 인지도 관리를 하고 있을 뿐 아니라, 자신의 콘텐츠 큐레이션 툴들을 제품으로 내놓고 있기도 하다.

SEO 창업 기업들

대부분의 기업들은 SEO, 즉 검색 엔진 최적화의 힘을 잘 알고 있으며 또 그 힘을 100퍼센트 인정한다. 그래서 많은 창업 기업들이 SEO를 제공하고 있으며, 온라인 인지도 관리 시스템들은 고객들에게 전달되는 콘텐츠를 개선하기 위해 콘텐츠 큐레이션을 활용하고 있다. 이런 SEO 창업 기업들이 제공하는 또 다른 일반적인 서비스로는 콘텐츠 큐레이션 캠페인 관리 서비스를 들 수 있으며, 그 결과 기업들의 콘텐츠 큐레이션 캠페인 서비스 수요 또한 꾸준히 늘고 있는 추세이다.

온라인 소매업체와 제휴 마케팅업체들

온라인 소매업체와 제휴 마케팅업체들만큼 콘텐츠 큐레이션 경제의 영향을 크게 받는 기업들도 별로 없다. 특정 제품에 대해 널리 알리고자 하는 제휴 마케팅업체들은 제품에 대한 보다 긍정적인 이미지를 구축하기 위해 유튜브 플레이리스트를 많이 사용하는 걸로 알려져 있다. 아마존 리스트 역시 지난 수년간 제휴 마케팅업체와 온라인 소매업체들 사이에서 널리 사용됐다. 온라인 소매업체와 제휴 마케팅업체들은 제품 홍보를 위해 심지어 핀터레스트도 많이 사용하고 있다.

자금 조달을 필요로 하는 비영리 단체와 기업가들

앤젤투자자(창업 기업이나 벤처 기업에 투자하는 사람−역자 주)의 도움을 필요로 하는 기업가나 자금 조달이 필요한 비영리 단체들은 콘텐츠 큐레이션을 통해 콘텐츠 공유와 판촉에 필요한 자금을 조달한다. 농담처럼 내뱉은 잭 브라운의 '감자 샐러드 퀵스타터Quickstarter(세계 최대 규모의 크라우드 펀딩 플랫폼−역자 주) 자금 조달' 아이디어가 웹에서 폭발적인 반응을 일으킨 건 사실 소셜 미디어 플랫폼들에 의해 사용되는 큐레이션 알고리즘과 트위터 같은 소셜 큐레이션 툴들 덕이었다. 그 덕에 브라운은 감자 샐러드 한 그릇을 만드는데 필요한 20달러가 아닌 무려 3만 7,000달러 이상의 돈을 기부받았다. 이런 일은 콘텐츠 큐레이션을 자신의 대의를 널리 알리는 수단으로 활용하는 사람들에게 흔히 일어나는 일은 아니지만, 콘텐츠 큐레이션이 하나의 생명체처럼 스스로 살아 움직이기 시작할 때 어떤 일이 일어날 수 있는 지를 잘 보여 주고 있다.

사실 인터넷을 활용해 고객을 끌어들이는 거의 모든 기업 또는 업계가 앞으로 갈수록 더 큐레이션에 많은 관심을 쏟아야 하게 될 것이다. 또한 구글의 검색 엔진 알고리즘들이 갈수록 더 인간적인 요소들에 의존하게 되면서, 앞으로 인터넷 기반의 기업들은 콘텐츠의 인간적인 측면에 더 관심을 갖게 될 것이며, 그 결과 콘텐츠 큐레이션에 더 많은 노력을 기울이게 될 것이다.

당신이 꼭 알고 있어야 할 5개의 큐레이션 기업들

큐레이션은 기업 세계에서 아주 중요한 역할을 하게 됐다. 그리고 그 결과 마치 어떤 제품이나 콘셉트에 집중하듯 콘텐츠 큐레이션에 집중하는 기업과 조직들이 다수 생겨났다. 이제 꼭 기억해 두어야 할 독특한 큐레이션 기업 5곳을 소개하고, 콘텐츠 큐레이션에 대한 그 기업들의 관심이 어떻게 주요 수입 원천이 되게 되었는지도 설명하겠다.

쉬론치드

쉬나 미란다는 창업 기업인 쉬론치드SheLaunched의 큐레이터이자 최고경영자이다. 쉬론치드는 여성 기업가들이 흥미로운 콘텐츠를 찾는 걸 도와, 여성들이 사업을 시작하면서 부딪히게 되는 각종 문제와 어려움들에 대비할 수 있게 해주는 일을 한다. 미란다는 이 단순한 창업 기업을 여성 기업가들에게 큐레이트된 이메일을 보내주는 기업으로 시작했다. 각 메일에는 여러 가지 다양한 미디어들이 담긴다. 엄선

된 책과 비디오, 뉴스 기사, 팟
캐스트들과 링크도 걸려 있다.
현재 쉬론치드의 회원수는 매
일 늘고 있는 추세이다.

TEW

이 창업 기업 '내부 기업가'(줄여서 TEW라고도
함)는 기업가들에게 책과 워크숍, 팟캐스트 그리
고 네트워킹 및 큐레이션 학습을 위한 가이드 딸
린 미팅 등등, 아주 많은 독특한 자원들을 제공한

다. 큐레이터 겸 최고경영자인 줄리 M. 홀로웨이는 예술 및 사업에
대한 열정은 물론 뭔가 생각하게 만드는 흥미로운 콘텐츠에 대한 날
카로운 안목을 활용해, 일반적인 기업가들의 안목을 넓혀줄 수 있는
흥미진진한 콘텐츠들을 만들어내고 있다.

TED 강연

최근 몇 년간 TED 강연은
인기 있는 문화의 일부가 되
었으며, 또 웹상에서 가장 인
기 있는 큐레이트된 지적 콘
텐츠 소스들 중 하나가 되었

다. 옥스퍼드대학교 졸업생인 크리스 앤더슨은 TED 콘퍼런스의 큐
레이터 겸 현 최고경영자이기도 하다. 이 창업 기업의 목표는 독특하

고 혁신적이며 '퍼뜨릴 가치가 있는' 아이디어들을 공유할 공간을 사람들에게 제공해주자는 것이다. 1980년대 중반에 첫 TED 콘퍼런스를 가진 이래, 이 콘텐츠 채널은 대중문화에 가까운 인기를 누려오고 있으며, 아주 인기 있는 유튜브 채널을 만들어냈고, 또 여러 교육자들에게 명성을 안겨다 주었다.

STL큐레이터

이 STL큐레이터는 한 팀의 기업가와 작가들이 이끌고 있는 창업

기업으로, 미국 도시 세인트 루이스의 좋은 면을 전면에 내세우고 있다. 이들의 콘텐츠는 늘 미국 전역을 떠들썩하게 만든 범죄 도시로서의 세인트 루이스의 이미지를 불식시키는 데 초점이 맞춰져 있으며, 또한 세인트 루이스가 빠른 속도로 발전 중인 친근한 도시로 주요 문화 중심지 내지 기업가들의 안식처가 될 잠재력이 많다는 점을 집중 부각시키고 있다. 생긴 지 얼마 안 되었으나 이미 많은 호평을 받고 있다.

벤처 핵스

바박 니비와 나발 라비칸트는 창업 기업들의 성공에 도움을 주는 두 주요 웹사이트 벤처 핵스Venture Hacks와 앤젤리스트AngelList를 이끄는 활기 넘치는 듀오이다. 벤처 핵스는 블로그 형태를 취하고 있는 콘텐츠 큐레이션 사이트로, 사업의 세계에 첫발을 디딘 개인들에게 귀

중한 정보와 뉴스와 조언을 해 주는 일을 하고 있다. 반면에 앤젤리스트는 기업가들을 투 자자들이나 다른 창업 기업들 에 연결시켜 주거나 또는 수익 성을 개선시켜 줄 다른 기술을  소개시켜 주는 일을 하고 있다. 그러니까 창업 기업들을 도와 필요한 자금을 조달하게 해줄 뿐 아니라, 악화된 수익성을 몇 년 내에 회복시 켜 주는 일도 해주고 있다.

6

준비.
설정.
큐레이션

Curation

33 다음엔 무엇이 올 것인가? 디지털 무인도

자 이제, 당신은 이 책의 마지막 부분에 도달했다. 축하한다! 몇 장은 건너뛰었을 텐데, 상관없다. 당신은 아마 그간 읽어온 모든 내용에 동의하지 않을 수도 있다. 그 역시 상관없다. 그러나 여기 정말 놀라운 사실이 있다. 당신은 100퍼센트 잘못된 결론에 도달했을 가능성이 높다는 사실이다.

많은 사람들은 웹과 이 세계는 계속 가던 길을 갈 것이고, 차고 넘치는 소음은 계속 더 심해질 것이며, 트윗과 포스트와 링크는 계속 더 늘어날 거라고 생각한다. 당신은 지금 엄청나게 쏟아져 나오고 있는 콘텐츠가 앞으로도 계속 그렇게 쏟아져 나오리라 믿는가? 그렇게 믿고 있는 사람은 비단 당신만은 아니다. 그런데 그런 미래는 가능하지 않다.

349

왜? 인간은 잠을 자야 하기 때문이다. 우리는 쉴 시간이 필요하다. 우리는 얼굴에 햇빛을 받아야 하며, 머리카락에 바람을 쐬야 하고, 잔잔한 풍경 소리와 고독 및 평화의 순간들이 필요하다.

그래서 만일 당신이 큐레이션을 콘텐츠 크리에이션이란 이름의 군비 경쟁에서 이기기 위해 필요한 당신 무기고 안의 또 다른 무기로 생각하고 있다면, 그건 완전히 잘못된 생각이다.

물론 당신은 콘텐츠 큐레이션을 통해 수천 개의 관련 콘텐츠 링크를 만들 수도 있고 경쟁에서 더 큰 목소리를 낼 수도 있다. 당신은 다른 사람들보다 많은 트윗을 날릴 수도 있고 제멋대로 리트윗을 할 수도 있으며…… 그리고 그건 마치 전원 스위치처럼 고장 나기 전까지는 작동될 것이다. 그러다 고장 나는 순간이 되면 당신은 독자와 팔로워들의 신뢰를 잃게 된다. 그리고 그들을 영영 잃게 된다.

그래서 우리가 정보 생태계를 구축하기 위해 의존하고 있는 웹 환경을 당신이 큐레이션을 통해 더 파괴해 버리기 전에, 나는 대안을 제시하고자 한다. 그 대안은 상당한 효과가 있는 대단한 아이디어이다. 잊지 말라. 큰 힘에는 큰 책임이 따르는 법인데, 제대로 활용되기만 한다면 큐레이션은 정말 아주 큰 힘이다.

이제 당신은 생각해 본 적이 없을 미래에 대한 한 가지 관점을 소개하고자 한다. 이 세상과 그 속에서의 당신 역할을 더 좋게 만들어줄 해결책이기도 하다.

디지털 무인도

오늘날 각종 웹사이트들과 콘텐츠 큐레이터들은 모두 끊임없이 미래의 세계를 과거의 세계처럼 보이게 만드는 일을 하고 있다. 지금 광고주들은 펜 놀림 하나로 많은 사람들의 마음을 살 수 있었던 시절을 그리워하고 있다. 그리 오래전 일도 아니다. 과거에 매스 미디어는 아주 효과도 있었고 그 결과도 측정 가능했다. 예산만 있다면 얼마든지 자신의 고객들을 만들 수 있었다. 텔레비전과 라디오 방송 그리고 값비싼 인쇄기는 아무나 사용할 수 없어 광고 수단은 극히 제한되어 있었으며, 그래서 방송국과 신문사 등의 위세는 대단했다.

　그러다 벽들이 무너져내리기 시작했다. 먼저 케이블 텔레비전이 나왔고 인터넷이 그 뒤를 이었다. 예전엔 광고 수단이 부족했지만 이제는 차고 넘친다. 그러다 워드프레스와 블로거닷컴Blogger.com 같은 플랫폼들이 나오고 정보의 양이 늘어나면서 텀블러, 트위터, 페이스북 같은 마이크로블로깅이 출현하는 등 콘텐츠 제작 기술이 보편화되면서, 너 나 할 것 없이 모든 사람이 블로거가 되었다. 그 결과 정보 경쟁이 격화되면서, 한때 매력적이었던 웹의 세계가 이제는 온갖 정보가 마구 쏟아져 들어오는 혼돈의 세계로 변했다. 게다가 돈으로 매스 미디어를 사 잠재 고객들을 확보하는 게 불가능해진 광고주들은 이제 다시 많은 잠재 고객들에게 다가갈 수 있는 매스 미디어 형태인 웹사이트들로 눈을 돌렸다. 막대한 광고비가 기존의 매스 미디어 대신 새로운 틈새시장인 내로우캐스트narrowcast(케이블 TV와 인터넷의 발전 속에 등장한 브로드캐스팅broadcasting, 즉 방송과 상반되는 개념. 불특정 다수의 시청자가 아닌 한정된 시청자를 대상으로 하는 게 특징-역자 주) 미디어로 진화해 가는 웹 쪽으로 쏟아져 들어가기 시작한 것이다.

앞에서 이미 했던 말로 이제 우리 모두 잘 알고 있는 사실이지만 한 번 더 강조하자면, 우리는 웹을 망가뜨렸다. 그러나 정보의 마구잡이 유입 추세가 영원히 계속되진 않을 것이다. 사실 그런 추세는 곧 끝날 것이다. 우리 자신의 '디지털 무인도Digital Desert Island' 건설이 목전에 다가와 있는 것이다.

디지털 무인도. 어떤 느낌이 드는가? 당신은 섬에 살고 있다. 주변은 온통 망망대해로, 스팸 메일 발송자나 마케팅전문가들 그리고 심지어 당신 친구와 가족들도 당신 허락 없이는 당신에게 다가갈 수 없다. 당신은 그 섬 안에서 평화를 누린다. 당신은 가끔 가족들을 초대한다. 가까운 친구들도 초대한다. 당신이 신뢰하고 공유해온 몇몇 미디어도 초대한다. 누가 다가올 수 있고 또 어떻게 다가오게 할 건지를 결정하는데 필요한 툴들을 제공해온 몇몇 소셜 네트워크들도 초대한다. 당신이 신뢰하는 몇몇 기업들도 초대한다. 그러나 그 기업들은 당신이 그들에게서 어떤 이야기를 들을 것인지 또 그 기업들과 어떻게 커뮤니케이션을 할 것인지와 관련해 당신의 의견을 존중해야 한다.

당신의 섬에 들어오는 걸 허락하는 건 순전히 당신의 권한이며, 그 같은 허락은 언제든 뒤집을 수 있다.

허락의 개념은 새로운 건 아니다. 내 친구 세스 고딘은 1999년에 이미 '허락 마케팅Permission Marketing'이란 말을 만들어내 그런 미래를 예견했다. 그런데 고딘의 예견은 맞았지만, 웹의 바다에 스팸형 광고를 쏟아 붓고 싶다는 유혹은 너무도 달콤했다. 그래서 현재까지도 일반 기업과 미디어 기업, 콘텐츠 제작업체 등이 계속 별 쓸모도 없어 보이는 스팸형 정보를 쏟아 부어 웹의 바다를 점점 더 심하게 오염시키고 있다.

그러나 소비자들이 일단 자신의 디지털 무인도를 구축할 툴과 필터들을 갖게 되면, 모든 건 한순간에 변할 것이다. 물론 소비자들에게 각종 필터와 장애물들을 제공하는 건 특별히 어려울 게 없다. 그런데 정보 배포 측면에서 보자면, 그런 일에 발 벗고 나설 이유가 별로 없다. 우선 트위터와 페이스북, 링크드인 등은 모두 자신들의 사업 규모를 확대하면서 상당한 재미를 보고 있다. 광고업체들은 정보를 수집하고 배포하는 걸로 돈을 벌고 있고, 기업들은 많은 고객들에게 다가가기 위해 매스 미디어에 돈을 지불하고 있다.

그래서 적절한 툴들이 나타나기 전까지는 정보 생태계 전체가 계속 오염될 수밖에 없으며, 일반 기업과 미디어 기업, 콘텐츠 제작업체 등은 계속 무의미한 정보를 만들어낼 것이다.

그러나 이제 적절한 툴들이 나타날 때가 다 되었다. 실제로 나는 내 자신을 지키기 위해 그야말로 처음 디지털 무인도 툴을 하나 사용해봤는데, 그걸 여러분과 공유하고자 한다. 그 툴의 이름은 블랙 홀

The Black Hole이다. 예를 들어 내게 이메일이 들어올 경우, '세인 박스Sane Box'라는 서비스가 친구들과 동료들에게서 온 이메일은 '세인 나우Sane Now'라는 폴더 안에 넣고, 그 나머지 메일은 몽땅 '세인 레이터Sane Later'라는 폴더 안에 넣는다. 이 서비스는 지메일Gmail에서 제공하는 '프라이오러티 인박스Priority Inbox' 서비스와 비슷하지만, 그 서비스에서 한 걸음 더 나아가 '블랙 홀Black Hole'이라는 폴더도 제공한다.

모든 건 클릭 한 번이면 끝나. 내 시간을 존중해 주지 않는 마케팅 전문가들의 정보는 클릭 한 번에 싹 사라지게 된다. 라디오 쉑Radio shack과 베스트 바이Best Buy는 정도가 좀 지나쳤다. 내게 쓸데없는 정보를 너무 많이 보내온 것이다. 그들은 내게 필요로 하지도 않은 제품들을 팔려고만 했지, 내 시간은 존중해 주지 않았다. 그래서 지금 이 두 회사의 이메일들은 몽땅 '블랙 홀' 안에 들어가게 됐다. 사실 '회원 탈퇴' 버튼을 클릭할 필요도 없었다. 그들은 여전히 내게 온갖 메시지를 보내고 있지만, 세인 박스 덕에 나는 그 메시지를 볼 일이 없다. 이 두 회사는 여전히 나와 연결되고 있다고 생각하겠지만, 그렇지 않은 것이다. 유감스럽게도 내겐 이 두 회사를 상대로 내 관심사가 무언지를(예를 들어 라디오 쉑의 경우: 나는 아두이노Arduino와 무선 조정되는 헬리콥터가 필요하지, 블루투스 스피커는 전혀 필요 없음) 알려줄 수 있는 툴이 없었기 때문에, 그냥 내치는 수밖에 없었다.

사람들을 내치기, 끌어들이기

큐레이션이 더없이 중요한 게 바로 이 때문이다. 경쟁자들보다 더 큰 목소리를 내고 트윗과 블로깅을 더 많이 하기 위해서가 아니다. 콘텐츠를 공격 무기로 사용하는 건 가장 중요한 자산인 당신의 독자들을 상대로 선전포고를 하는 것과 같다.

오늘날 중요한 문제는 이것이다. 만일 당신 고객이 디지털 무인도 안에 산다면, 과연 당신을 그 섬에 초대해 줄까? 당신의 콘텐츠 큐레이션은 의미가 있고 사려 깊으며 맥락에 맞을까? 당신의 큐레이션 목소리는 웹 세계를 조금이라도 더 분명하고 더 똑똑하고 더 인간적인 곳으로 만들어줄까?

이 책을 마무리하면서, 나는 잠시 시간을 내 큐레이션이 어떻게 당신으로 하여금 미래에 대비하게 해주는지, 또 만일 큐레이션이 잘못 사용될 경우 어떻게 당신의 종말을 재촉할 수도 있는지를 보여 주고 싶었다.

늘 염두에 두어야 할 5가지 큐레이션 법칙들 :

- 고객들의 말에 귀 기울여라.
- 트윗을 덜하라.
- 비디오는 당신 생각보다 더 중요하다.
- 큐레이션은 양방향 도로이다.
- 미래의 당신 고객들은 그 많은 정보들을 필터링할 것이다.

고객들의 말에 귀 기울여라.

귀를 기울인다는 건 누군가 트위터에 올린 해시태그를 읽는 정도를 뛰어넘는다. 당신의 팬과 고객들과 친구들을 초대해 당신과의 대화에 참여할 수 있는 환경을 적극 조성하도록 하라. 그러니까 귀를 기울인다는 것은 질문을 던지면서 피드백을 요청하고 그 피드백이 아무리 통렬해도 더없이 소중하다는 걸 인정한다는 의미이다. 디지털 무인도들이 존재하는 새로운 세상에서 살아남기 위해, 기업들은 사람들의 비판을 무시한다거나 대화를 억누르려 하진 않는다. 웹의 힘을 제대로 활용하려면, 마음을 열고 대화를 받아들이려는 자세가 필요하다. 당신은 과연 "우리가 어떻게 하면 더 잘 '#당신으로부터 배울 수 있는가?'#learningfromyou"라는 트윗을 날릴 수 있겠는가? 만일 그럴 수 없을 거 같다면, 그 이유를 자문해 보라. 옛날에는 고객들이 코멘트 카드를 작성했다. 그 결과는 고객 서비스 센터에서 정리되어 참고 자료로 경영진에게 넘겨졌지만, 그 내용은 비밀에 부쳐졌었다.

그러나 오늘날에는 뭔가 불만이 있는 고객들이 자진해서 당신 기업에 다가온다. 그들은 트윗을 날리고 페이스북에 포스팅을 하고 유튜브 비디오를 제작하고 바인Vine 또는 인스타그램을 활용해 자신의 불만을 전한다. 이 같은 비난성 포스트들은 많은 사람들 사이에 공유되며, 따라서 당신 기업이 고객들에게 피드백과 대화를 위한 공간을 제공하지 않을 경우 그들 스스로 그런 공간을 찾아낸다.

반면에 고객들에게 참여할 공간을 적극적으로 제공하는 일반 기업과 미디어 기업과 서비스들은 새롭고도 강력한 자원을 갖는 셈이다. 이런 식으로 고객들과의 대화를 큐레이트할 경우 힘을 주는 긍정적이고 개방된 에너지가 창출된다.

트윗을 덜하라.

디지털 무인도에서는 고객들이 군더더기가 없이 깨끗한 커뮤니케이션을 높이 평가한다. 그들은 고독을 높이 평가한다. 그들은 적절성을 높이 평가한다. 경쟁자들보다 더 목소리를 높이려 하거나 웹의 세계에 불협화음을 야기하려 하는 건 실패할 수밖에 없는 노력이다. 반면에 팽팽하고 상큼하면서도 큐레이트된 목소리는 강력한 해결책이다. 당신 회사가 전자상거래 회사라고 상상해 보라. 고객들에게 50페이지 가까운 종이 카탈로그나 디지털 카탈로그를 전하는 게 아니라, 특정 주제와 관련된 콘텐츠와 경험을 선별해 간단한 형태로 제공하게 될 것이다.

또한 당신 고객들이 만족해할 만한 각종 뉴스와 스토리, 사진, 비디오, 전자상거래의 결합을 상상해 보라. 편집 및 전자상거래와 세련되고 산뜻한 큐레이션 비전의 결합 말이다. 사용자들은 콘텐츠에 기여할 여지가 많으며, 또 자신의 경험은 물론 당신 스타일에 대한 사랑을 공유하게 된다. 고객들의 입장에서는 그야말로 갑자기 관심 있는 콘텐츠나 정보를 손에 넣게 되는 것이다. 물론 나는 당신이 이런 말을 하리라는 걸 안다. "하지만 자신이 무얼 원하는지 모르는 고객들에게도 이런저런 콘텐츠나 정보를 공유해줄 필요가 있잖아요." 옛날 세상에서는 고객들에게 원치도 않는 제품 및 서비스 목록 수십 페이지를 넘겨 부담을 안겨줬었다. 그러나 시간은 부족하고 콘텐츠는 차고 넘치는 오늘날의 새로운 세상에서 당신이 고객들에게 제공할 수 있는 최고의 가치는 잘 큐레이트된 경험들이다. 당신이 만일 고객들의 신뢰를 얻고 그들의 소중한 시간을 존중해 준다면, 당신은 다른 카테고리들과 관련 아이템들을 탐구해 볼 기회를 줄 수 있게 된다. 그러나 그건 어디까지나 고객들의 신뢰를 얻고 난 후의 얘기다.

비디오는 당신 생각보다 더 중요하다.

　TV가 출현하면서 가장 광범위하고 흥미로운 콘텐츠로 많은 시청자들에게 다가가는 게 가능해졌다. 그러나 웹 비디오는 옛날 TV와는 다르다. 그야말로 완전히 새로운 것이다. 웹 비디오는 큐레이트된 TV이며, 따라서 그 목표는 이제 단순히 입소문을 타 인기를 얻거나 많은 시청자들에게 다가가는 것이 아니다. 새로 출현한 모바일 시청자들에게 비디오란 양방향 도로나 다름없다. 전혀 새로운 방식으로 만들어지고 공유되고 리믹스되고 탐구되는 것이다. 당신이 만일 당신의 스토리를 비디오를 통해 들려주지 못한다면, 당신은 오늘날의 소비자들이 중요한 커뮤니케이션 수단으로 여기는 매체를 활용하지 못하고 있는 것이다. 비디오 큐레이션을 통해 당신은 당신의 고객들에게 독특하면서도 중요한 서비스를 제공할 막강한 잠재력을 갖게 된다. 텍스트와 달리 비디오는 훑어보기도 어렵고 검색하기도 어렵다. 유튜브와 검색 엔진들은 대개 가장 인기 있는 비디오에 디폴트 값이 맞춰져 있지만, 인기는 적합성이나 가치를 측정하기에는 부적절한 요소이다.

　잠시 당신 기업이 크루즈 여행을 전문으로 하는 기업이라고 상상해보자. 당신의 고객들은 모두 고화질HD 비디오 리코더가 내장된 휴대폰을 갖고 있다. 당신의 고객들이 모두 비디오 촬영을 할 가능성이 있는 셈이다. 어떤 고객들은 비디오를 통해 멋진 크루즈 여행에 대한 팁과 노하우 등을 공유한다. 또 어떤 사람들은 그 여행과 관련된 사소한 불만들을 비디오에 담는다. 그리고 휴대폰에 그대로 담겨진 그런 비디오의 경우 십중팔구 페이스북 같은 데서 친구들과 공유된다. 그런데 만일 당신 고객들 중 누군가가 아주 사소하지만 불쾌한 경험을 한 경우, 그 비디오는 그야말로 삽시간에 웹상에 퍼지게 된다. 당신 기업은 고객들을 초대해 자사 제품 및 서비스에 대한 그들의 스토리를 공유하게 해주며, 각종 콘텐츠를 큐레이트해 믿을 만하고 적합한 비디오들을 풍부하게 만들어내고 있는가? 이런 식으로 기업이 비디오를 제대로 받아들이지 못할 경우, 자사 제품 및 서비스에 대해 비판적이거나 부정적인 비디오가 웹상에 퍼지게 된다. 따라서 이처럼 비디오를 받아들이는 전략은 쉽게 승리할 수 있는 전략으로, 고객들의 대화를 주도적으로 이끌어가고자 하는 기업의 입장에서 꼭 필요한 전략이기도 하다.

큐레이션은 양방향 도로이다.

이런 이유들로 당신 기업은 콘텐츠를 만들고 또 콘텐츠를 큐레이트한다. 여기서 이런 중요한 의문이 생긴다. '당신 기업은 지금 다른 사람들을 초대해 당신의 웹사이트에서 당신의 콘텐츠를 공유하게 하고 있는가?' 당신 기업은 지금 트위터나 페이스북, 구글+ 등을 적절히 활용하고 있는가? 공유에는 이런저런 불안감이 따른다. 만일 경쟁 기업이 당신 기업의 콘텐츠를 가져다 자신들의 웹사이트에 포스팅하면 어쩌나? 만일 그 콘텐츠가 원치 않는 데까지 흘러 들어가면 어쩌나? 미안하다. 이미 화살은 시위를 떠났다. 공유는 양방향성을 갖고 있다. 공유하거나 공유하지 않거나 둘 중 하나다. 당신의 아이에게 초콜릿 케이크 한 접시를 주면서 반 친구들과 나눠 먹되 단 한 친구 빌리에게는 주지 말라고 할 수 있겠는가? 사실 당신의 콘텐츠가 포스팅된 곳을 샅샅이 다 뒤져본다면, 아마 나처럼 당혹스런 경험을 하게 될 수도 있다. 당신하곤 아무 관계도 없고 심지어 불쾌하게 느껴질 수도 있는 낯선 블로그들이 당신의 콘텐츠를 포스팅해 놓고 있을 테니 말이다. 그러나 그게 바로 공유의 특성이다. 게다가 당신은 당신 웹사이트의 콘텐츠를 큐레이트할 때 허락을 받으라고 요구하지도 않고 있다. 그러니 당신의 콘텐츠가 어디로 흘러갈지 도저히 예측할 수도 없다는 사실이다.

34

큐레이트를
하든가 죽든가

큐레이션이라는 말이 웹에 적용되기 시작한 건 그리 오래되지 않았다. 2008년에 나는 우리 회사가 어떤 식으로 콘텐츠를 모으고 정리하고 제공할 것인가 하는 얘기를 처음 꺼냈다. 나는 우리가 콘텐츠를 큐레이트하고 있다고 했고, 거의 그 순간부터 온갖 비난과 공격을 다 받았다. 큐레이터들은 내가 자신들의 용어를 훔쳐갔다고 했다. 출판 편집자들은 큐레이션은 단순한 편집에 지나지 않는다 했고, 영화 및 인쇄 편집자들은 자신들의 용어를 가로챘다며 나를 비난했다. 그런데 이런저런 불만과 용어를 가로챘다는 비난이 쏟아지는 가운데 재미있는 일이 일어났다. 사람들이 스스로를 큐레이터라 부르기 시작한 것이다. 〈허핑턴 포스트〉 같은 웹사이트들이 콘텐츠를 대량 큐레이트하기 시작했고, 택시 기사에서 학교 교사에 이르는 모든 사람들이 그런 콘텐츠에 푹 빠져 노상 휴대폰을 들고 다니며 휴대폰 화면에서 눈을 떼지 못하게 됐다.

콘텐츠의 폭발로 우리 모두 콘텐츠의 바다에 빠져 허우적대게 됐고, 그래서 이제 큐레이션은 더 이상 무시할 수만도 없는 게 되었다. 개인들은 기를 쓰고 큐레이션을 하고 있다. 마케팅전문가들도 어떻게든 큐레이션을 활용하려 한다. 그리고 기업들도 큐레이션을 인정하고 높이 평가하려 한다. 웹 환경이 그야말로 더 악화될 수 없을 정도로 악화되어가고 있는 것 같다. 아마 이러다 갑자기 전등 스위치가 켜지듯 모든 게 변할 것이다. 그리고 당신은 지금 그 변화의 긍정적인 면에 서고 싶어 한다. 내가 그걸 어떻게 아느냐고? 당신은 이 책을 읽어왔고 이제 거의 끝까지 다 읽었기 때문이다.

한동안 웹 서비스들과 관련해 가장 '핫한' 키워드들 중 하나는 '큐레이션'이었다. 그 대상이 핀터레스트든 텀블러든 플립보드Flipboard든 뉴스닷미News.me든 모든 사람은 지금 콘텐츠 큐레이션 파도를 타고 싶어 한다. 그런데 콘텐츠 큐레이션 파도를 탄다는 건 대체 무슨 뜻이며, 어떻게 하면 그걸 잘할 수 있을까? 콘텐츠 큐레이션은 콘텐츠 수집과 어떻게 다른가? 인터넷이 발명된 이후 이런 류의 논쟁은 늘 있어왔지만, 그게 최근 들어 두 가지 제안을 통해 재부상하게 됐다. 그 중 한 제안은 콘텐츠 큐레이터 및 수집가들을 위한 행동 수칙을 마련하자는 것이고, 또 다른 제안은 오리지널 콘텐츠 출처를 밝히기 위해 특수한 부호들을 쓰자는 것이다. 이런 노력들은 물론 좋은 의도에서 나온 것들이지만, 그간 인터넷을 통제하려는 시도는 하나같이 다 실패했듯, 잘못 추진될 경우 실패로 끝날 가능성이 높다.

큐레이터의 역할을 존중하라.

당신은 혹시 '큐레이터'라는 말이 쓰인 명함을 갖고 있은 적이 있는 가? 만일 그런 적이 없다면, 당신이 그런 명함의 주인공이 될 가능성 은 얼마든지 있다. 당신의 명함에 그런 말이 쓰이지 않는다면, 당신이 거래하는 다른 누군가의 카드에 그런 말이 쓰일 수도 있다. 그러니 이 제 안전벨트를 매라. 큐레이션 재능을 겨루기 위한 경쟁이 이제 막 시 작됐다. 현재 우리의 두 눈으로 보고 있듯, 큐레이션 재능을 겨루기 위한 경쟁은 시작됐다. 이베이와 아마존이 큐레이션 분야의 기업들을 인수하고 있고 핀터레스트가 폭발적인 성장을 거듭하고 있는 상황에 서, 이제 큐레이션의 가치는 더 이상 비밀이 아니다.

이 책의 메시지는, 그리고 그간 내가 해온 일과 내가 그 탄생을 도 와온 큐레이션 기술의 메시지는 아주 분명하다. 이 세상은 인간 중심 의 유연한 큐레이션을 필요로 한다는 것이다. 우리는 큐레이션을 시 급히 필요로 한다. 지금 당장 필요로 한다. 웹에 쏟아져 들어오는 엄 청난 양의 조잡한 데이터로 인해 우리의 감각과 이성이 마비되는 걸 시급히 막아야 하는 것이다. 이게 가장 중요한 것이지만, 우리가 큐레 이션을 필요로 하는 건 지금 웹의 가치가 제대로 구현되지 못하고 있 어 우리 자신이 중대 기로에 서 있기 때문이다. 이제 둘 중 하나다. 차 고 넘치는 웹의 콘텐츠에 짓눌려 다시 매스 미디어와 대형 미디어 재 벌의 시대로 되돌아가거나, 아니면 큐레이션을 통해 우리 각 개인이 잡다한 콘텐츠 속에서 의미 있는 콘텐츠를 찾아낼 힘을 갖게 되든가.

큐레이션은 차고 넘치는 데이터를 인간이 다룰 수 있게 만드는 일 이다.

큐레이션은 비인간적인 규모로 만들어지고 있는 정보를 인간적인 것으로 만드는 일이다.

큐레이션은 각 개인의 복잡성과 경이로움을 통해 우리 인간들이 서로 연결되어 있다는 느낌을 갖게 해주는 일이다.

그러니 앞장서 큐레이션을 하라! 우리는 날 때부터 큐레이션을 하게 되어 있다.

35

개인 노트

그간 나는 크리에이터였다. 그간 나는 큐레이터였다. 그리고 사실 나는 둘 다 사랑한다.

또한 영화 제작자이자 작가이자 블로거이자 사진작가로서 이런저런 아이디어들을 구체적인 아이템으로 탈바꿈시키기 위해 흘리는 땀과 노력을 사랑한다.

그리고 큐레이터로서는 중요한 아이디어들을 찾고 공유하고 연결하고 향상시키면서 깊고 넓은 콘텐츠 바다에 푹 빠져 지내는 듯하다. 나는 트위터 팔로워들이 있지만, 늘 그 수를 더 늘리는 일에 관심이 많다.

만일 이 책을 흥미롭게 읽었고 그런데도 알고 싶은 게 더 있다면, 트위터 @waywire에서 나를 팔로우해 보라.

만일 큐레이션에 대해 좀 더 깊이 파고들고 싶다면, 링크드인과 페이스북 또는 트위터에서 나와 연결을 해 보라. 나는 답장을 아주 잘해 주는 편인데, 그건 일대일 커뮤니케이션이 아이디어들을 실행에 옮길 수 있는 가장 효과적인 방법인 경우가 많기 때문이다.

그리고 나는 또 현실 세계에 적극 참여하는 사람이다. 그러니 당신이 어떤 이벤트를 주관하게 되거나 당신 회사의 이벤트나 콘퍼런스에 강연을 할 연사를 찾아야 할 때 주저하지 말라. 나는 매달 뉴욕 비디오 미팅을 주관하고 있고, 또 에너지 넘치고 열정적인 혁신가 집단을 위해 일하는 걸 좋아한다.

이건 틀림없는 사실이다. 내가 이 책을 쓴 것은 당신을 만나기 위해서이다. 그러니 당신이 만일 이 마지막 페이지를 읽고 있다면, 이제부터 시작이다.

궁금한 것이 더 있다면 www.CurateThisBook.com을 찾아가 보라.

부록 1

콘텐츠 큐레이터의 좋은 친구 1 : 망고보드

망고보드 (https://www.mangoboard.net/)

망고보드는 국내 최고의 디자인 플랫폼이다. 우리는 '콘텐츠 큐레이션'의 중요함을 절실히 깨달았고, 또 모두가 '콘텐츠 큐레이터'가 되어야 함을 알게 되었다. 그렇다면 이렇게 큐레이션한 콘텐츠를 어떻게 보여 줄 것인가의 문제로 귀결된다. 이러한 때에 아주 적절한 도구가 있었으니, 망고보드가 바로 그것이다. 모바일 시대가 되면서 사람들은 긴 글을 읽기가 어려워졌고, 스마트폰에서 시각화된 형태로 보이고 있는 게시물에 익숙하다. 이에 인포그래픽, 카드뉴스, 상세페이지, 웹툰, 스타일 콘텐츠 등 '모바일'에 최적화된 형태의 콘텐츠를 만들어낼 필요성이 더욱더 중요해 지고 있다. 하지만 전문 디자이너가 아니면 엄두를 못내는 경우가 많다. 이에 망고보드는 디자이너가 아니더라도 클릭과 드래그만으로도 내가 큐레이트한 것들을 바탕으로 다채로운 콘텐츠를 제작할 수 있게끔 도와주고 있다.

콘텐츠 큐레이터의 좋은친구 2 : 씽크와이즈

씽크와이즈 (https://www.thinkwise.co.kr/)

시각적인 형태로 한 화면을 보면서 브레인스토밍 단계부터 자료정리를 할 수 있는 혁신적인 마인드맵 프로그램이다. 아래 6가지의 목적으로 활용할 수 있는데, 강력 추천한다.

- 회의 : 전체적인 구조와 논리적인 흐름을 보면서 회의를 진행할 수 있기 때문에 시간 절감/집중도 향상/창의적 아이디어 도출
- 프로젝트 : 목표, 일정, 인원, 파일 공유, 전체적인 흐름, 진행 상태, 채팅을 한 화면에서 보면서 관리

큐레이션 실전편

- 아이디어 발상/기획 : 떠오르는 생각을 논리적인 체계로 구조화하여 빠르게 정리할 수 있기 때문에 기획이나 아이디어 발상에 활용하기 좋음
- 학습 : 일목요연하게 정리하는 과정을 통해 체계적/논리적 사고능력 향상, 자유학기제/자기주도학습에 활용
- 정보의 시각화 : 흩어져 있는 정보나 파일들을 논리적으로 구조화하여 찾아가기 쉽도록 정리
- 연간 계획 : 전체 프로젝트 현황과 세부 일정을 함께 보면서 연간 계획 수립

부록2

콘텐츠 큐레이션과 e커머스에 대한 정보 공유 카페와
유튜브 채널 소개

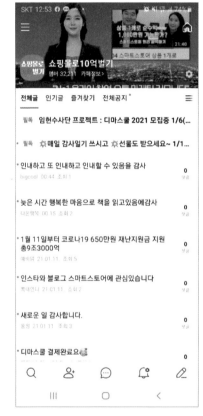

네이버 카페 : 쇼핑몰로 10억 벌기

SNS에 대한 정보를 체계적으로 큐레이션하고
있는 카페입니다. 또한 e커머스의
전반적인 공부와 협업이 가능합니다.

유튜브 채널 : 임헌수의 판매특공대

모바일, SNS, 트렌드, e커머스 등에 대한
내용을 큐레이션하고 영상으로 제작하여
보여 드리는 유튜브 채널입니다.
구독과 알람 신청을 해두시면
최신 정보를 얻으실 수 있습니다.

옮긴이 ｜ 엄성수

경희대 영문과 졸업 후 집필 활동을 하고 있으며 다년간 출판사에서 편집자로 근무하였다.
번역에이전시 엔터스코리아에서 출판 기획 및 전문번역가로 활동하고 있다.
주요 역서로는『아틀라스 옵스큐라 : 경이롭고 미스터리하고 매혹적이며 신비로운 세상의
모든 곳』,『E3: 신이 선물한 기적』,『자동차 혁명 2030』,『도시의 탄생』등의 역서가 있으며,
저서로는『왕초보 영어회화 누워서 말문 트기』등이 있다.

큐레이션 실전편
만족스런 큐레이션을 위한 실전적인 가이드북

초판 1쇄 인쇄 ｜ 2021년 04월 20일
초판 2쇄 발행 ｜ 2021년 04월 27일

지은이 ｜ 스티븐 로젠바움
추천 · 감수 ｜ 임헌수
옮긴이 ｜ 엄성수
펴낸이 ｜ 최화숙
편집인 ｜ 유창언
펴낸곳 ｜ **이코노믹북스**

등록번호 ｜ 제1994-000059호
출판등록 ｜ 1994. 06. 09

주소 ｜ 서울시 마포구 성미산로2길 33(서교동) 202호
전화 ｜ 02)335-7353~4
팩스 ｜ 02)325-4305
이메일 ｜ pub95@hanmail.net｜pub95@naver.com

ⓒ 스티븐 로젠바움 2021
ISBN 978-89-5775-248-7 03320
값 20,000원